南方传媒前沿论坛

戴剑平 主编

汕头大学出版社

图书在版编目（CIP）数据

南方传媒前沿论坛 / 戴剑平主编 . -- 汕头：汕头大学出版社，2018.5
ISBN 978-7-5658-3656-5

Ⅰ.①南… Ⅱ.①戴… Ⅲ.①传播媒介—中国—文集 Ⅳ.① G219.2-53

中国版本图书馆 CIP 数据核字（2018）第 129132 号

南方传媒前沿论坛　　　NANFANG CHUANMEI QIANYAN LUNTAN

主　　编：	戴剑平
责任编辑：	李金龙
责任技编：	黄东生
封面设计：	汤　丽
出版发行：	汕头大学出版社
	广东省汕头市大学路 243 号汕头大学校园内　邮政编码：515063
电　　话：	0754-82904613
印　　刷：	北京市金星印务有限公司
开　　本：	787mm×1092mm　1/16
印　　张：	24
字　　数：	330 千字
版　　次：	2018 年 8 月第 1 版
印　　次：	2018 年 8 月第 1 次印刷
定　　价：	84.00 元

ISBN 978-7-5658-3656-5

版权所有，翻版必究
如发现印装质量问题，请与承印厂联系退换

"南方传媒前沿论坛"编委会

主　任：纪德君

委　员（以姓氏笔画为序）：

　　王首程　　田秋生　　李　辉

　　纪德君　　杨世真　　张静民

　　夏德勇　　戴剑平

《南方传媒前沿论坛》

主　编：戴剑平

副主编：田秋生

编　务：刘凤园　尹　杭　魏　琳

写在前面
（代序）

2016年，广州大学新闻与传播学院在新闻传媒人才培养道路上已走过了23个春秋。

在这23年间，学院立足本土，放眼海内外，着重围绕"广播电视与新媒体"办学，专业发展与学科建设力求做到"本土化""特色化"与"国际化"。

自2009年以来，学院先后获批建立了国家级新闻与传播专业"2+2"人才培养模式创新试验区、新闻学与传播学以及戏剧与影视学两个一级学科硕士点、一个专业硕士点（广播电视艺术），相继获批设立了广东省特色重点学科广播电视艺术学、广东省特色专业广播电视学、广东省特色文化研究重点基地广府文化研究基地、广东省实验教学示范中心、广东省大学生校外实践基地等一批省级专业与学科建设平台。

为了更好地培养具有开阔的国际视野、良好的专业文化素养与先进的现代传播技能的复合型、应用型、创新型人才，学院积极开展与海内外高校的交流合作，加强与传媒业界的协同创新，与广东省南方广播影视传媒集团合作建立了"南方传媒学院"，与广州广播电视台合作建立了"广州大学传媒教育学院"，还开辟了"广东大学教育传播频道""图优网"等传播平台。

"南方传媒前沿论坛"是学院为推动学术研究、发展校地传播实务搭建的综合性平台，有精英讲座、国际会议、学术沙龙和媒体联动等多种形式，开创迄今已逾六年。2014年，学院成立了"南方传媒前沿论坛"编委会，议定每年度出版一部学术文集，当年的《2014南方传媒前沿论坛》出版后在业界和学届都获得了好评。此次出版的《南方传媒前沿论坛》，荟萃了国内外专家的文稿以及学院部分教师近期的科研成果。其中，与学院学生面对面学术交流的专家有：美国密苏里大学新闻学院的著名学者张咏博士、中国传媒大学著名学者陈卫星教授、华南理工大学新闻与传播学院院长苏宏元教授、世新大学夏春祥教授、暨南大学艺术学院常务副院长李学武教授、广东广播电视台高级编辑李燕博士、中国电影资料馆姚睿博士等。我们非常感谢中外专家对"南方传媒前沿论坛"的大力支持。

本着"博学笃行，与时俱进"的精神，学院将一如既往地加强与业界的合作及与学界的交流，力争将"南方传媒前沿论坛"培植为南中国新闻传播研究的常态化窗口，力争将此类研究提升到一个新的层次。

在新的一年即将开始之际，我们出版《南方传媒前沿论坛》，期待更多业界、学界的朋友加入"南方传媒前沿论坛"，共同打造一个具有南方特色的传媒"前沿阵地"。我们也期待着读者的批评与建议。

在本书编撰和出版工作中，学院副院长田秋生教授、学院科研办刘凤园老师以及尹杭、熊琦老师都付出了辛勤的劳动。在此一并致谢！

谨为序。

纪德君　戴剑平
2016年12月

目 录

新闻学

以"真相"的名义:留学知识分子对
　　西方报道的批判及对新闻检查的倡导……………………张　咏　2
从计算到数据新闻:计算机辅助报道的
　　起源、发展、现状………………………………苏宏元　陈　娟　44
迈克尔·舒德森的新闻史研究取径………………………田秋生　68
开创期的新闻叙事学研究——评几本新闻叙事研究著作…………夏德勇　84
中国当下调查记者行动实践的社会学分析
　　——一种媒介场域的视角………………………………曾丽红　93
《赫芬顿邮报》的"另类"解读
　　——互联网新闻产品运营的探索与启示…………………张灵敏　107

传播学

新媒体的媒介学问题………………………………………陈卫星　134
"微"传播与"深"口语:台湾口语传播
　　建制化中的人文主义探询………………………………夏春祥　158
新媒体环境下社会主义核心价值观公益广告传播
　　——以"中国梦·梦娃"为例……………………………纪德君　174
广州青少年语言使用与语言态度调查与分析………………徐晖明　188

名人微博的文本特征及其影响力分析
　　——以新浪微博名人堂广州地区为例…………………… 李祥伟　206
社交媒体背景下的美国地方政府传播
　　——以北卡罗来纳州教堂山市为例……………………… 林渊渊　216
新媒体广告人才的校企协同培育模式探讨
　　——基于广州大学广告学专业的改革与实践…………… 王　艺　225
媒介使用与大学生对社会主义核心价值观的认同……………… 李　鲤　237
壮族新创文字活力调查研究
　　——以广西壮族自治区南宁市为例……………………… 魏　琳　248
被置换的政治主体与微博政治
　　——微博内的广东"乌坎事件"…………………………… 熊　琦　261

影视艺术

癫狂与梦的逻辑
　　——解读《太阳照常升起》的叙事策略………………… 李学武　284
喧嚣中的回归——中央电视台纪录频道的经验与启示………… 李　燕　292
作为次要情节（B故事）的爱情关系…………………………… 姚　睿　301
扫描与分析：国有电影制片厂产业化改革
　　——以珠影集团为例……………………………… 戴剑平　尹　杭　314
新时期节目主持人本土化策略和品牌形象管理
　　——以广东"名嘴"任永全为例………………………… 刘玉萍　325
媒介融合背景下节目主持人传播力生成机制…………………… 苏凡博　333
新技术与华语电影美学
　　——以华语3D大片《龙门飞甲》为例………………… 邹鹃薇　344
网络时代背景下对电视媒体价值的再认识
　　——以《中国汉字听写大会》为例……………… 陈智勇　戴剑平　356
论《琅琊榜》文化品格的艺术呈现……………………………… 许莹冰　366

新闻学

以"真相"的名义:留学知识分子对西方报道的批判及对新闻检查的倡导[1]

◎张 咏

(美国密苏里大学新闻学院副教授)

在西方思想脉络里,新闻自由和新闻检查相对立。新闻自由被认为是民主社会的奠基石,新闻检查则是专制社会的首要特征。[2] 在中国,新闻自由是西方的舶来品,首先由清末传教士和改革派知识分子引介,他们要求清政府开放言禁,保证文人论政的权利。在辛亥革命后的新文化运动中,新闻自由不再只是一个现实要求,还作为学理被广泛讨论,被推为保障民主政治的基础。然而,从1919年巴黎和会上的外交惨败到1937年日本全面入侵中国,外患迭起,国家危机感日益加深,"救亡"压倒"启蒙"成为主要政治话语,"社会责任论"遮蔽了自由主义的诉求。报人和学者发展出一个"内外有别"的新闻诠释:对内呼吁新闻自由,要求国民政府保障国人办报、批评政府的权利,坚决反对新闻统制;对外则主张新闻检查,指责西方对华报道歪曲事实、充满偏见,声称只有新闻检查才能保证中国的真相得以在世界舆论中呈现。在西方被认为对立的新闻自由和新闻检查,在现代中国"救亡图存"的宏大叙事中结合为一体两面、相辅相成的新闻主张。余英时教授说:"一百五十年来,中国人对于西方一直抱着两个相反的情绪……一方面憎恨它的侵略,另一方面羡慕它的民主。"他又说:"在二十世纪,民族独立和民主同是中国人追求的基本价值。但两者相较,民族独立的要求却比民主的向往也不知道要强烈多少倍。"3

本文以二十世纪上半叶英美回国知识分子为个案,探讨新闻自由的理念在中国的命运。4 当然,并不是所有留学英美的学生就可以自动归为自由知识分子,但是把他们作为一个知识群体来看,却与同时期的留学日本的中国知识分子群体(如陈独秀、陈望道)截然异趣。留日派吸取日、俄、法的激进革命思潮,将民主寄托于革命,而温和的英美派则受西方自由主义的熏陶,对民主体系和具体实践有第一手观察。5 本文所探讨的是:英美派如何看待西方报纸对中国的批评性报道?他们如何倡导对外报的新闻检查?他们又如何解决新闻检查和新闻自由两个概念间的张力?他们为新闻检查的辩解有无历史的正当性?本文的研究资料主要来自他们在中英文报刊上发表的有关论述(如《人民论坛》《密勒氏评论报》《大美晚报》《申报月刊》等)、在新闻学书刊上发表的论文(《新闻学刊》《报学季刊》《报人世界》《新闻学论文集》等)、新闻学专著(如赵敏恒的《外人在华的新闻事业》等)、在国际报业会议上的发言(如世界报业公会、世界新闻会议),在美国研读新闻的学位论文(汤德臣、卢祺新等),以及他们的日记、自传和回忆录(包括王世杰、董显光、沈剑虹、高克毅等)。

一、五四思潮与世界报业公会上的呼吁

中国自鸦片战争后历尽外侮,虽然辛亥革命建立了共和政体,民族危机感并没有因此消失。1919 年初,巴黎和会列强将德国在山东的权益割让给日本,中国爆发了"五四运动",标志着现代民族主义高潮的兴起。中

国新知识分子原来以英美为师，追求渐进民主、建立宪政共和的理想，在这里发生了急转，民族情绪空前高涨，知识界大规模左倾。激进知识份子不仅批判西方政府，而且反对自由主义宣扬的温和民主，倾向于革命救国。在急势而来的民族主义话语下，那些所谓的自由主义者也不得不重新审视现实基础，思考自由主义在危难中国实现的可行性。他们逐渐调整对待西方的态度，加入了声讨西方帝国主义的阵营。西方人在华所办报纸被认为是帝国主义在华势力的发言人、组织者和意识形态的理念陈述者，理所当然地成了中国知识分子的直接批判对象。

有必要先简单回顾在华外报在五四前后的发展及影响。欧美传教士十九世纪初在华创办中文报纸，以宣教为旨。十九世纪中期出现各种外文报纸，服务于日益扩大的驻华侨民。其中英国的殖民势力最大，所办英文报也最重要。英国商人奚安门（Henry Shearman）在上海创办的《北华捷报》（后更名为《字林西报》，North China Daily News）主要提供贸易信息及有关中国语言与风俗的实用知识，被誉为"在华外国人的圣经"。1850年到1900年间，英国人所办的英文日报增至13家，包括在华北颇有影响的《京津泰晤士报》（Peking and Tientsin Times）。[6] 美国此时期的办报活动相当有限，几乎没有英文报纸，也极少有驻华记者。[7] 然而到了1910年，来自密苏里的密勒氏在上海先后创办了《大陆报》（China Press）和《密勒氏评论报》（Millard's Weekly Review），美国律师福克斯1918年在天津创办了《华北明星报》（North China Star），壮大了西方在华报业的规模。更重要的一个变化是，这些英文报纸的读者不再局限于侨民，事实上，中国的精英阶层通过阅读这类报纸来揣测列强对华的态度和规划[8]，大学生更把《密勒氏评论报》当作学习英文的范本[9]。这些在华出版的外报也大多拥有海外订户：《华北明星报》每期海外销量达四千份；上海的英文月刊《远东时报》（Far Eastern Review）的海外发行站遍布纽约、伦敦、巴

新闻学

黎、柏林、东京等世界都市，月销量达六千份；[10]《字林西报》记者 Ralph Shaw 在回忆录中记述："《字林西报》影响极广，不限于中国，而远播于伦敦、华盛顿、巴黎、东京以及其他各国政治中心。"[11] 除海外发行外，在华英文报纸主编大多兼任外报的驻华记者，《泰晤士报》《纽约时报》等也常以在华出版的英文报纸为首要消息来源。[12]

这些外报大多配合其政府的政策，推进在华利益。[13] 它们对中国的混乱无序总是大加鞭挞，以动员读者支持对华的殖民扩张。对于它们在西方读者中的影响，中国知识分子本来就忧心忡忡，加上中国在巴黎和会的外交挫败，这种忧虑被急速放大。他们认为，西方报纸把中国塑造为"弱者"，造成西方对中国的误解，以至于中国的外交失败。胡政之代表《大公报》参加了巴黎和会，对中国在国际上的弱势地位和报纸舆论在外交的作用深有感触。他特别注意到中国记者仅他一人，而路透社有好几拨记者，轮流报道，报道直接由路透社自己装设的海底电缆发出。"目睹这种情形，非常感动。中国的新闻事业，与此相比，哪能不差之千里呢？"[14] 自欧洲回国后，他即在上海创办国闻通讯社，发布报道供外国报纸刊登。

五四运动后，中国各个知识群体政治观念大相径庭，但在声讨外报上几乎不出左右。他们声称外报对中国事务妄加批评，偏颇不公，错漏百出。声讨归声讨，怎样才能让西方报界听到中国的抗议？受过美国新闻教育的中国报人自然担当起"代言人"。[15] 1921 年 10 月，由美国把持的世界报界公会在檀香山召开了第二届大会，规模盛大，[16] 中国新闻界第一次参加，是五四运动后中国知识界对西方报界提出一个直接的、当面的抗议。中国有六名报业代表参会，领队的是董显光，还有黄宪昭、钱伯涵、许建屏、王伯衡和王天木。前三位都是密苏里新闻学院的毕业生，许建屏毕业于密歇根大学，王伯衡毕业于哥伦比亚大学新闻学院。

董显光是关键人物。美国记者同行称他为"中国第一位接受美国训练的记者，不论写作上还是思考上都像一个地道的美国人"。[17]董出生于浙江乡下一个清贫的基督教家庭，早年在上海读美国教会办的清心中学，1906年毕业后在奉化中学教了短短一年的英文，蒋介石恰巧是他的学生，两人的因缘由此结下。[18]董显光后来去上海商务馆做编译工作，1909年年初由美国长老会赞助去密苏里州的半工半读的巴克学院，主修神学。两年半后，抱着"新闻救国"的理想[19]，转到密苏里大学学习了一年的新闻课程，之后又去哥伦比亚大学新闻研究院深造。他"决心要把美国新闻学应该知道的学问多得一些经验"[20]，就一边读书，一边在《纽约时报》《纽约世界报》和《独立杂志》做实习记者和助理编辑。1913年回国，董先在英文《北京日报》（Peking Daily News）做主笔，1926年在天津创办中文《庸报》，引进美国的跨版标题、头版广告的现代报式。1930年，《申报》经理张竹平从美国人手中买下《大陆报》，董显光遂任主笔。[21]在回国的前二十年，他以办报为主，推行美国的新闻理念和实践；同时，他借助留美背景开始政治生涯，陆续在政府兼职（如任吴佩孚的外国事务顾问和海军将领杜锡圭的英文秘书等）。到了三十年代中期，董脱离在野办报，由"文人论政"变成"文人从政"，正式投入政坛，在国民政府军事委员会任职，并陆续将密苏里新闻学院的毕业生延揽其下，专门负责检查外国新闻电讯和国际宣传。他抗战期间任国民党中宣部副部长，抗战胜利后出任新闻局长；国府迁台以后，先任《中央日报》董事长，后为驻日和驻美大使，不再是当年矢志要做的专业自由报人。

董显光报政两栖六十年，从他个人历程，结合五四时代背景，不难理解他在1921年世界报业公会上的发言。董于1913年回国，落脚于北京，一边办报，一边参政，身历了五四运动的前前后后。他在回忆录中说签订《二十一条》是"洗涤不清的严重国耻"[22]，这种国耻感充分表现在他在《密勒氏评论报》上发表的多篇文章中。在两年后的世界报业公会上，他的发

新闻学

言身份除了"《密勒氏评论报》的北京编辑和《华北明星报》的常务董事",还特别强调自己是"京津沪报界联合代表"。[23] 董显光在会上两次发表长篇演讲,批评西方报纸对中国事务的"无知",对中国在剧烈转型期的发展视而不见,即使有所报道,"也多有失实,态度轻蔑讽刺,往往纠缠于负面批评,导致西方社会对中国的普遍误解"。[24] 在题为《中国记者对世界记者之谨告》的发言中,董显光特别将西方报业的"无知"和"不实"放在"国际运动"和"世界和平"的话语框架中进行批评:

从国际发展的角度看,中国不容忽视,……西方报人除非自愿鼠目寸光,甘为井底之蛙,否则必须更好地了解我的国家,特别是中国在教育、经济、新闻、社会和政治上取得的进步。除此,还应了解中国在当今国际情势下的爱国情感和民族情绪。只有西方报界对中国事务有一个清醒正确的认识,国际社会才可能认识到中国是国际关系中的重要砝码,认识到这一点或可以减小国际冲突的可能性。因此,我敦促在座控制世界舆论的各方报业代表,你们应该尽快去了解中国,以中国有价值之新闻,供与世界。去除了无知,你们也就去除了造成各国间误解和敌意的源头。[25]

五四前后,知识界盛行两个思潮:一个是民族自决思潮,肯定民族国家处理内政和外交的自主权;一个则是世界主义的情怀,相信人道主义的普世价值,追求世界大同与和平。两者都是俄国十月革命、第一次世界大战后在国际间盛行的主要思潮。这里,董显光规避了对自由主义的直接讨论,而是以世界主义信条为依据,强调他对西方的批评不是出于狭隘的民族主义,而是为普世公理与世界和平而抗争。他继而对新闻职能重新做了阐释,亦是从世界主义的角度出发,认为世界各国不应该是竞争关系,而应是互助关系。他呼吁西方新闻界能够"真实地"报道中国,以助世界舆论的公平形成:"我认为报纸的第一个职能是提供新闻,传播信息;第二个职能是引导舆论,帮助公众在社会运动中作出独立、正确的判断。我恳

— 7 —

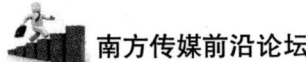

请西方报界向中国派遣训练有素的记者,愿意接触我们的真实生活,能为我国人民考虑。"[26]

董显光想向西方呈现的"真实的中国"是进步、追求民主的年轻共和国,而不是混乱无序、闭关自守的古国。他在发言中历数推翻晚清王朝后中国的种种发展,希望西方报纸多关注中国的进步,少指责中国的落后。凭他的美国经验,董当然知道西方报业的使命在于批评、揭露、监督政府,以促进社会改革。为了加重语气,他一开始就介绍自己"是美国两所新闻学院的产物"。[27] 他一面动之以情:"老实地说,我们是在请求你们的合作、帮助和同情";另一面则晓之以理,强调新闻价值固然在于批评和监督,但是把新闻放到国际视野中,则应具有更高的理想,即"以世界和谐为最高利益"。[28]

黄宪昭也是与会代表之一。他和董显光的基督教背景、留学经历和新闻道路十分相似。黄出生于夏威夷的一个广东移民家庭,父亲是长老会的牧师,拥有一个小型印刷所。中学毕业后,黄宪昭先到圣路易斯神学院读了一年,接着转到密苏里大学读新闻,和董显光成了同学。[29] 1912 年,黄宪昭成了第一个拿到新闻学士学位的中国人,因此还上了《纽约时报》。在这篇采访中,黄说他即将回国,"尽我之力,帮助建设年轻的共和国"。他还对美国读者信誓旦旦,不会接受政府的任何职位,要做一个自由独立的报人,"用报纸来揭示底层阶级的生活状态,表达他们的不满。在中国,还没有一份报纸代表平民利益,这也是我到美国读新闻的原因"。[30] 黄宪昭这番鸿图大志,自然象征了海外留学生对辛亥革命政治理想的一个热情响应,但值得注意的是,黄的回答中也直接借用了当时正在轰轰烈烈开展中的美国"进步运动"的热门话语。在这场进步运动中,报纸杂志大量揭发美国移民和劳工的恶劣生存环境、大资本家的垄断和政府的腐败,自由独立报刊被认为是促使社会改革、恢复民众信心的重要机制。黄宪昭带着美国进步政治的烙印回国,但是和同时代的很多归国留学生一样,在中国政治现实的巨大落差中,他选择了直接参政建国。时隔三月,据《纽约时报》报道,黄宪昭接受孙中山的邀请,在政府中正式任职。[31] 他先在广东省政府担任慈善和监狱事务的总监,1914 年做了参议院秘书。但是对黄来说,"参政"并不意味着放弃"论政"。事实上,民初政坛的跌宕纷乱似乎促使他回归到报业寻找建国途径。他在广州和孙科一起创办了英文《广州时报》(Canton Times),后兼任美联社、路透社通讯记者。二十年代后期,他经历了一个转型,即从早期将报业作为一个"志业"的政治理想转为一个"专业"的现实追求,开始积极推行大学新闻教育,1929 年到 1934 年间任燕京大学新闻系主任,后又在上海大学接手了新闻系的发展。到了三十年代中后期,他离开大学,帮助中央新闻社建立英文部,负责国际宣传,直到 1939 年在香港去世。[32]

黄宪昭和董显光的新闻道路接近,与报业和政府几番离合,人生道路中又数次相逢。这不仅是个人的巧合,更是同时代的响应者,代表了美国自由主义理想与中国反帝自立、民族富强的政治理想之间的冲撞。黄宪昭的大会发言也以世界和平主义为框架,强调西方误解中国可能造成的后果,只是比董显光多了一份诚恳的"自我检讨":对中国的不公既源于西方对中国的无知,也归咎于中国领导人未能有效地宣传其抱负、目标和理想。对中国的种种误解,需要我们国人和西方报界一起拿出具体举措,让世界了解这个伟大的民族。中国的丰富资源能给整个人类带来和平、富足和幸福,但是对中国的误解和破坏也可以将中国变成诅咒和战争。[33] 黄宪昭批评外国通讯社"有时故意歪曲事实,有时错误阐释新闻"。和董显光一样,黄宪昭诉诸西方报业自身的反省和纠正。他提出了一个几乎乌托邦式的解决办法,就是由西方联合在中国建立一个国际新闻社,秉持公正态度,"降低不实信息,减少歪曲事实,让那些低效、不公的外国新闻机构在中国再

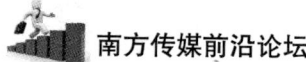

无立足之地"。他相信这个国际新闻社可以代表国际间对发展中国家的帮助:"目前在中国,有能力从事国际报道的本国记者为数不多。鉴此,我们恳请你们的合作、同情、帮助和经验。"³⁴

黄宪昭的批评还算温和,许建屏的发言则相当严厉。许早年毕业于密歇根大学,回上海后在《大陆报》当记者,此次代表上海报业公会出席会议。他在发言中称,"外国报纸已经完全摧毁了中国报人对西方报道真实性的信任",中国报人认清外国报纸不过是"政治家手中言听计从的傀儡,为他们的政治目的推波助澜"。他尤其将巴黎和会中国政府的失败归咎于"外报未能履行用事实说话的神圣使命",特别是美国报纸对形势的乐观报道"误导了中国报纸,欺骗了中国民众,到头来中国收回主权"不过是一个幻想"。³⁵在另一篇题为《中国报界为世界报界进言》的演讲中,许建屏强烈要求西方报纸公正地、真实地报道中国,以保证世界和平:中国报界对西方报界的批评或许过于激烈,但外国记者是咎由自取。要在东方报界中重新建立信任和同情,西方报纸必须"讲真话,完全的真话,而且只讲真话"。我们所期冀的西方报纸,既无官方宣传,也不添油加醋,而一心一意以全世界为福祉。西方报纸若忠于职责,足可驱散战争乌云,这也是西方报纸比其他报纸更应廉洁、一贯和真实的原因。³⁶

王伯衡对外报的批评也毫不留情。王毕业于哥伦比亚大学新闻学院,时任上海《申报》副主编。他指责外报所载中国之消息,"非为毫无关系之事实,即为不着痛痒之电讯"。在他看来,中国所处的时代是"一艰难困苦之时代,一重新建设之时代",急需强有力的公众舆论,"以帮助国家大政从正道而行"。更重要的是,中国的盛衰与世界福祉息息相关:"若非求各友邦舆论之赞助,则非特中国之前途为可忧,即世界之前途亦殊可惧也。"以此考虑,外报的对华报道应以"真确之新闻及爱助之建议"为标准,而避免"虚造之记载及诋毁之议论"。³⁷王伯衡和许建屏在大会发言后,

新闻学

立即奔赴华盛顿，报道讨论中国领土主权的华盛顿会议。他们在世界报业公会上的发言，都以世界主义为论述根据，以求为华盛顿会议造势，先声夺得国际舆论。

西方记者对中国代表的发言反应如何？据会议记载，董发言后有"响亮的、持久的掌声"。[38] 会议召集人威廉士次年12月访华期间也说："此届檀香山世界报界大会……到会各国对于中国代表所发之言论，亦咸表同情。"[39] 董显光、黄宪昭、许建屏和王伯衡四人更为大会选举为会章、会务等重要委员会的委员。[40] 中国代表提出的新闻责任论与大会主调一致。从背景上看，第二届世界报业公会于一战结束不久后召开，人们对战争心有余悸，反思如何防止下一次世界大战，建立一个和平的国际新秩序。会议召集人威廉士是密苏里新闻学院的院长，他希望借大会重新界定新闻在国际事务中的责任，建立一个国际统一的新闻伦理标准。他坚信，记者的国际合作可以推动世界和平和发展；国际战争的爆发，记者难逃其咎，因为他们没能提供真实信息，以供公众作出合理判断。[41] 在他的推动下，大会最后通过两项动议，一项推行新闻教育，以提高报界的整体素质，一项则敦促记者认同新闻的国际职责，以报业推进"国际友谊"。[42]

二、"抵御外辱"：对西方对华报道的声讨

中国报人在1921年世界报业公会上的集体发言，是五四民族主义和世界主义两种思潮互动的一个体现。此后二十多年间，中国知识分子继续声讨西方报业，但是主要话语依据和声讨的对象发生了变化。首先，二十年代中后期，世界主义日渐式微，而民族主义则以一种更激进的形式继续发展。从1925年上海英租界的五卅惨案到1937年的卢沟桥事变，民族主义经历几番高潮，此时外报的负面报道无疑是火上加油，成为中国知识分

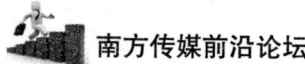

子宣泄愤怒情绪的活靶子。辛亥革命时期的口号"抵御外辱"获得了新的意义：不但要抵御帝国主义的领土侵犯和经济掠夺，更要反抗西方对中国问题的话语垄断；中国不奢求世界主义的实现，也不寄希望于西方会自我反思，于是诉求于自身的防御和反击。其次，五四前后的批判对象是"西方列强"和"外国报纸"，指称笼统、模糊，具体对象语焉不详。到了二十年代后期，英美加大在华竞争，增强对中国的经济渗透，侨民大量增加，在华报业也进一步扩张。至1935年，英美两国在华办的英文日报和周刊增至21种，上海就有14家。发行量最大的是英国的老字号《字林西报》和美国人1929年新创的《大美晚报》。英美日益关注远东形势，各大报和通讯社向中国增派常驻记者。合众社、美联社、路透社扩大了驻华记者站；《纽约时报》《基督教箴言报》《芝加哥论坛报》及《纽约先驱论坛报》等主要报纸也在京沪两地建立记者站。英美报刊为各自国家利益服务，在中国扩张，成了展示西方帝国主义侵略的活标本，因此这一时期的批判直指英美，尤其以嚣张的英国在华报业为然。

1928年，王伯衡在《新闻学刊》上发表《中国之西字报》一文，措词比他在世界报业公会上的发言更为疾厉："欧美各大报之驻华通信员，所发寄至各该国登载之消息，非土匪作乱之事实，即强徒劫杀之记载。若偌大中国，无一好消息，足以报告者。"在他看来，西方通过对中国的负面报道，来建立和维护帝国主义和殖民统治。他痛批英美记者"或就殖民主义发表言论，或就帝国主义放其厥词，要不脱侵略政策，各为其本国谋利益。其真与中国表同情，对于中国之种种建设事业上贡献意见，规划大计为当局做他山之石之助者，几等无有"。[43] 王伯衡对《京津泰晤士报》的主笔、英人伍德海（H. G. Woodhead）尤为不满，诟其为"疯犬""蠹虫"，称其"生性仇华，其每日报上之评论，莫不如疯犬之噬人，……在蠹虫目中观之，中国之事，全属无希望，中国之人，全系无智识，故其每日狂叫时，毫不稍留余地,滔滔不绝"。[44]

　　自由主义的代表人物林语堂全力声讨某些外国报纸"给中国人民带来的危害更甚于炮舰"。[45]林出身于福建的一个牧师家庭,在上海圣约翰大学毕业后,又在哈佛大学和莱比锡大学分别获得文学硕士和语言学博士学位,自诩"两脚踏东西文化,一心评宇宙文章"。1928年前后,在当时陈友仁负责的国民党官方英文刊物《人民论坛》(People's Tribune)上发表了一系列时评,笔锋犀利,态度明了。他称英人所办的《字林西报》为"恶霸",[46]肆意歪曲和批评中国政府,"较之其他英国报刊,更能在中国民众中挑起反英情绪"。[47]《字林西报》因为批评国民政府而被禁止发行,遂对当局提出抗议,声称中国政府无权干涉其言论自由和出版发行。林语堂则认为《字林西报》不可一世,"不承认、不尊重也不考虑中国的主权"。他对《字林西报》采写《汉口见闻》的记者百般讽刺,认为他"毫无希望","大脑显然严重受损","报道总是前言不搭后语,矛盾百出"。[48]他指出:"不论外国还是中国读者,都有权利要求报纸保持基本水平,报道真实,不侮辱公众智商。那位汉口记者的错误报道显而易见、自我矛盾,显然是周旋于酒吧,用随意听来的花边新闻充数。"[49]在另一篇评论中,林语堂驳斥了西方报纸对当前中国"仇外"情绪的报道:"当下的民族主义运动,大大有别于清末由无知暴民组织的义和团运动。"他声称,"事实上,当下中国的情形应该称作是西方文化入侵,所谓的仇外主义——即没有能力去理解他国——实际上存在于西方","这种对中国的仇视主义是现代西方病"。[50]

　　连最具自由主义倾向的《大公报》也批评外国通讯社"不怀好意地错误报道中国"。[51]在一篇广为转引的社论中,《大公报》指出,虽然外国报纸有保留驻华记者的权利,但是"中国政府有权限制外国通讯社在华传播与中国新闻。《大公报》还建议政府设置一个国际通讯社,派出特殊公关代表，负责日常联络外国驻华记者，向他们提供新闻。[52]

有过西方留学经历的知识精英特别着眼于国际格局，强调新闻报道是国家外交的攸关环节。在《报纸之使命》一文中，程沧波以西方历史为援证，指出报纸既可兴邦，也可丧邦。他特举两个反例：一是普法战争，两国报纸肆意谩辱对方，"两国国民不知真相，茫然从风，战祸由起"；二是美西战争，美国报纸捏造西班牙在古巴的暴行，在美国民众中造成舆论，以推动美国的直接武力干涉。[53]这番论述固然夸张，不过用意显然，即向国人警示报纸"足以为恶"，通过操纵舆论在民族兴亡中扮演重要角色。程沧波曾就读于上海圣约翰大学和复旦大学，毕业后任上海《时事新报》主笔，后赴伦敦大学政治经济学院攻读历史和政治，师从费边社的著名理论家拉斯基。从时间上推断，上文应作于英国留学期间。1931年回国后，程担任国民党所办的《中央日报》社长，抗战前期，调任为国民党中央宣传部的副部长，负责对外宣传。

吴凯声也是一例。1922年留学法国，获得里昂大学法律系博士学位，1926年刚回国，即在《新闻学刊》上发表《新闻事业与国际宣传》一文，将中国饱受欺侮的历史归咎于西方的不实报道："外人之来中国也，其皆未有正确之观察，故笔之书，均非实情，于是外人见而信之，遂起误会，迄今藐视华人之性益起。"他在文中特别提到1925年的五卅惨案，批评英国政府利用路透社歪曲报道事件之缘由，欺骗欧洲舆论，将中国置于外交不利之境地。他呼吁，中国新闻事业应"谋求国际地位的增进、致力于取消不平等条约和收回治外法权"。[54]吴回国后成了上海赫赫有名的开业律师，不到两年，便投效国民政府外交部，负责国际联盟的中国代表办事处，以施展其外交救国的政治理想。

著名新闻学者戈公振也不例外。他在二十年代已经相当活跃，除了任上海《时报》总编辑，还在大学教新闻学，做新闻史的研究，成立了上海

新闻学

新闻记者联合会,借以推动新闻的职业化。1927年,他自费游历了美国、日本和西欧,考察各国新闻事业,途中特地参加了在日内瓦举行的万国报界会议。这段游学经历让他对西方报业深感失望,但也更清醒地认识到中国报业的问题。之前,他一心推崇西方式新闻自由和职业化,此时则悲叹中国命运被西方帝国主义报业玩弄于股掌之间。他回国后,倡议中国建立"一个代表通讯社",向国际社会直接发言。和其他报人一样,他认为外报的歪曲报道直接导致了中国在巴黎会议和华盛顿会议上的外交失败,哀叹中国在西方眼中"连印度、澳洲、加拿大这些殖民地的地位都够不上"。55 他特别提醒国人,有些外国通讯社有时也发有利于中国的新闻,但不是因为爱中国,"不过因为偶然发点慈悲心,可怜中国人,否则就是在中国政治上或经济上有一种策略"。56 在美国学习新闻专业的留学生对西方报道尤为关注。一来他们身在海外,更需要一种民族身份的认同,国家"大我"和个人"小我"的利益紧密相连,也因此更积极关注中国在国际舞台上的地位。二来他们专修新闻,对西方的对华报道尤为敏感。以二十年代和三十年代密苏里新闻学院留学生的硕士论文为例,在我们所能找到的21篇论文中,一半是针对英美报纸对华报道的批评性研究,特别以九一八事变后三十年代的对华报道居多。

　　仅举有代表性的三例。例一,汤德臣的论文分析了1931—1932年间三份美国报纸——《纽约时报》《圣路易斯邮报》和《密苏里人报》——如何报道中国的排满事件。他在论文最后总结说:"虽然美国记者致力于精确报道,但是他们的报道不尽属实。"57 他将美国驻华记者的失实报道归咎于日本军方在满洲国实行的苛刻新闻检查,却对当时国民党对外国电讯的管制缄口不语。例二,卢祺新考察了伦敦《泰晤士报》对1900年义和团运动的报道,将之与官方的事后调查报告和历史学家的研究作比较,得出结论:"《泰晤士报》的报道大多与史实不符,自相矛盾,可信度不高。"

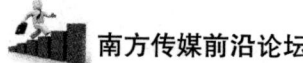

他怀疑英国驻华记者提供的新闻"并非来自现场采访,而是茶馆里的道听途说"。⁵⁸ 例三,沈剑虹在他的论文中指责驻华记者"把中国描述为一个充斥着盗贼和绑匪的国家",以图"制造独家轰动性的新闻标题"。除此,那些来自西方的"业余记者、游客和基督教传教士"也纷纷发表对中国的观察和意见,但是他们"要么对中国任何事情都极端同情,要么就极力渲染中国不幸阶层的苦难,以博得廉价的同情"。而那些在华的外国宣传家,则"为抹黑中国的国际名誉极尽其能,给中国的主权和民族利益带来极深伤害"。⁵⁹

以上三例的西方批判折射了九一八事变后的民族主义新高潮。二十年代后三十年代初,日本军国主义在中国日益嚣张,以英法为代表的国际联盟和美国均对日本采取了姑息纵容的态度,极大刺激了中国人的民族愤慨。九一八事变发生时,卢祺新、汤德臣、马星野等正在密苏里就读,一时间与同系的日本学生的关系剑拔弩张。马星野还在系里的实习报纸《密苏里人报》上发表评论,与日本学生争辩九一八事变的侵略性质。⁶⁰ 此时,沈剑虹、高克毅、宋德和等人还在国内,也都群情激昂。沈剑虹正在燕京大学主修新闻,九一八事变刚发生,他立即创办了英文月刊《新中国评论月刊》,创刊号的社论标题就是《挑衅》。⁶¹ 他们带着对九一八事变的震惊、屈辱和愤慨的种种记忆来到密苏里学习新闻。九一八事变也影响了他们职业生涯的选择。董显光、钱伯涵、汪英宾等早期密苏里中国毕业生,回国后或主编报纸,或建立新闻院系,以专业报人为职志,后因国难,不得已而进入政府,受命主持文宣系统。而沈剑虹、汤德臣、高克毅等三十年代的毕业生,回国后义不容辞,直接投到董显光门下,加入国民政府的国际宣传部和中央社。⁶² 汤德臣在密苏里的学士论文中狠批日本势力对外报的苛刻检查,强调新闻自由对民主舆论的重要性,但是自己却回国做了新闻检查官。沈剑虹在燕京读书时,因为亲美,被同学批评"洋味儿太重",

他自己也不讳言,称"西方式的英文报业是他一生的职志"。⁶³他在密苏里的毕业论文中,倡议由民间组织国际新闻社,反对"给政府过多的权力,造成危险,尤其当国家、政党利益发生冲突时,中国的政客总是率先维护自己的利益"。⁶⁴然而论文刚答辩,沈随即回国到中央社负责英文新闻的编译。一年后中日战争爆发,他转到董显光主管的中央宣传部国际宣传处,主持对外宣传。⁶⁵

中国知识分子经历了九一八事变,不再相信西方报业能够自我修正偏见。沈剑虹说,"语言的障碍以及中国政治和社会的复杂特性使(外国记者)很难准确而权威地报道中国事件"。他建议中国应该自己建立一个国际通讯社:"为了纠正和对抗对中国的误解,为了让西方对中国和中国人民有一个可靠的了解和正面的印象",这个通讯社"将以自己的力量和方式向世界展现中国,而无需依赖于外国势力的同情"。⁶⁶此外,中文《大美晚报》编辑陆诒在一篇题为《半殖民地的国家能统治新闻吗?》的评论中呼吁:"半殖民地的大众,要求民族解放,只有奋起与帝国主义者抗争,才是正确的出路。……在中华民族解放运动的过程中,我们最不能忽略的,便是应当立即拿我们以民族解放为中心的新闻政策,来打击敌人的新闻政策。"⁶⁷

中国应该采用什么样的新闻政策来对待外报,并赢得世界支持?董显光和其他中国编委在美国人鲍威尔(John Powell)主编的《密勒氏评论报》⁶⁸上发表了一篇题为《该着手管理北平的外国新闻界了》的评论,指责外国记者报道不实,"使得国民政府试图恢复国家秩序的努力困难重重,也给那些希望帮助中国政府实现统一大业的欧美人士带来巨大阻力"。他们提出了两种解决办法:"国民政府要么就在北平建立专门部门,为那些在使馆区徘徊的记者提供准确的消息,要么就制定某种新闻检查制度,防止他们向海外乱传不实信息。"⁶⁹毕业于美国帝博大学(DePaul University)新闻专业的梁士纯当时是燕京大学新闻系主任,他在《报学季刊》上发表文章,称前一种方法是政府宣传，为"积极的统制"，而后一种是新闻检查，为"消极的统制"。[70]依他所见，政府宣传或能够改变西方敌视态度，由此推动外交，但是新闻检查制度的效果立竿见影，对于外交和军事防御不仅必要，而且至关重要。

三、新闻检查是寻求"真相"的途径

英美回国知识分子如何论述新闻检查的正当性？他们又如何看待新闻自由与新闻检查之间的关系？以下的分析指出，他们以"真相""国家主权""西方经验"以及"民族危机"作为主要的话语依据，为新闻检查正名。首先，他们以"真相"为名，认为对外国报纸实施新闻检查是维护国家利益的正当手段。在西方帝国主义霸权统治下的国际格局中，中国作为弱势国家，可以用新闻检查作为一个纠偏机制，遏制西方的偏见报道，让西方舆论了解中国现代化建设的真相。其中王世杰的辩护最为典型。

王世杰一路受西式教育，早年就读于依照欧式建立的北洋大学堂法律系，后多年留学欧洲，获得伦敦大学的政治经济学硕士和巴黎大学法学博士。回国后在北京大学任法律系主任，教授宪法学，呼吁中国的法制化，1927年出版了法学名著《比较宪法》，除了介绍西方政治制度和宪法理论，还特别探讨了"刊行自由"，认为新闻检查是"预防制中最严酷者"，"在一般国家的宪法和法律里已明禁检查制，在承平时期，盖以不认此制有存立之余地"。他特别介绍美国，"因为受宪法条文束缚，即使在战时也不能设立检查出版物机关"。[71]他在1924年和北大同好创办了自由知识分子的政论刊物《现代评论》，并发表文章，维护言论自由和新闻批评的现代功能，称"一切关系公共利益的事件，自然都可为批评的标的，自然都应受公众的批评"。[72]其中，报纸特别"应该以其实力，去督责或抵抗强有

新闻学

力的政府"。他建议政府在法律上放宽对言论和报业的管制,"即使是无政府言论,也应该再放宽一些,因为此种温和态度,并不会给政权增加什么危险"。[73]1925年女师大风潮后,他和胡适等人组织了"教育界公理维持会",主张北大脱离政潮而致力于学术发展,被鲁迅诟为"正人君子"。但这样一位拥护自由原则的知识分子,在三十年代加入国民政府,成为蒋介石的高级幕僚,并在抗战初期出任国民党中央宣传部长,与董显光旗下的"密苏里帮"一起监管外国记者。[74]

王世杰声称,对外报实施新闻检查是在帝国主义的强权统治下,弱国用以寻求真理、正义和民族自决的合法手段。1945年3月美国报纸主笔协会三位代表来华考察,与王世杰会晤,当面质疑中国当局的新闻检查,要求政府对新闻自由有一个基本的承诺和保障。王世杰响应称,新闻自由有时间性和地域性,需要一定历史条件才能发展生存。他特别指出,"中国的现代化历史很短,一切刚起步,我们的新闻发展尤其落后。中国报业和欧美报业相比,不论在组织、财政支持还是人员训练上,发展都十分不成熟。而美国记者所信仰的新闻自由是以新闻机构间的自由竞争和机会均等为前提的,大家必须地位平等、力量均衡"。[75]和其他知识分子一样,王世杰对外报缺乏信任,不相信外报主观上愿意公正地报道中国,担心弱小的中国报界"在世界上根本没有表达自己的机会",更不用说纠正外报的偏见了。后果是中国报界在不均衡、不平等的世界格局中无法享有新闻自由。他强调,"没有为我们自己说话的报纸,中国的真相就不会展现于世界"。[76]

与此同调的是董显光,他要求外国记者理解"中国国内任务之艰巨",并为"中国朝着最终目标前进所取得的每一点进步而欢呼"。唯有强制检查驻华记者的新闻,才能保证中国有机会向世界传达真相,而"真相赋予我们自由"。[77]在王世杰、董显光等人看来,在国际外交事务中,真相是不同的国家利益和意识形态的竞技场,而新闻检查作为一种政治手段,也

— 19 —

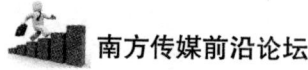

就合情合理地成为获取真相的途径。"真相"不只是一个官方的政治修辞手段,许多民间报人也持此说。1927年日内瓦国际报界会议上,西方报界代表要求各国取消对外国记者的管制和审查,以利于国际间的消息采访和传送。《时报》的戈公振代表中国报界在大会发表声明,坚决反对这一提案,认为不适用于中国,因为新闻检查是保证真相的必要手段。他说自己游历欧洲,"观察各国对于今日中国之国民运动,殊各误会一端,深为诧异。欧洲各国所载华事,多欠正确,实由中国无权管理海电之发送"。那些不正确新闻传播极广极快,"若事后更正,生效甚微,有时其价值且等于零,酿成此等情形之错误,乃生于发电之地点"。[78] 五年后,戈公振又代表中国报界参加了马德里国际新闻会议,继续捍卫中国管制外国记者的权利:"中国所受的外人不正确的新闻的毒害,可说是数不胜数,其所以无法抵御这种毒害,最大的原因便是外报管理问题不得解决。各国在华的新闻纸和通讯社,遂得凭借租界及领事裁判权为护符,常常对我国造谣中伤。"[79]

除了"真相",对新闻检查的讨论也上升到"国家主权"的高度。戈公振将新闻检查作为中国主权的一个象征,失去新闻检查的权利等于丧失主权:"中国受不平等条约之束缚,已无权过问外国记者,如果今再加以此种苛束条文,益无转身之余地。"[80] 王伯衡要求政府对外报严加审查,将英国记者伍德海等驱逐出境,以杜绝"村妇之狂言,使中国之不利"。[81] 欧美读者对中国的印象不出乎"盗贼"和"强徒","安之非此等驻华通信员为罪首乎"?他建议,"与发寄通信之时,宜加以检查,申以取缔"。王更以质问的姿态批评中国地方割据军阀的外交软弱:"(邵)飘萍可杀,(林)白水可死,独于无聊之外国记者,不能加以制止。此则根本上军阀对于外人之心理,只知敬重之所致。"王伯衡一方面表达对军阀政府的不满,另一方面期待一个统一强大的国民政府,能够制止外国记者,保卫国家的自决权利。他说:"凡此种种,是其军阀势力下之政府所能为哉,吾人不得不待贤明政府之产生，从事与革新之道矣。"[82] 曾经留学日本早稻田新闻系的黄天鹏也发表了类似的呼吁。[83] 他在一篇题为《外人在中国经营之通讯业》的文章中，忿忿不满于中国本土通讯社饱受新闻检查之苦，而外国通讯社则不受中国政府戒严条例的限制，"于是国内新闻，亦不得不仰仗于外国通讯社，一任其操纵把持，混淆黑白，而莫如何，此有志者所引为深耻与隐忧也。" 他列举了外国通讯社的三大罪状："制造谣言""颠倒是非""暗中挑拨"。"即此三端，严加取缔，尚有余辜。……然而麻木不仁之政府，既未稍加措意，而新闻界同业贸然采刊，诚最可痛心者也。"[84]

中国报人和知识分子也常常援引西方经验为中国新闻检查立论。其逻辑是，如果连遵循新闻自由的西方国家也会实行新闻检查，那么中国的新闻检查若非有理可循，至少也是有情可原。他们将西方的政治实践等同于民主理念，以现实而非理性为依据，作为中国发展的参照系。1929年，《密勒氏评论报》刊登一篇评论，建议中国政府拟订管理外报的政策法律："这些在华出版的外国报纸居然煽动对中国进行武装干涉。世界上没有哪个国家的政府，即使是有出版自由传统的美国和英国，也不可能容忍这种行为。"[85]《申报》总经理马荫良曾于1937年12月拒绝日军检查而宣布停刊，就在他同年出版的英文著作《中国报业简史》（A Brief History of the Chinese Press）中，他为中国政府的新闻检查作出辩护："无须赘言，新闻检查会阻碍报业发展。但是我们也应该注意，当下世界许多国家都建立了新闻检查制度，在紧急情况下，政府实行新闻检查是合理的。"[86] 梁士纯甚至以美国为样板提议自我检查："美国的报人是非常爱国的，所以对于一切不利于他们国家和政府的消息，就是不经过检查，这些通讯社也不会传播出来。"[87] 路透社的赵敏恒则引用西方各国的新闻检查制度，来反驳外国记者对中国政府的抱怨：

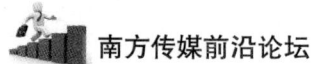

外国记者极力反对中国政府对于新闻的检查,但是他们要晓得世界任何其他国家的政府,也莫不如此。凡从日本、法国、意大利或俄国发出的有线或无线电消息,若未经过该国政府官员的检查,是不能发出去的……英国商业部对于世界任何处的消息,凡经过英国经营的有线或无线电的,都检阅之。在欧战时,世界列强都采用这种秘密侦察的制度,而至今各国还是通行。[88]

西方的新闻检查制度不仅用来作为立论的依据,不少新闻学期刊和研究著作开始系统介绍西方的新闻检查制度,作为具体实践上的依照。依照密苏里新闻学院而建的燕京大学新闻系,在1935年出版的学术期刊《记者世界》上刊登一系列翻译文章,介绍欧洲对外国通讯员的新闻检查。[89]编首语称:"今日我国之从事报业者,每感新闻检查之痛苦,实则新闻检查,如控制得宜,运用适当,不独无害,且与报纸与国家,两蒙其利;是以欧洲各国,亦莫不有此种制度之存在,所不同者,比为对外,而我为对内而已。兹将欧洲各国之现行新闻检查制度,择译如次,以供我国新闻检查当局之参考焉。"[90]1935年6月,世界日报社办的《新闻学周刊》上连载译文,介绍欧战期间英国的报纸检查制度的具体实施情形。[91]孙义慈在其著作《战时新闻检查的理论与实践》中特列一章,比较了美、英、法、德、意、俄的新闻检查政策,由此结论:"世界各国虽因政体不同、环境各异,而对于检查新闻,在程度上有若干差别,但根本上没有一个国家不检查的。"[92]事实上,在三十年代兴起的新闻学研究期刊中,新闻检查是最热门的讨论话题。以张竹平创办的《报学季刊》为例。张竹平毕业于美国传教士所办的上海圣约翰大学,二十年代任《申报》总经理,后从美国人手中接办《大陆报》,又创办《大晚报》和申时电讯社,仿照美国建立报业托拉斯。他在1934年创办《报学季刊》,希望以此促进中国同业间的合作和发展,"尽量研究或介绍中外新闻界的现况,中外新闻事业的趋势,以资我国新闻界

新 闻 学

的借镜"。[93] 什么是张竹平最关心的问题呢?创刊号的第一组文章讨论的中心是国际宣传和对外检查。头篇文章由曾留学美国的吴天放所写,[94] 标题是《中国当前最重要的国际宣传问题》。他为改变西方的对华偏见开出了"药方",即由中国政府取缔在华的报纸和限制外国记者的发电照。他批评外国报纸对中国"或因观察不周、情形隔膜,或因别具计谋,阴图操纵。加之以不平等条约为掩护,往往造谣挑拨,发出损害中国利益的消息"。[95] 他特别挑出《华北明星报》《远东时报》和《京津泰晤士报》作为例子:"这都是二十一年五月我中央执行委员会所规定之宣传品审查标准内所谓的《谬误宣传》和《反动宣传》也。"[96] 在同一期中,《时事新报》的主编薛农山为读者分析了国际局势,最后结论:"在一切的国际新闻中,我们应该时时刻刻站稳脚跟,一切观察以民族利益为出发,一切是非以民族利益为依归。"[97] 创刊号之后,他们对新闻检查的讨论热情不减。曾留学美国的燕大新闻系主任梁士纯撰文,以国家危机来肯定中国的新闻检查:"我国政府在这内忧外患交迫的时期,努力统制新闻,尤其是由中国传出国外的新闻是很对的。"他建议,"要想在新闻统制上真正发生效力",不但应该"严厉限制一切外国在中国领土内所设立无线电台或其他通信机关",而且"外国人在中国领土内所办的报纸应该与中国人所办的受同样的检查。"[98] 1935 年,《报学季刊》刊发了当时复旦新闻系大三学生舒宗侨的一篇论文,题为《改善国际新闻编辑之我见》[99],呼吁除了本国报纸要采取"灌输政策",以使国民深刻理解国际局势对国家的影响,还要采取对外报的"防御政策",以免"毒素新闻的侵蚀"。他写道:

外国通讯社如路透社哈瓦斯在中国国际新闻上皆占有绝对的势力,他们非但消极的宣示本国立场,为自身辩护,而且积极的散布空气,或者做反宣传,以造成该国外交上有力的工具,现在我们要想进一步的打倒他们的势力,既然一时办不到,就只有退而求其次,采取防御政策。在防御政

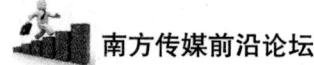

策下，应随时注意毒素新闻的侵蚀，外人的诡计。防御政策不是一个永久的政策，然而却不失为一个暂时的合乎实际的政策。"[100]

1937年抗日战争开始，局势日渐吃紧，新闻检查更是被放在战争危机和国家安全的框架中讨论。中国知识分子相信，政府具有凌驾于外国报纸的权力，应该严控外报向海外传递不利于抗战的报道。抗战一开始，政府就在重庆的国际宣传处特设了新闻检查室，由董显光负责，魏景蒙带头具体工作，沈剑虹辅助，[101] 专门负责检查欧美记者向外发送的电讯。[102] 沈剑虹对这些外国记者颇为不满，特别反感《时代周刊》的白修德，说他"忘却自己乃一记者，理应保持公正客观立场，而他竟然公然站在史迪威一边，把我政府骂得狗血喷头、一无是处"。[103] 曾虚白更称这些西方记者为"出卖中国的市侩记者群"。[104] 董显光也批评"有些外报记者肆意诠释自由之意，只谈权利，不讲义务，造成中国民众对其憎恶之情绪，以及对整个新闻自由价值原则都失去信任"。[105]《时代周刊》发行人 Henry Luce 质问中国政府，为何重庆记者发回电讯总要通过层层审查。董显光回复说："从我个人角度，我也反对严厉的新闻检查。但是当下中国内忧外患，敌人入侵领土，而共产党公开反政府。我们的新闻检查就是要尽可能防止有利于敌人的信息流出，被敌人利用来反攻中国。"他特别提到日本同盟新闻社经常引用美国驻重庆记者的报道，而这些报道，"据我们的经验来看，通常不是客观报道，更倾向于毁灭性的批评，而不是建设性的意见。"随后，董指示他手下的检查官在响应西方批评时应口径一致："也许我们应该更现实一点，强调目前的国家危机，坦白承认严格的检查制度是必要的。因为对中国来说，第一要务是在这场生死较量中活下来，而不是为了赢得世界报界一时的夸奖"。[106]

董显光认为新闻检查是一个主权独立国家的"绝对权力"。在回应美联社社长 Kent Cooper 的质问时，他将新闻检查与商品出口检查相提并论：

新闻学

"在商品贸易中,一国政府有绝对的权力检查出口商品,防止有缺陷或违禁商品流出。这与新闻采集者一样,只是他出口新闻而非商品。政府也同样有权监控和禁止非法信息的输出。"[107] 这里必须指出的是,尽管这些知识分子普遍支持政府对外国电讯施以检查,他们相信在成熟的民主社会中,新闻自由具有重要价值。新闻检查是对外而言,新闻自由则对内而言,最终目标都是建立一个民主、平等的社会。对他们而言,新闻检查是在不平等的国际关系中弱势国家对付帝国主义的一个正义工具,然而新闻自由是他们自身追求民主的最终目标。董显光声称自己是"西方自由主义理想的拥护者"。他悲叹,"在当今中国现实条件下,实行西方政治价值和观念不甚可行。"[108] 事实上,从自由报人转为新闻检查官,董显光的内心不是没有挣扎。在他的回忆录里,董不胜感慨:"同僚们把我看作是一个专为政府排难解纷的人,我永远不能同意这样的看法。我生性易同情犯错误的人,故不是一个理想的新闻检查员。我检而不责,因此逐渐形成我的检查哲理。"[109] 据马星野后来回忆,抗战期间,密苏里的几位校友在重庆的国际宣传处畅叙,席间汪英宾责怪董离开报业,背离当年在密苏里誓言终身做报人的理想,董则歉然以"非出于自愿"而作答。[110] 在给美国报人的回信中,董显光强调政府的强制性新闻检查只适用于特殊时期。他说:"根据我们战时严格的新闻检查就否定我们对新闻自由的根本信仰,这完全是对我们的误解。新闻自由是我们政府的终极目标。"[111] 1945 年王世杰会见美国报纸主笔协会的三位访华代表,信誓旦旦地说:"中国新闻检查制度并非永远有永久性,在战后大概将完全取消或在中国大部分地方取消。"[112] 在第二天的招待晚宴上,他重申了中国政府对新闻自由的态度,除了取消检查制度,还许诺不垄断新闻采访。但他也强调,"中国报界希望外国新闻社,能力守公平竞争精神,不致妨碍中国国际新闻机构之成长。"值得一提的是,他在当天的日记里最后特别记道:"该代表中之 Ackerman(哥伦比亚大学新闻学院院长）答语，谓希望中国成为远东言论自由之堡垒。"[113]虽然日记在此处戛然而止，未作任何评论和解释，我们或可以感受他"于我心戚戚焉"，然而又欲言又止的心情。类似的对新闻自由的诉求在林语堂那里则表达地直截了当、掷地有声。在他的英文著作《中国的新闻舆论史》（A History of the Press and Public Opinion in China）中，最后一章犀利地批判了中国历史上的种种报刊检查制度，在结束语中则将新闻自由放到了西方民主建设的历史框架中阐述：

今天，我们已经跨越了任由政治集团随心所欲、操纵民意的时期，我们必须为实现新闻自由和个人公民权的宪法保护而斗争。这些朴素道理背后的民主形式意味着，普通人能够明察秋毫，用智慧去认识和理解人类社会的生活。民主是欧洲对人类文明最宝贵的贡献，人类社会在必然的进化发展过程中最终取决于有智慧的独立个体，而不是惟命是从的顺民。[114]

四、讨论

以上叙述了留学知识分子群体对西方报道的批判以及对新闻检查的倡导。我们应该怎样评价这一运动的历史意义？这里要先回答几个问题。

首先，这些知识分子所倡导的新闻检查是不是如其所愿，纠正西方偏见？驻华记者又如何回应？1935年10月，英文《大美晚报》的总编古德尔（Randall Gould）在《大陆报》上发表一篇长文，试图厘清外报在中国的应当角色。他一方面真诚奉劝西方的驻华记者，"要以客居者的姿态自持自重，在很大程度上要避免发表有挑衅倾向的文章，而应力求报道的适度和平衡"，而另一方面，他则力图说服中国同行："我希望有明识的中国人会赞同这样一个观点，即在西方报刊上呈现中国的全部真相，从长远角度看，是符合中国的最大利益的。"[115]1936年初，张季鸾、成舍我和梁

新闻学

士纯等报界同人成立平京新闻学会,发表宣言,要求政府放开言禁,撤消对本土报纸的新闻检查,以求充实新闻内容,促进中国报业发展。时任《纽约太阳报》和《伦敦每日先驱报》的驻北平记者埃德加·斯诺代表英美驻华记者致函祝贺,[116] 他先赞扬一番,接着笔锋一转:"诸君一定知道,在这个世界上,不只是中国一国的新闻界受着检查制度的苦痛,外国报业也有遭受同样管束的趋势,这种趋势是中国一部分民众所欲知道的。对于在华的外籍通讯记者,也有一种不甚严格的检查制度,有时这种检查竟使正确的报告不能拍出去——奇怪的是,几乎每次这种检查都是只对中国有不利。一般的外国记者都以为这样的检查是利少而为害实多。从近代历史上观之,中国以前对于向外拍发新闻电报,曾经予以自由与方便,而在这些短短的时期中,中国收了很好的效果。"斯诺借此公开信一方面向中国同行示好,一方面忠告中国政府,新闻检查适得其反:"一般的外籍通讯记者又有一种共同的意见,就是威吓、压迫,或是限制外籍记者之尽忠于工作,只能使他们对于此辈人物或其党派失却信仰与好感。我诚意地希望南京政府能应用一种更进步的新闻政策,无论是对中或对外。"[117]

事实上,尽管国民党政府设置了层层的对外新闻检查机制,那些驻华记者似乎总能找到各种办法逃脱。[118] 1937 年 6 月 10 日,当时在上海负责外电检查的董显光发函给蒋介石,抱怨西报记者以商电发送新闻,以规避检查,建议对商电也"一一审慎检查",以"洞悉新闻电以外之重要消息,以增左证,亦有利国际宣传之应有之布置也"。[119] 数日后,时任中央宣传部部长的邵力子也致电给蒋介石,称"现时长途电话及航空邮递均极便利,仅禁新闻电报,并无效力",更何况《纽约时报》已经设法从牯岭发电报,"更难应付"。[120] 王世杰在 1943 年 8 月的一篇日记里,特别记载了美国代办 Acheson 的来访,"彼意最好检察机关能多放行《纽约时报》在渝记者的报告,俾一般美国人明了中国实情,不致误听 Baldwin 氏言论及其他相似言论"。[121]

中国知识分子不是不知道新闻检查在西方的恶名，但是他们以"真相""国家主权"和"民族危机"为由，为中国的新闻检查辩护。他们认为，在不公正的国际格局中，各国力量悬殊，弱国以新闻检查为手段抑止西方的话语霸权，在有限的国际政治竞技场中为自己争夺一点空间，似乎无可厚非。这样的解释我们耳熟能详。在战后的台湾，"真相"仍作为批评西方对华报道的依据，被反复使用。[122] 在九十年代后期的大陆，一片"中国可以说不"的声音，不啻为历史的回响。

其二，中国知识分子对西方报界的批评有没有正当性？他们对西方"妖魔化中国"的讨伐，实际上基于对西方国际报道的不切实际的幻想和天真的假设，即国际新闻的功能应是国际友谊的象征，而不是互相指责的实践。这个讨伐也是五四运动背景下的世界主义思潮的产物：在中国知识分子看来，中国备受欺辱，苦难深重，具有正义感的外国报业应该予以同情，并帮助中国赢得国际舆论的支持。这样的话语或许有历史的正当性，但是与西方的新闻认知模式相错位，也高估了西方报业的国际道义基础。一方面，西方报纸以批评为监督，促进社会进步，认为这一西方标准应放之四海而皆准；另一方面，西方报纸对内追求民主，对外帝国霸权，积极参与对殖民国的"他者"建构。伦敦《泰晤士报》的编辑 Ignatius Chirol 响应对他的批评时振振有辞："我相信良药苦口利于病。"[123]《京津泰晤士报》的编辑 Wilfred Pennel 也为该报对中国的"破坏性的报道"竭力辩解：

外文报纸，尤其是在中国出版的英文报纸，已经成为西方最有力的武器，直接推动中国的现代化进程，把她带入一个政治经济的世界体系。……西方报纸的批判言论，尽管听来逆耳，让人难堪，却有着不容置疑的价值，特别当中国的报纸尚在幼稚时期，对于西方所带来的种种变革，不能很好地澄清其意义。自始至终，这些外人在华办的报纸，其使命是把西方的文化介绍给中国，并且应用西方批评的标准促进中国的根本变革。[124]

其三，把中国的案例放到更大的框架中看，中国知识分子对新闻检查的倡导是否代表第三世界国家所共有的思想潮流？这个问题需要另做研究，这里只能简短讨论。二战结束不久，联合国大会上通过了菲律宾代表罗慕洛提出的"国际新闻自由决议案"。1948年在日内瓦召开的联合国新闻自由会议上，英、法、美提出三个草案——《国际新闻采访与传递公约》《国际新闻错误更正权公约》和《新闻自由公约》，由包括中国在内的57个国家的新闻界代表讨论，[125] 但是草案屡经辩论和几番修改，最后只有法国所提议的《国际新闻错误更正权公约》得以通过。这次会议可以说是继1921年世界报业公会后，第一世界国家和发展中国家的新闻界再次相逢，也是对国际新闻的两种不同认知模式的再次碰撞。发展中国家为避免西方大国的新闻垄断，强调新闻记者之义务与限制，而大国则以美国为代表，要求高度的新闻自由。[126] 两方交锋，要求"国际新闻自由交换、政府不应加以干涉"的《新闻自由公约》未被通过，被通过的《更正权公约》则是肯定了政府对国际新闻的干预，代表了第三世界国家要求掌握新闻主权的要求。这份公约明确表态，"不正确新闻之发表足以危害各国人民间友好关系及和平之保持"。它规定："联合国第二届大会建议采取措施，以促进各国友好关系，并防止足以危害各国间友好关系之虚构或歪曲新闻的传递。凡发表歪曲事实及侵害他国权益的新闻，受侵害国有权提出更正书，要求侵权者立即作出更正。如果侵权的媒体拒绝更正，则行使更正权之政府可将上述更正书提交于联合国秘书处，联合国秘书处于接获该项更正书后五天内，适当公布之。"[127]

整个二十世纪七十年代，刚从殖民地独立不久的国家多数是受专权统治的第三世界国家，在联合国教科文组织提出"国际新闻与信息新秩序"，其势汹汹，公开挑战西方的话语霸权，导致美、英和新加坡于八十年代初愤而退出。第三世界国家的抗议当然不是无理取闹，然而对外反对西方霸

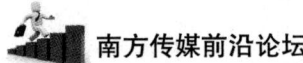

权和偏见即使再有理,并不因此证明专权政府对内压制新闻自由有正当性,落得西方国家可以不把它们的抗议当真。何况国际政治终究讲究实力,不是单纯以道理论断是非而已。因为联合国教科文组织财务,美国所分摊的四分有其一,一旦美国拂袖而去,该组织立刻全面沉寂下来,第三世界的抗议只能跟着无疾而终。等到美国重归该组织,此调已不重弹了。1948年的这些公约、二十世纪七十年代"国际新闻与信息新秩序"的提法,与中国知识分子的论述如此相似,也许不只是历史的巧合,而是意味着民族独立与民主自由的羁绊、与西方话语霸权的斗争将持续下去。本文重审留学美英回国的报人和知识人当年如何在外患时期建构检查外国记者新闻的理据,其意义必须在这个历史脉络下理解。最后,我愿再引述余英时的一段话结束本文:

民族主义是被侵略、被欺凌或被征服的民族的正当防卫武器,但越过了正当自卫的界限,它便会立即转化为邪恶的势力。特别是在专制或集权的国家,它更是统治阶级——专政的党或基本教义的政权——维持和扩张其绝对权力的有效工具。……只有与民主自由的生活方式联成一体,民族主义才能形成一股建设性的健康力量。[128]

注释:

1 张咏:《以"真相"的名义:留学知识分子对西方报道的批判及对新闻检查的宣导》,载李金铨编著:《报人报国:中國新聞史的另一種讀法》,香港中文大学出版社2013年版。

2 新闻自由指的是新闻界采访发布信息、表达观点和出版发行的自由权利。其主要理论基础有三:天赋人权论(即新闻自由和言论自由是人的自然权利)、观点的利伯维尔场和自我修正论(即真相来自于意见在市

新闻学

场上的自由竞争），以及民主制度论（即新闻自由有制度性功能，可以保障人民监督和管理国家的自主权）。新闻检查恰恰相反，是国家和其他权力机构对信息和意见流通的限制、防止和惩罚，通常被认为是国家机器为了掩盖真相、操纵舆论而建立的制度和实践。

3　余英时：《会友集》，香港：明报出版社2008版，第291-292页。

4　本文的构思与写作，必须感谢香港城市大学传播研究中心的支持，邀请我担任访问学者，并承李金铨教授悉心指正。唐海江和陈建华教授也在会议期间提出宝贵意见。

5　这里有必要将"留学"和"游学"的两个知识群体做个区分。后一个群体或可以以梁启超为代表，他们对西方社会的理解基于短时间内的观摩和审查，集中于行为层面而不是理念层面的认知，通常有很强的政治实用倾向。梁启超在1903年短期考察美国后，在《新大陆游记》中叹道："自由云，立宪云，共和云，如冬之葛，如夏之裘，美非不美，其如于我不适何！"梁在访美前对共和政体期待极高，然而在美国观察到的却是政党纷争、选举腐败，还有资本主义过度扩张带来的贫富悬殊和种族歧视的社会问题。他对美国政治实践的失望衍生成了对民主共和政制的怀疑，并由此定论："今日中国国民，只可以受专制，不可以享共和。"如果说梁启超对美国民主自由的短暂体验代表着辛亥革命前"游学"知识份子对中国是否走共和宪制道路的一种试探和紧迫性的实地考察，那么"留学"知识分子（至少从理论上的合理推测而言）则可以比较从容地从学理角度探索自由主义，也有机会更长期地、更入微地体察并参与西方民主的日常实践。

6　Tzu-Hsiang Chen, The English Language Daily Press in China. Peking: The Synodal Collectanea Commission, 1937, pp. 2-4.

7　整个十九世纪，美国没有在华出版影响力太大的商业出版物，《上海通信》月刊（Shanghai News-Letter）影响很小，而其他的出版物发行未久即夭折。1901年，摩根大通公司代表Willis Grey创办《上海泰晤士报》（Shanghai Times），是美国在华所办的第一份英文日报，但在1911年即转售英人。美国大报也少有正式的驻华记者，迟至1911年，只有《纽约先驱报》派记者驻华，不定期地发稿。

8 比如，《大美晚报》平均每期售出五千份，购买者半数为中国人。见 Randall Gould, Three p.m. Shanghai Time: A Memoir in Three Parts (Universiteit Leiden, Netherlands: Sinologisch Instituut, unpublished manuscript, 1960s), p.121. 中国政府官员为了解列强对华态度，也密切关注外国报纸。袁世凯曾褒奖英人《京报》（Peking Gazette）主编伍德海（Henry Woodhead），称其"稳固华洋亲善"，"向世界解说中国之难局"。见 Henry Woodhead, Adventures in Far EastJournalism: A Record of Thirty-Three Years: Experience Tokyo, Hokuseido, 1935, pp.46.

9 John Powell, "My Twenty-Five Years in China", New York: Macmillan, 1945, pp.12.

10 Ming-heng Chao, "The Foreign Press in China", Shanghai: China Institute of Pacific Relations, 1931, pp.78.

11 Ralph Shaw, "Sin City", London, Everest, 1973, pp.50.

12 Chao, "The Foreign Press in China", pp.3.

13 当时美国驻华记者柏德逊（Don Patterson）就说，外国在华报纸的新闻报道"几乎不得不受到报纸编辑及出版人所代表的国家利益所驱使"。见 Don Patterson, The Foreign News Services of China, p.3, unpublished manuscript, Sara WilliamsPapers, Western Historical Manuscript Collection, Columbia, MO。

14 胡政之：《中国通讯社》，载黄天鹏编着《新闻学论文集》，上海：光华书局1930年版，第230页。

新闻学

15 到美国读新闻的这批留学生，大多曾在西方传教士在中国所办的中小学和大学读书，有的英文比中文还好。他们从美国学成回国后，多在英文报纸工作，或为外国通讯社写稿，有的中文报纸嫌他们中文不好，不愿雇佣。据董显光的长期副手曾虚白说，凡有需要写中文的稿件，董多半要请曾捉笔。曾虚白：《董显光日记校后书感》，载《董显光先生追思录》，台北：董显光先生追思录编辑委员会，1972版，第82页。

16 本次会议由美国的哈定总统担当名誉主席，会议日程十天，来自50个国家的2300多名记者代表参加了大会，规格和规模不可谓不大。

17 Roy Howard., Preface in Hollington K. Tong, Dateline China: The Beginning of China's Press Relations with the World, New York, Rockport Press, 1950, pp.xiii. 董显光因其地位显要，通常被后人认为是第一个到美国来读新闻学的中国人。其实不然。按董显光和黄宪昭在密苏里新闻学院的求学经历推算，黄宪昭应是1908年或1909年入学，董显光1911年秋季才入学。黄是第一位赴美读新闻，也是第一位获得新闻学士学位的华人。

18 董在后来的回忆录里称那段经历是个"愉快的巧合"，"遇到了将来影响我整个的生活"的蒋介石。董显光，《董显光自传》（台湾：新生书店，1973），3-8页。

19 董显光：《董显光自传》，第19页。

20 董显光：《董显光自传》，第21页。

21 这段经历，参见董显光：《在中国办的英文报纸》，《报学（第二卷）》，第6期1951年版，第62-64页。

22 董显光：《董显光自传》，第35页。

23 Walter Williams., "The Press Congress of the World in Hawaii", Columbia, MO: E. W. Stephens Publishing Company, 1922, pp.445.

24 Walter Williams., "The Press Congress of the World in Hawaii",

pp.163.

25 Walter Williams., "The Press Congress of the World in Hawaii", pp.159.

26 Walter Williams., "The Press Congress of the World in Hawaii", pp.169.

27 Walter Williams., "The Press Congress of the World in Hawaii", pp.156.

28 Walter Williams., "The Press Congress of the World in Hawaii", pp.172.

29 "Obituary: Hin Wong, Journalist and Head of School, Dean of the American-Trained Newspaper Men of China Dies", New York Times, February 16, 1939, p. 27. 据这份讣告新闻,结束密苏里的学业后,黄在哥伦比亚大学短期修研了外交和领事事务的课程。

30 "Chinaman a Journalist Now; Anyway, He Has a Degree from the University of Missouri That Says So", New York Times, February 8, 1912, pp. 20.

31 "Goes to Aid Sun Yat-Sen: Hin Wang, Columbia Student, Has Received a Call to China", New York Times, April 25, 1912, pp.8.

32 "Obituary: Hin Wong", New York Times, February 16, 1939, pp. 27.

33 Walter Williams., "The Press Congress of the World in Hawaii", pp. 315.

34 Walter Williams., " The Press Congress of the World in Hawaii", pp. 316-318.

35 Walter Williams., " The Press Congress of the World in Hawaii",

pp. 286.

36　Walter Williams.,"The Press Congress of the World in Hawaii", pp. 455.

37　这里用的是王伯衡自己的中文译稿，收于黄天鹏所编《新闻学刊全集》，上海：光新书局1930年版，第233-242页。

38　Walter Williams.,"The Press Congress of the World in Hawaii", pp. 173.

39　谢介子：《世界报界名人来华者之言论汇辑及予之感想》，载《申报馆五十周年纪念册》，上海：申报馆1922年版，第48页。

40　Walter Williams.,"The Press Congress of the World in Hawaii", pp. 82.

41　Walter Williams.,"How Press Can Serve Cause of Democracy", Aurora Republican, June 27, 1917, found in Sara LockwoodWilliams papers, University of Missouri, Columbia, MO.

42　Ulf Bjork.,"The Press Congress of the World and International Standards for Journalists: 1921-1926", International Communication Gazette, Vol. 53, No. 3, 1994, pp. 193-205.

43　王伯衡：《中国之西字报》，本文作为二十世纪二十年代新闻学研究的代表作而为黄天鹏收入《新闻学刊全集》，上海：光新书局1930年版，第147页。

44　同上。

45　China Weekly Review,"The Case of Chinese Republic Versus the New York Times", China Weekly Review, Vol. 56, No. 13（1931），pp. 453.

46　Yutang Lin.,"The N.C.D.N. as a Bully", in Yutang Lin, Letters of a Chinese Amazon and Wartime Essays（Shanghai: 45 Yutang Lin,"The N.C.D.N.

as a Bully", in Yutang Lin, Letters of a Chinese Amazon and Wartime Essays（Shanghai：Commercial Press, 1934）, pp.180–183. 此文和下面几篇文章最先发表在《人民论坛》，时间大致为1927年到1929年间，林语堂后来将其结集出版。值得一提的是，1935年林语堂出版了《吾国与吾民》一书，在西方广受好评，大为畅销，却被《人民论坛》大肆攻击，认为林语堂此书故意暴露中国阴暗面、攻击国民党的改革政策，以逢迎西方对中国的刻板想象。

47 Yutang Lin, "A Sad Confession", Letters of a Chinese Amazon and Wartime Essays, pp. 176.

48 Yutang Lin, "The N.C.D.N. as a Bully", pp. 183.

49 Yutang Lin, "A Sad Confession", pp. 179.

50 Yutang Lin, "Anti-Sinoism: A Modern Disease", in Yutang Lin, Letters of a Chinese Amazon and Wartime Essays, pp.98–101.

51 Ming-heng Chao, The Foreign press in China, p. 7. 大公报由曾经留学日本的张季鸾、胡政之和吴鼎昌主持，曾获密苏里世界报业奖章，在西方被认为是中国自由主义报刊的典范。

52 同上。

53 程沧波：《报纸之使命》，载黄天鹏编著《新闻学论文集》，上海：光华书局1930年版，第63-70页。

54 吴凯声：《新闻事业与国际宣传》，载黄天鹏编著《新闻学刊全集》，上海：光新书局1930年版，第252页。

55 戈公振：《一个代表通讯社》，载黄天鹏编著《新闻学刊全集》，上海：光新书局1930年版，第69-82页。

56 同上。

57 Teh-Chen Tang., The American Press and the Manchurian Question：

A Quantitative Study, Unpublished Master's Thesis, University of Missouri at Columbia, 1933, pp. 128.

58 David Lu., The Siege of Peking As Recorded in the London Times（Unpublished Master's Thesis, University of Missouri at Columbia, 1932, pp. 212.

59 James Chien-Hung Shen., Proposed: A Chinese Associated Press, Unpublished Master's Thesis, University of Missouri at Columbia, 1935, pp. 7-9.

60 高克毅：《马星野在密苏里》，收入《鼠咀集》，台湾：联合文学出版社1991年版，第304-330页。

61 高克毅:《这是个小世界：和沈剑虹半世纪的交往》,收入《鼠咀集》,第340页。

62 九一八事变后，国民党所属的中央社决定设立英文部，专门负责对外宣传，刚从美国新闻院系毕业的中国留学生自然成了被招募的对象。负责组建英文部的三位元老都是燕京大学毕业生，曾在美国留学，也恰巧都是广东人：任伶逊燕从大外文系毕业，曾在华盛顿州立大学专研新闻学；汤德臣从燕大毕业后赴密苏里新闻学院，曾做过美联社的南京特派员；卢祁新，在檀香山长大，燕大新闻系毕业，后到密苏里新闻学院深造。英文部里广东人居多，因为广东接触西方最早，对西方的舶来品——新闻报业——接受也早，因此读新闻的较多，英文也好。参见沈剑虹，《半生忧患》，台北：联经出版社1989年版，第257-265页。

63 高克毅：《这是个小世界：和沈剑虹半世纪的交往》，第338页。

64 James Chien-Hung Shen., "Proposed: A Chinese Associated Press", pp. 71.

65 战后，国际宣传处改组为行政院新闻局，沈剑虹主管国际宣传。1949年后，他离开公职，在香港的商业报纸和广播电台工作了7年，后又回台湾从政，先后出任新闻局长和外交次长，七十年代任台湾驻美大使。

66　James Chien-Hung Shen, Proposed：A Chinese Associated Press, p. 81.

67　陆贻：《半殖民地的国家能统治新闻吗？》，《大美晚报》，1936年1月16日版，第3页。

68　《密勒氏评论报》是一份在上海出版的英文报，虽然主编是美国人，编委则多为美国留学归来的中国报人，其中，董显光在这个时期担任此刊的副主编。

69　China Weekly Review., "Something Got to be Done about Peiping's News", China Weekly Review, January 26, 1929, pp. 355.

70　梁士纯：《新闻统治与国际宣传》，《报学季刊（第一卷）》，1935年第4期，第1-2页。

71　王世杰：《比较宪法》，北京：商务馆1927年版，第180-181页。

72　王世杰：《对于中国报纸罪言》，原载《现代评论》，后收入黄天鹏编著，《新闻学论文集》，第24页。

73　同上。

74　1927年蒋介石在南京建立国民政府，加大了政府对社会各方面的渗透，以民族大业的强势话语积极拉拢知识界加入国民党的统制政权。王世杰、董显光和其他知识分子都是在此时期正式加入政府工作，经历了从自由知识分子向官方知识分子的转型。不过，从王世杰的日记以及董显光与蒋介石的通信中，我们可以看到，王和董对于官场都心生倦意，两人都曾请辞于蒋介石。

75　Hollington Tong., Dateline China, pp. 263-264.

76　同上，第264页。

77　同上，第269页。

78　半六：《国际报界会议记略》，载黄天鹏编著《新闻学刊全集》，第 297-315 页。

79 《国际新闻会议与中国》,《申报月刊(第 2 卷 11 号)》1933 年版,第 54-55 页。

80 戈公振:《新闻电费率与新闻检查法〉》,载黄天鹏编著《新闻学刊全集》,第 257-261 页。

81 王伯衡:《中国之西字报》,第 157 页。

82 同上,第 156,158 页。

83 黄天鹏 1926 年回国后,创办了《新闻学刊》,意在报界同仁中探讨新闻理论和业务。黄后任复旦大学、沪江大学新闻系教授,《申报》《时报》主笔,笔名黄梁梦。

84 黄梁梦:《外人在中国经营之通讯业》,载黄天鹏编著《新闻学刊全集》,第 113-117 页。

85 China Weekly Review, "The Proposal for a Law Governing the Press", China Weekly Review, January 5, 1929, pp. 225.

86 Yin-liang Ma, "A Brief History of the Chinese Press", Shanghai: Shun Pao Daily News, 1937, pp.21.

87 梁士纯:《新闻统治与国际宣传》,《报学季刊(第 1 卷)》,1935 年第 4 期,第 2 页。

88 赵敏恒:《外人在华的新闻事业》,上海:中国太平洋国际学会 1932 年版,第 12 页。赵敏恒从清华留美预备学堂毕业后,1923 年赴美学习新闻,先后毕业于密苏里和哥伦比亚大学新闻学院。回国后,先在美人办的英文报纸《北京导报》做副总编,而后的 15 年供职于路透社和美联社。1931 年,他出版了英文的《外国在华的新闻事业》(The Foreign Press in China)一书,成为西方学界和报界了解外报在中国的状况的主要来源。次年,该书由太平洋国际学会翻译成中文发行,上面的引文来自此中文译

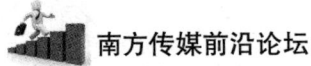

本。

89 其中包括华尔泰·杜兰第（Walter Duranty）的文章。此人曾是《纽约时报》驻莫斯科记者，被认为是亲斯大林派。

90 《欧洲大陆国家之新闻检查制度》，《报人世界（第1卷）》1935年第2期，第1页。

91 艾德华寇克（阿穹译）《欧战期间之报纸检查制度》，《世界日报·新闻学周刊》，1935年6月20日，第20版；1935年6月27日，第20版；1935年7月4日，第20版。数据由世新大学舍我纪念馆提供，特此感谢。

92 孙义慈：《战时新闻检查的理论与实际》，重庆：军事委员会战时新闻检查局1941年版，第55页。

93 张竹平：《创刊词》，《报学季刊（第1卷）》，1934年第1期，第2页。

94 关于吴的资料不全，一说他曾留学美国，一说他是北大毕业。他在1927年曾在北京新闻学会刊物《新闻学刊》发文推崇密苏里新闻学院院长威廉士的新闻学观点，并说，要以威廉士的新闻伦理观来检衡中国新闻实践，"则中国新闻界之当引为奇大之羞耻与歉悔者"。

95 吴天放：《中国当前最重要的国际宣传问题》，《报学季刊（第1卷）》，1934年第1期，第3-9页。

96 同上，第8页。

97 薛农山：《中国新闻中的国际问题与中国新闻记者的立场》，《报学季刊（第1卷）》，1934年第1期，第49-51页。

98 梁士纯：《新闻统治与国际宣传》，《报学季刊（第1卷）》，1935年第4期，第1-2页。

99 舒宗侨在四十年代初任国民党《中央日报》和《扫荡报》的国际新闻编辑，后在美国战时情报局在重庆开办的《联合画报》做主编，宣传抗日。

100 舒宗侨：《改善国际新闻编辑之我见》，《报学季刊（第1卷）》，1935年第4期，第4–5页。

101 魏景蒙燕京毕业，父亲是曾任北洋政府内阁秘书长的魏易。董显光与魏景蒙亲如父子，一路提携，抗战初期招募魏景蒙进入国际宣传处，专门负责检查外国记者的新闻电，八年之久，是事实上的首席检查员。魏在战后任中央社社长，总统府国策顾问。另外，沈剑虹和魏景蒙是郎舅关系，一起在国际宣传处工作。参见沈剑虹：《半生忧患》，第257–265页。

102 当时重庆有外国新闻机构23家，外国记者包括《纽约时报》的窦奠安（Tillman Durdin）、《美国新闻周刊》的马丁（Robert Martin）、美联社的慕沙（Spencer Moosa）、路透社的包亨利（Henry Bough）、《洛杉矶时报》的艾力根（Bob Elegant）等。

103 沈剑虹：《半生忧患》，第229页。

104 曾虚白：《出卖中国的市侩记者群》，《报学（第1卷）》，1951年第2期，第75–78页。

105 Hollington Tong, "Dateline China", pp. 261.

106 同上，第60、261页。

107 同上，第261页。

108 同上，第258页。

109 董显光：《董显光自传》，第70页。

110 马星野：《董显光和密苏里新闻学院》，本文原是马星野在1957年董显光获得密苏里新闻学院新闻奖时写的一篇贺文，后收录在《董显光先生追思录》，台北：董显光先生追思录编辑委员会，1972年版，第22页。

111 Hollington Tong, "Dateline China", pp. 260.

112 《王世杰日记》，1945年3月29日，为未发表之手稿，存于台湾中央研究院近史所档案馆。美国主笔协会（又译为美国编辑人协会）在1943年举行年会，通过决议，开展新闻自由运动。美国参众两院也主张由美国政府与友邦建立条约，保证国际新闻的自由流通，并反对各国政府干涉新闻的传递和发表。1945年初，美国主笔协会派三人代表，遍访各国，调查新闻自由的状况，于3月28日到达重庆。

113 《王世杰日记》，1945年3月30日。

114 Yutang Lin, "A History of the Press and Public Opinion in China", Chicago: University of Chicago Press, 1936, pp. 179.

115 Randall Gould, "Foreign Journalism in China", first published in the China Press, reprinted in Peiping Chronicle, October 13, 1935.

116 斯诺当时也在燕大新闻系教书，与不少中国记者私交甚笃。参与联名祝贺的还包括英国《曼彻斯特卫报》《华北明星报》《北平英文时事报》《京津泰晤士报》等报的驻华记者。

117 《外国驻华记者论中国新闻检查制度的厉害，英美记者施乐等致平津新闻学会函》，《大美晚报》，1936年2月13日，第3页。

118 见赵敏恒:《采访十五年》，重庆：天地出版社1945年版，第99页。魏景蒙:《洋记者二三事》，《报学（第1卷）》1951年第1期，第119页。

119 《董显光至蒋介石的公文信》，1937年6月12日，第1130号发文。台湾国史馆收藏，档案编号001120000001022a。

120 《邵力子致蒋介石的公文信》，1937年6月25日，第1333号发文。台湾国史馆收藏，档案编号001120000001027a。

121 美国《读者文摘》的Hanson Baldwin著文批评中国政府和中国军力，在中国引起反响，故美国代办G. Acheson造访王世杰，希望消除误解，并建议中国当局减少新闻检查。见《王世杰日记》，1943年8月6日，未发表之手稿，存于台湾中央研究院近史所档案馆。

122　1957年，时任台湾驻美大使的董显光赴密苏里新闻学院接受杰出新闻服务奖，随即发表演讲，强调"客观的报道，是一种同情的和了解的报道，是努力寻求真实"，"派驻海外的记者，在他们想下笔写第一篇报道之前，应该先读读他们驻在国的历史。有些记者在报道和说明中国情形时的最大错误之一，便是以中国和他们自己的国家相比"。见董显光，《世界需要客观的报道》，《报学（第2卷）》，1952年第1期，第3页。

123　Ignatius Valentine Chirol, "Letter to George Morrison, September 17, 1909", reprinted in G. Morrison（ed）, The Correspondence of G. E. Morrison: 1895-1912, London: Cambridge University, 1976, pp. 525-527.

124　Ming-heng Chao, The Foreign Press in China, pp. 56-57.

125　中国代表团由五人组成，业界的代表都曾在英美留学，为时任上海新闻报社长的程沧波，天津益世报社长刘豁轩，中央日报社长马星野，另有新闻局代表邓有德和驻联合国中国代表张彭春。见马星野著《新闻与时代》，台北：云天出版社，1970年，第5页。

126　此次会议也意味着冷战初期以美国为首的西方集团和以苏联为首的东欧集团在政治上和外交上的一次对抗。苏联集团在会议中攻击英美的新闻自由提案，倡议其他第三世界国家抗衡西方霸权，反对日内瓦决议。

127　《国际新闻自由决议》，《报学杂志（第1卷）》，1948年第2期，第53页。

128　余英时：《会友集》，第302页。

从计算到数据新闻：
计算机辅助报道的起源、发展、现状

◎ 苏宏元　陈　娟

（华南理工大学新闻与传播学院院长，教授，博导；
华南理工大学新闻与传播学院新闻传播系主任，副教授，博士）

摘　要：按照历史的纬度，本文从计算机辅助报道的产生、发展及演变入手，尝试对这一新闻报道的辅助工具进行重新解读，并对其最新发展形态，即数据新闻进行分析。扫描数据新闻在国内的发展现状后，本文认为，虽然媒体因急于拓展自己的业务增长点而将数据新闻视作一条转型路径，但其发展障碍也非常明了：计算机辅助技术是记者面临的文化资本障碍，而"原始数据"的获得则是国内大多数记者进入数据新闻领域的最大问题。基于此，新闻传播学界有责任对"数据新闻"进行学理探索，并给出数据新闻的实践、操作模式。

关键词：计算机辅助；精确新闻；数据新闻

计算机辅助报道这一概念引入中国的时间并不长，最初由卜卫于1998年发表《计算机辅助新闻报道——信息时代记者培训的重要课程》一文，介绍了计算机辅助新闻报道的相关问题，并认为"在我国，已有数百家媒体上了网，人民日报、中国日报、新华社等新闻机构已在网上建立了数据库，

新闻学

但大多数记者还没有采用计算机和互联网进行新闻报道的意识,其知识和技术在多数新闻院校也尚未普及,因此,对新闻记者及在校新闻大学生的计算机辅助报道和互联网的教育应该被提上议事日程。"[1] 2000年,王波出版《计算机辅助报道概论》一书,介绍了计算机辅助新闻学各个不同组成部分的发展与现状,并通过大量的研究和报道实例说明计算机辅助报道、计算机辅助调研、计算机辅助引证、计算机辅助聚会的基本方法及其具体应用,书中包括大量国外利用计算机辅助报道方法写成的报道实例,以及对国内外网上信息资源的介绍。但无论从学界还是业界的反映来看,这一始于二十世纪五十年代,流行于二十世纪九十年代的新闻报道手段在其引进之初并没有得到什么呼应。国内各大新闻学院并没有因此而开设计算机辅助报道的系列课程,而关于这方面的研究论文也很稀疏,零零星星地出现于学术期刊,以介绍性的材料为主。[2]

转机大约出现在2010年7月。维基解密事件后,业界对"数据新闻"这一形态开始青睐有加。随着数据新闻在新闻界的切入[3],计算机辅助报道再次出现在我们的视野中。然而,大多数时候,它只是作为数据新闻的一个背景墙[4],用来解释什么是数据新闻。比如,当"关于数据新闻概念的界定,学界尚无定论"时,方洁、颜冬试图从新闻呈现形态、新闻生产流程、新闻行业发展三个层面来对数据新闻进行定义,认为"数据新闻的内涵就是基于数据的抓取、挖掘、统计、分析和可视化呈现的新型新闻报道方式",在将其与精确新闻、计算机辅助新闻报道、数据可视化等概念进行了比较分析后,作者认为:"计算机辅助新闻报道更偏向于一种辅助工具,它不是一种独立存在的新闻报道方式,而强调一种方法和运用","数据新闻的概念代表着一种新闻发展的形态,其概念的内涵和外延比计算机辅助新闻报道更加广阔"。[5] 从这个意义上来说,计算机辅助报道似乎已成了数据新闻的一个注释,而《精确新闻学》及其作者菲利普·迈耶(Philip

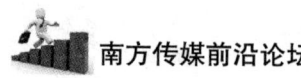

Meyer)也在国内沉寂了相当一段时间后被频频提及,其原因也非常相似:用来界定数据新闻。

这一判断是否存在误区?"历史上的计算机辅助报道起源于精确新闻报道或调查性报道的需要,计算机辅助的是精确新闻报道过程中的数据采集处理和分析"[6],从这个意义上来说,卜卫更倾向于将计算机辅助报道作为援助新闻采集过程的辅助工具,而不是一种新闻报道方式。这一认知至今都有现实意义,但从当前的发展来看,计算机辅助报道的意义显然远不止于此。在哥伦比亚大学新闻学院下属的Tow Center(数据新闻研究中心)为其计算机和新闻双学位的硕士所开设的计算新闻学课程中,乔纳森·史特里(Jonathan Stray)教授认为,计算机技术主要在以下这四个领域对新闻报道有所帮助:以数据推动的报道,故事的展现方式,信息筛选以及影响跟踪。[7]这一表述较为生动地阐释了计算机辅助报道在最近60多年以来的生命力,它与政治、技术发展的交互关系,并在大数据背景下发展并定义了计算机辅助报道。因此,本文试图将计算机辅助报道与广义的计算机辅助性工作,如打字、排版、图形图像编辑、音视频编辑、电子邮件采访、数据录入、统计软件区隔开来,而将其视作利用计算机对新闻素材进行结构化、半结构化数据与非结构化数据处理、分析,从而完成的新闻报道。

然而,数据新闻、精确新闻、两者与计算机辅助报道的关系仍然有待明晰化。鉴于此,本文试图从计算机辅助报道的产生、发展及演变入手,尝试对这一新闻报道的辅助工具进行历史维度的解读,并挖掘其最新发展形态——数据新闻的意义,进而对数据新闻之于传统媒体的作用给出一些思考。

一、起源:基于强大计算能力的结果预测

在新闻机构引入算术可追溯至史前就已存在的计算工具[8],其中最重

新闻学

要的一项发明由赫尔曼·霍尔瑞斯（Herman Hollerith）在二十世纪八十年代完成。鉴于其发明的穿孔卡片，霍尔瑞斯被视作现代计算技术的奠基者。霍尔瑞斯首先把穿孔纸带改造成穿孔卡片，以适应人口数据采集的需要。由于每个人的调查数据有若干不同的项目，如性别、籍贯、年龄，等等。霍列瑞斯把每个人所有的调查项目依次排列于一张卡片上，然后根据调查结果在相应项目的位置上打孔。例如，穿孔卡片"性别"栏目下，有"男"和"女"两个选项；"年龄"栏目下有从"0岁"到"70岁以上"等系列选项，等等。

随后，霍尔瑞斯发明了一台制表机，可以一次读取40张卡片的数据，巧妙的设计在于其自动统计。霍尔瑞斯在机器上安装了一组盛满水银的小杯，穿好孔的卡片就放置在这些水银杯上。卡片上方有几排探针，探针连接在电路的一端，水银杯则连接于电路的另一端。只要某根探针撞到卡片上有孔的位置，便会自动跌落下去，便与水银接触接通电流，启动计数装置，前进一个刻度。从这个意义上来说，霍尔瑞斯穿孔卡表达的是二进制信息。由于采用了制表机，1900年美国人口普查的全部统计处理工作仅花了1年7个月。据估计，一台制表机可以代替500个人的劳动。此制表机开启了数据的自动化处理时代，也正是这种数据处理的方法，构成了电脑"软件"的雏形。

其后，霍尔瑞斯的发明开始商业化，并很快在发薪簿、存货清单和核算等数据处理方面获得了较好的发展。1911年，由于经营不善，霍尔瑞斯出售了自己的制表机器公司（Tabulating Machine Company）；1924年，该公司被更名为国际商业机器公司（IBM）。

数据处理的下一个飞跃是在1936年。美国的霍德华·艾肯（Howard Aiken）在深入研究巴贝奇分析机的基础上，对巴贝奇分析机设计作了重大改革，提出用机电方法而不是纯机械方法来实现分析机，1944年，艾肯在哈佛大学制成了改进的巴贝奇分析机——Mark I 计算机。Mark I 计算机由电子继电器供电，为第二次世界大战期间的美国海军服务。

就在 Mark I 计算机飞速发展的同时，美国军方也发明了一种机器来解决弹道问题。这台机器最早出现于宾夕法尼亚大学，由爱荷华州立大学的约翰·文森特·阿塔纳索夫（John Vincent Atanasoff）及其研究生助理克利福德·贝瑞（Clifford Berry）共同完成。这台机器被称为阿塔纳索夫–贝瑞计算机（Atanasoff–Berry Computer，通常简称 ABC 计算机）。机器上装有两个记忆鼓，使用电容器来进行数值存储。这台机器被誉为第一台现代计算机。

在大型计算机主机的运算能力不断提升时，美国的民意调研也获得了长足的发展。1932 年，因岳母竞选州务卿，乔治·盖洛普（George Gallup）提出一种科学抽样方法，并准确无误地预测出了选举结果；1936 年，盖洛普再次使用科学抽样法对美国大选进行民调，最终数据显示富兰克林·罗斯福的得票率将是 55.7%，而大选结果是罗斯福赢得 62.5% 的选票。公众对民调的关注和重视将其与计算机完美地结合在了一起[9]，这一时期，利用大型计算机主机生成、处理数据，通过数据呈现的民调内容在媒体上并不罕见，有力促进了媒体记者对大型计算机主机的了解与使用。二十世纪四十年代之前，"computer" 仅意指那些精于计算的人，而到了 1940 年代，这一术语开始指称那些用于数据处理的机器。此后，迈耶划分了计算机发展的三个阶段：第一个阶段是使用真空电子管的 ENIAC；第二阶段是 IBM 7090，使用了晶体管；第三阶段是 IBM 360 系列，使用了集成电路。[10] 至此，计算机已充分具备了大型计算的能力。

受民调所形成的巨大影响力刺激，截止到 20 世纪 30 年代之前，众多的报纸介入到民意测验领域，主要包括《赫斯特报系》（Hearst Newspapers）、《纽约论坛报》（New York Herald）、《辛辛那提问讯

新闻学

报》（Cincinnati Enquirer）、《哥伦布电讯报》（Columbus Dispatch）、《芝加哥论坛报》（Chicago Tribune）等。20 世纪 40 年代，媒介支持或者建立的调查机构纷纷建立，包括 Joe Belden's Texas Poll（1940）、Mervin Field's California Poll（1947）、the Des Moines Register Iowa Poll（1943）和 the Minneapolis Tribune's Minnesota Poll（1944）。[11] 到 1952 年大选时，根据基于选举前期所返回的投票数据，Remington Rand 公司的格蕾丝·赫柏（Grace M. Hopper）所发明的全世界第一个编译器（Compiler）所开发的 UNIVAC 计算机给出了大选的预测：艾森豪威尔会赢得压倒性的胜利。CBS 的高层最初拒绝播出这一似乎并不可能的预测（此前舆论普遍认为两个候选人的得票会非常接近），最终当媒体播出这一吻合最终事实的预测时，CBS 公司高层因拒绝信任大型计算机主机而受到了嘲笑，至此，计算机辅助报道正式诞生。[12]

必须说明的是，民调在二十世纪四五十年代推进了大型计算机主机计算功能在新闻生产中的作用。然而，由于民调所涉及的数据计算不仅要耗费相当的财力，且需要专业的统计学人士（他们在日常的新闻生产中作用并不大），并挖掘了更专业的商业用途（民意调查、商业调查、媒介调研乃至咨询服务），很快，媒体中的民调部门逐渐演变成专门的媒介调研机构，成为媒体经营运作的一个部分，为广告商制定购买媒体投放平台的价格标准，但不再直接为媒体提供内容生产。至此，民调对这一时期的计算机辅助报道的推动也就结束了。

随后，计算机对新闻生产的辅助作用出现了其他形式：记者们开始使用大型电脑主机处理政府数据库的信息，以发现和调查新闻事实，因此，这一时期的计算机辅助报道被认为是根据政府机构提供的计算机磁带（储存器）所制作的调查性报道。[13] 在长达 20 年的时间内，根据政府机构提供的计算机磁带所制作的调查性报道主要通过计算机的海量计算功能，进行各种结果的预测,这是计算机辅助报道在这一时期的主要作用。而所谓的计算机辅助,仅仅是利用计算机强大的计算能力。

二、发展:基于公共利益的精确新闻

继大型电脑主机用于海量计算、进行各种结果预测约17年后,菲利普·梅耶和埃利奥特·贾斯坪(Elliot Jaspin)开启了以公共利益为指向的计算机辅助报道,克拉伦斯·琼斯(Clarence Jones)、大卫·伯纳姆(David Burnham)、唐·巴莱特(Don Barlett)以及詹姆斯·斯蒂尔(James Steele)紧随其后,利用技术的发展再次进入计算机辅助报道这一领域,这一时期,他们在选择计算机所提供的功能上发生了变化。梅耶于1973年出版《精确新闻学》,在该书中,菲利普·梅耶认为,计算机辅助报道是指任何采用计算机获得信息和分析信息的报道。他还定义并提出了计算机辅助的两个方向:获得信息和分析信息。[14]

在《精确新闻学》一书中,梅耶从学理上对这一新闻实践进行了梳理、总结,发展了计算机辅助报道。由于记者的参与性非常低,这种报道形式在其诞生之初往往会被视作在写学术论文,但对新闻界来说,这一时期的计算机辅助技术恰恰是其强化自身独立性的重要手段。"从19世纪末到20世纪70年代,美国的新闻报道经历了客观性新闻报道、解释性新闻报道、调查性新闻报道和精确新闻报道的发展过程。每一种新闻报道形式的变化实质上都在追求摆脱新闻来源的控制,强调记者报道的独立性和系统性。"[15]受自身独立性、系统性的驱使,新闻界选择了这一参与性非常低的报道形式。至此,计算机辅助报道开始逐渐摆脱的计算阶段,进入运用调查、实验和内容分析等社会科学研究方法,来收集资料、查证事实,从而报道新闻的时代。这一时期,计算机辅助报道的具体形式表现为精确新闻。

新闻学

在 1973 年出版的第一版《精确新闻学》中，菲利普·迈耶这样写道："若我们的记者惯于使用一些社会科学的研究工具，会犯更少的错误。"[16] 迈耶还认为，计算机和数据统计都是完成传统新闻业务的有效工具，因为计算机和数据可以帮助记者"寻找事实，推断原因，指出纠正社会问题的方法，并评估这些纠正的努力的效果"[17]。从媒体的内在独立性要求出发，计算机辅助报道的发展及走向变得容易理解。美国学界普遍认为，这一时期的计算机辅助技术对新闻生产的贡献主要表现在三个方面：首先，这种新闻提升了新闻客观性。例如蒂姆·伯纳斯·李（Tim Berners-Lee）声称，记者"不再需要找到与人在烟雾缭绕的酒吧交谈的技巧"，但必须"装备（自己）的工具去分析（数据）"，以"帮助人们真正看见融合在一起的这一切以及国家在发生什么"[18]；第二，政府有向新闻机构提供各种数据的职责[19]，而这种供给降低了媒体深度调查的成本[20]；第三，受众参与提供数据并进行数据分析，可以提高公民的政治参与[21]。这就为我们勾勒出了新闻报道形式的变化中所隐藏的媒体独立性的成长。当然，对新闻机构来说，计算机辅助技术还是一个卓越的发展平台："计算机辅助报道在一定程度上打破了对新闻来源的垄断。无论是大型新闻机构还是小型新闻机构，它们可以有平等机会来获得信息和分析、发布信息。"[22]

对美国新闻界整体而言，大型计算机主机的使用通常可以追溯至二十世纪六七十年代，其时，相当一批主流大报已经拥有了自己的计算机主机及操作这些主机的记者。然而，对精确新闻这一报道形式而言，最关键的因素却是 1967 年的《信息自由法》（Freedom of Information Act），这部关于联邦政府信息公开化的行政法规规定：联邦政府的记录和档案原则上向所有人开放（有九类政府情报可免于公开）；公民可向任何一级政府机构提出查阅、索取复印件的申请；政府机构则必须公布本部门的建制和本部门各级组织受理情报咨询、查找的程序、方法和项目，并提供信息分类索引；

公民在查询情报的要求被拒绝后，可以向司法部门提起诉讼，并应得到法院的优先处理。在技术的配合下，美国政府的许多数据逐渐从纸质版变成电子版，变得便携且便于复制，《信息自由法》则从制度上保证了这些数据的可获得性，从而确认了媒体、记者对数据的控制。换句话说，计算机技术的发展让媒体获得了进行计算机辅助报道的能力，而《信息自由法》则保证了媒体在进行计算机辅助报道时获取数据的权力。这一时期，政府的数据库是一种有效引发公众问题，吸引公众注意力，从而影响政治议程的手段——对于刚刚可以自由获取各类政府数据的美国公民来说，这一点并不难理解。

政府数据的易得为精确新闻报道记者提供了广阔的天地：1969年，《迈阿密先驱报》的克拉伦斯·琼斯（Clarence Jones）通过计算机获悉刑事司法系统的模式；1972年，《纽约时报》的戴维·伯纳姆（David Burnham）分析了犯罪报道和来自纽约警察局的逮捕统计数据，揭示了媒体所呈现的犯罪与实际犯罪行为之间的差异，伯纳姆同时还指出：1973年，黑人犯下谋杀罪的几率要比白人高出40倍；《普罗维登斯杂志》（The Providence Journal）的埃利奥特·贾斯坪，则在1986年检索了行车记录不良的校车司机的犯罪记录，完成《校车司机和他们的犯罪记录》（School bus drivers and criminal records），报道的出台直接促使美国联邦政府对校车司机资格进行重审；另一名著名的精确新闻记者是比尔·戴德曼（Bill Dedman），来自《亚特兰大宪法报》（Atlanta Journal-Constitution），他根据美国国家统计局和联邦金融机构检查委员会的数据，完成《钱的颜色》（The Color of Money），披露了亚特兰大金融机构贷款中的种族主义，报道于1989年获普利策奖。

在20世纪70年代之后的精确新闻报道案例中，"揭露社会不公，指出现有社会问题并提出解决方案"的特征逐渐形成。但必须指出的是，直到 20 世纪 90 年代，这一计算机辅助报道的新形式才开始盛行于美国报业[23]。卜卫认为，这一方面是因为当时可利用的数据库有限；二是因为在互联网与个人电脑没有普及的当时，记者仅能得到以计算机磁带方式存储的信息，利用起来不甚方便。[24] 梅里斯玛·考克斯（Melisma Cox）也认为，精确新闻需要几个阶段的准备：一，记者需要拥有个人电脑；二，虽然个人电脑最初用于文字处理，但随即发现可以连上网上数据库。[25] 二十世纪九十年代之后，以精确新闻为代表的计算机辅助报道在全美国各大媒体的新闻编辑室盛行。其时，由于技术条件的支撑以及美国民众对数据的天然信任，计算机辅助报道成为一种基本的新闻报道模式。与业界相呼应，美国的新闻院校也开始开设计算机辅助报道的系列课程，以计算机辅助报道为名的各种协会也纷纷成立。

1989—1996 年的普利策评奖中，有 8 篇计算机辅助新闻报道获奖[26]，其基本指向均是"公共利益"。因此，在相当一段时间内，美国国内认为，计算机辅助报道在被确认为可以帮助记者通过公开的公共问题以设置政治议程的数据上，有助于公共利益或天理昭彰。[27] 但显然，被贴上"与公众利益相关"标签的原因并不是因为计算机辅助技术更适用于揭露社会不公，而是因为调查性新闻报道的采访更为艰难、隐蔽，记者们也就更倾向于使用计算机辅助技术进行数据挖掘。此外，《信息自由法》让政府数据变得易得，记者们也就更乐意在这块处女地开垦，这些都与信息的易得程度及记者的独立性相关。就计算机辅助报道的发展历程来看，我们不难发现，从利用其强大的计算能力到以精确新闻来揭露社会不公，计算机辅助报道所服务的领域随着技术变化、记者的文化惯习、数据的易得而不断变化。此后，随着调查性报道在美国的衰落[28]，计算机辅助技术在新闻采编中的应用也有所回落。

三、演变：基于商业价值的数据新闻

在 2002 年出版的《精确新闻学》（修订版）中，梅耶进一步提出："记者要成为数据库的管理者"，"在信息量不足的时代，记者主要的精力在于寻找和获取信息，然而处于信息丰富的今天，信息处理的过程就显得尤其重要。信息处理过程包含两个层面：一个是通过分析不断变动的数据以找到其中的意义和结构，另一个则是通过展示让用户了解哪些信息对他们具有重要性和相关性。数据新闻要像科学一样严谨，它公开其方法，呈现其结果，经得起核实、验证"。[29] 至此，计算机辅助报道的表现形式开始从精确新闻走向数据新闻。

在"公共利益"指向的年代，记者将收集和分析数据作为一种强化（通常是调查性）报道的手段；进入大数据时代，记者则让数据呈现贯穿整个新闻工作流程，计算机辅助技术在新闻生产中的作用又有所上升，但是，这一时期的计算机辅助技术对新闻生产提供的帮助又有所转向。在美国和英国，一些新闻机构直接雇佣程序员担任记者，这些人称自己为"程序员记者"——他们生产了与过去不一样的在线新闻产品。[30] 几家主流报纸（如《纽约时报》《卫报》）以及独立的新闻机构（如 propublica）已在新闻编辑室（newsroom）中建立了专业团队，专门设计所谓的"新闻应用程序（news applications）"，这些程序大幅使用计算机技术，完成收集、处理、分析数据等一系列工作，并将数据变得易读、可读。

2007 年，《阿斯伯里公园报》（Asbury Park Press）的计算机辅助报道项目组花了 5 个月时间追踪一名房产大亨的破产经历——他在 2006 年的时候还拥有 3 亿美元身家。该项目组吃惊地发现，这个 33 岁的男子利用了自己显赫的家庭关系网，吸引了那些有钱又天真的投资者和易骗的银行发放非法贷款，这一事件引发了项目组的好奇。借助计算机技术进行追踪，

新闻学

他们完成了近十年来最大的金融报道——次贷危机，获得了许多奖项并受到读者们的一致好评。该项目组负责人贾森·梅索德（Jason Method）[31]在《计算机辅助报道的红利》（The Benefits of Computer-Assisted Reporting）一文中写道："计算机辅助报道的好处在于，在数据唾手可得的今天，计算机技术可以提供极大的便利。它可以让大报、小报的记者都可以去探究国家大事。当然，这些努力的好处非常显著，尤其在互联网上。当然，在各个新闻网站上，交互式数据库与图表是我的挚爱。"[32]

作为一种异军突起的新闻报道形式，数据新闻继承并发展了以精确新闻为代表的计算机辅助报道。位于英国的调查性新闻中心（The Centre for Investigative Journalism）为来自英国及全世界各地调查性新闻领域的开拓者与先锋们举办讲座、会议、研讨等，在他们所提供的调查性报道手册中，有一本小册子名为《数据新闻学或计算机辅助报道》（Data Journalism or Computer Assisted Report），这一含糊的表达说明，业界将数据新闻等同于计算机辅助报道。而无论是被称为数据新闻还是计算机辅助报道，其表达的信息都非常直接：在数据化的社会大背景下，计算机已越来越成为各种新闻生产不可或缺的辅助工具——在过去的新闻生产中，计算机更多地服务于调查性新闻报道，今天，计算机已成为各大新闻领域中不可或缺的辅助工具。

如果说1967年的《信息自由法》是从制度上保证了公众对各类政府数据的知情权，互联网则将更多的政府、社会组织、企业等数据搬到了媒体与公众面前。此外，用户留在互联网上的各种数据、社会化媒体平台上的UGC、移动终端的各类信息、物联网技术的发展等，也和各种数据一起，汇流成了今天的大数据。虽然"非结构化数据"通常不能为传统的数据库所用，但是，从非结构化数据的庞大"宝藏"中获得知识及洞察力的计算机工具正在迅速发展。如今，数据不仅正在变得更加可用，也正在变得更加容易被计算机所理解。阿里巴巴总参谋长曾鸣认为，大数据和传统的数据比较起来，其差别在于：一，在线。大数据必须永远在线；二，实时。大数据必须实时反映；三，全貌。大数据不再是样本思维，而是全体思维。[33]这些都为数据新闻做好了准备。

受政府数据易得性和媒体独立性成长的驱动，以"公共利益"为指向，以精确新闻为报道形式的计算机辅助报道在传统媒体应对新媒体的挑战中转型。在广告大幅下滑、发行量（收视率）大幅下跌的今日，传统媒体的出路已成为一个重要话题。《2013世界报业创新报告》明确指出，数据新闻可以从两个方向扩张传统新闻业：一是应用技术来收集和深度分析数据，二是以交互方式呈现结果或将结果可视化。[34]前者直接压缩庞大的新闻采编费用，后者以互联网模式呈现新闻，应对新媒体的挑战，从本质上来说也是在谋求商业利润。从这个意义上来说，计算机辅助报道从精确新闻转入数据新闻，有传统媒体衰败后求变的背景，也有大数据崛起的背景，但更有其商业价值上的考虑。由于大数据增加了信息的"熵"和公众对信息的理解难度，这就使得公众需要借助媒体来完成信息流通和数据解读。这样，在专业的数据挖掘和解读下，数据新闻赋予了传统媒体新兴的商业价值，以"公共利益"为指向的精确新闻被切换成了以"商业价值"为指向的数据新闻。

新闻界对数据新闻的青睐还表现为一些相关书籍的出版。2011年11月，在伦敦召开的为期48小时的摩斯拉节（Mozilla Festival）上，大家合力完成了《数据新闻学手册》（the Data Journalism handbook）。随后，这本小册子发展为一场国际性的业界合作，涉及几十个数据新闻业的开拓者与实践者，包括《芝加哥论坛报》、英国广播公司、澳大利亚广播公司、德国之声、《卫报》、《金融时报》、《赫尔辛基新闻》、《全国日报》（La Nacion）、《纽约时报》、ProPublica网站、《华盛顿邮报》、《德州论坛报》（the

Texas Tribune)、《如此世道》(Verdens Gang)[35] 等；2014年1月28日，来自Storyful、BBC、《卫报》和其他主流新闻媒体的记者联合撰写并推出《社交媒体验证手册》，全书共分十个章节。"当灾难袭来时，记者可以轻松地访问社交媒体上的大量信息，但是核实信息将变得困难。那么记者如何利用社交媒体报道突发新闻？"这就是欧洲新闻中心(EJC)编写《验证手册》(Verification Handbook)的原因，这份免费的在线手册称自己是"为紧急报道验证数字内容的明确指导"；迈阿密大学传播学院教授信息地图及可视化课程的老师艾伯托·凯若（Alberto Cairo）也于2014年1月出版了《功能艺术：信息地图和可视化入门》（The Functional Art：An introduction to information graphics and visualization），该书着眼于如何理解和使用信息地图、数据可视化工具，在涉及大量数字和变量列表时，建议记者利用可视化工具来认识周围的复杂世界。

当然，计算机辅助技术对新闻生产的贡献显然不止于此。2014年3月18日，美国加州发生4.4级地震，《洛杉矶时报》是第一个报道这场地震的媒体，其原因是"机器人写手"。收到美国地质勘探局电脑系统发出的地震信息后，《洛杉矶时报》系统内的地震新闻自动生成系统将数据输入事先准备好的模板。系统仅用了三分钟就完成了新闻的生成，并将其发表在《洛杉矶时报》网站上。[36]

彭兰认为：在大数据背景下，新闻业务的主要调整方向也许会体现在如下方面：一，趋势预测性新闻和数据驱动型深度报道分量的增加；二，数据呈现、分析与解读能力的提高；三，新闻生产中跨界合作的增强。[37] 这三个指向都与媒体的商业取向密切相关，但商业取向同时也提升了媒体的专业主义。必须承认的是，数据挖掘技术有效地规范了新闻生产的专业性，使其更为规范。计算机数据结合统计可以用来揭示问题，公民和记者不能完全从自己的个人角度出发。

四、现状：数据新闻在中国的发展障碍

随着技术的发展，可获得的数据量不断上升，记者对数据的掌握、分析能力不断提升，计算机辅助报道在新闻实践中不断得到完善，从最初的利用大型计算机主机进行海量计算，到借助计算机，运用调查、实验和内容分析等社会科学研究方法进行报道，再到今天将数据纯净化、结构化来"深入资料"，挖掘特定信息来"过滤数据"，再将数据"视觉化"以做出报道，计算机辅助报道的各个发展阶段都折射出媒体应对社会发展的生存之路。田加刚认为，在《卫报》的新闻战略中，数据新闻是其应对新媒体特别是公民新闻的冲击，而提出的开放新闻观的具体策略之一[38]；方洁、颜冬认为，数据新闻是当下全球新闻业应对大数据时代发展变革中产生的新兴领域，且被视为未来新闻业的发展趋势[39]。事实上，从当下学界和业界对数据新闻的追逐来看，数据新闻已被诸多媒体视作生存的必要手段及下一步的业务增长点之一。

本文认为，计算机辅助报道已经历了三个阶段：基于强大计算能力的结果预测阶段、基于公共利益的精确新闻阶段和基于商业价值的数据新闻阶段。在计算机辅助报道发展的前两个阶段，外部世界的媒体变化没有影响到中国，很显然，这与当时社会对这两次新闻界变革的需求相关：以海量计算为特征的计算机辅助报道出现于美国媒体时，中国媒体仅是政治上的辅助工具；以精确新闻学为代表的计算机辅助报道在美国大规模兴盛时，中国媒体还处在跑马圈地的粗放式经营、发展阶段，无论是受众还是媒体都没有意识到自己需要精确新闻。然而，当数据新闻携商业价值到来时，国内几乎所有的市场化媒体都对这一新闻报道形式发出了天然邀请，纷纷与大数据公司合作，进行数据新闻制作。这次与国际同步的原因在于：与全世界的传统媒体一样，中国的传统媒体也陷入了严冬，且对自己的未来

走向不甚明了。

当然，我们认为，传统媒体对"数据新闻"的关注不排除传统媒体严冬期"捡到篮里都是菜"的逻辑思维，急于拓展自己的业务增长点而进行尝试，但其背后的"大数据"化社会背景不容忽视。[40] 对当下中国而言，一，个人计算机及互联网的使用成本都在逐年下降，数据的获得渠道不再封闭；二，自2009年5月1日《信息公开条例》的实施，各种终端数据库的建设，均为媒体与公众的数据获取提供了便利；三，在大数据蜂拥而至时，普通公众对于如何理解数据也有其要求。由于大数据的理解已/或将成为一种专业技能，普通受众必然会对理解社会的介质——大众传媒提出需求。[41] 从这三个层面来看，对于将数据化的复杂社会翻译成新闻报道，并提供给公众，媒体已具备了初步条件。

与计算机辅助报道、精确新闻学在学界、业界的反应平平也形成了强烈的反差，国内新闻学界对"数据新闻"异常敏感。在陈力丹、廖金英的《2013年中国新闻传播学研究的十个新鲜话题》中，"上升中的'大数据'研究"排名第一，在梳理了2013年的大数据研究论文后，作者发现，"众多学者文章谈到，大数据将改变现有的新闻理念，改变未来媒体的信息生产与呈现，使追求精确的'数据新闻'成为可能"，因此，"在大数据技术等因素的推动下，新闻业务将实现一些方向性的调整，如趋势预测性新闻和数据驱动型深度报道分量有所增加，数据呈现、分析与解读能力提高，新闻生产中跨界合作增强"。[42] 中国传媒大学调查统计研究所率先成立中国传媒大学数据挖掘研发中心。而在一份新闻传播学青年学者手中广为流传的"人大新闻2014大数据·建模方法与传播学研究暑期工作坊招生简章"中，我们可以看到，大数据还改变了新闻传播学的研究方式。此外，数据可视化已经出现在部分新闻院校的选修课名单上。[43]

然而，较之成熟的媒体市场，就数据新闻业在中国的走向来看，其规模和发展程度都无法望其项背。根据数据程序员兼多媒体新闻记者米尔寇·洛伦茨（Mirko Lorenz）的说法，数据新闻学是一个包含了下列这些元素的完整的工作流程（workflow）：将数据纯净化、结构化来"深入资料"，挖掘特定信息来"过滤数据"，再将数据"视觉化"以做出报道。[44] 按照这一标准，目前中国传媒业的数据新闻依然寥寥，或者说，成熟、具备一定风格的数据新闻作品并不显著[45]，这与记者采写新闻时的依赖路径直接相关。没有经历过以海量计算为特征、以精确新闻学为代表的计算机辅助报道的发酵、成熟，中国媒体在进入数据新闻领域时有其文化资本上的障碍。目前来说，由于绝大部分记者都没有受过信息检索技术的训练，以往的媒体工作经历也没有培育他们读懂数据的能力。[46]

如果关注美国数据新闻发展的社会背景，我们也不难发现中国媒体在数据新闻上的劣势。多年来，美国政府已累积了大量数据，只要对这些数据进行梳理、分析，就能挖掘出许多新闻。如单个访问，记者通常很难获得哪些群体更倾向于去哪些类型的医院就医，但大数据可以提供具有统计学意义的结果，并可告知受众未来可能发生的状况。但是，数据应该如何公开？以怎样的格式公开？Data.gov便是美国政府为此建立的一套共通标准。2009年，Data.gov上线，这是奥巴马就任后为增加政府资料透明度而设立的一系列网站。因陷入财政困局，白宫于2011年4月宣布Data.gov、paymentaccuracy.gov、Performance.gov、FedSpace、USASpending.gov和Apps.gov/now终止营运，但这一系列网站所带来的数据及其赋予媒体的意义却不会动摇：白宫已宣布将这些数据开源化。开源化的目的是让世界各国都可以使用共通的方式公开数据，该计划被命名为Open Government Platform。这也就是说，在政府数据的获取与使用上，美国媒体易如反掌。而在中国，政府的大数据公开还刚刚起步，大数据公司持有的数据多为用户的个人信息[47]。因此，从媒体的层面来说，"原始数据"已成为国内记者进入数据新闻领域的最大障碍，数据的获取不足，以及缺乏数据处理与分析能力，导致通过整合数据而挖掘新闻的方向模糊不清。

以一些著名的数据新闻作为样本，中国媒体目前更不具备数据新闻的竞争力。《纽约时报》2011年以维基解密数据完成了Guantanamo Files，为了以合适的视觉呈现方式向读者呈现故事，该新闻前后改了15版，最后在纸质报纸和网站上用了两种不同的呈现方式（网站有互动，并随时更新囚犯最新状况）；在"议员的花费"这个项目中，英国《卫报》向公众公布了45万多条电话、机票账单，将数据众包，最后，3万多名受众对这份长达7000多页的数据进行了审阅，为《卫报》挖掘出了前所未有的新闻。基于成本及其他因素的考虑，这些数据新闻的生产模式目前在中国被复制的可能性并不高，而那些雇佣了程序员来做记者的商业网站（如虎嗅）则更追求短平快和效率，不会去尝试这类相对厚重的选题。而在数据新闻项目上愿意投入的时间和资本，记者团队对数据的掌控、挖掘能力以及可获取的数据量都会对数据新闻生产产生极大的影响。

即便在数据新闻业有所拓展的区域，其生产路径也各自不同。在《纽约时报》，设计师或程序员会把自己当作真正的记者来工作，而在德国、瑞士等国，数据新闻制作则要传统的新闻记者与程序员合作，靠分工合作来弥补专业差异。[48]

五、结语：数据新闻的实践路径

数据库是新闻界面对当下复杂社会及海量信息的一个关键点，而计算机辅助技术也在大数据的背景下迎来了数据新闻，成为媒体在大数据背景下一个新的业务增长点。然而，这个新的增长点在当下中国并不容易操作，其后续也难以判断——至少在当下，数据新闻并不是显著的利润增长点，

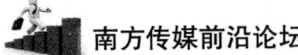

而这对于急于转型的传统媒体来说又非常关键。

从计算机辅助报道的起源、发展、演变及在中国的发展现状来看,本文认为,虽然热闹非凡,但数据新闻在当下中国仍遭遇着与其他国家所不一样的诸多文化及政治障碍,我们不能因为传统媒体急于转型、新闻界寻找业务增长点就夸大数据新闻的功能及作用,更不能无视数据新闻所需的社会土壤。但必须指出,在"鼓吹""推荐"数据新闻后,国内的新闻传播学界除了引入、介绍数据新闻的概念,还有责任和义务对"数据新闻"项目进行学理探索、思考,给出数据新闻的实践、操作模式,并在此基础上,完成数据新闻的课程设计及相关培训。当然,为数据建立的一套共通标准不应该仅仅是统计学界、社会学界的目标,也应该是新闻传播学界在通向数据新闻的道路上必须解决的重要命题。

注释:

1　卜卫:《计算机辅助新闻报道——信息时代记者培训的重要课程》,载《新闻与传播研究》,1998年第1期,第11-20页。

2　在中国期刊网上搜索"计算机辅助报道"为主题的相关学术论文(2010年之前),总数不超过20篇。

3　如2013年除夕夜,央视用大数据盘点春运,被视作数据新闻在中国大陆发展的里程碑,表现出传统媒体在大数据背景下积极寻求突破的姿态。

4　无独有偶,人大出版社也将于2014年推出菲利普·迈耶1973年的旧作《精确新闻学》。

5　方洁、颜冬:《全球视野下的"数据新闻":理念与实践》,载《国际新闻界》,2013年第6期,第73-83页。

6　卜卫:《计算机辅助新闻报道——信息时代记者培训的重要课程》,

载《新闻与传播研究》，1998年第1期，第11-20页。

7　洪烨林：《走进哥伦比亚大学新闻学院——计算新闻学》，2013年11月，http：//djchina.org/2013/11/23/compjour/，2014年9月11日。

8　《数据新闻手册》认为，最早的数据新闻出现在19世纪80年代。

9　这一时期，大型计算机主攻的计算技术非常适合民调的需求。

10　Philip Meyer, The new precision journalism, Bloomington & Indianapolis：Indiana University Press, 1991, p26.

11　刘德寰：《美国民意调查简史》，2009年5月，http：//shehuixue.blogspot.com/2009/05/blog-post_16.html，2014年9月12日。

12　虽然之前媒体上已有数据新闻，但这并不是媒体主动选择计算机为自己的新闻报道服务，而是民调利用计算机进行数据处理，媒体仅刊发计算机处理过的民调结果。计算机辅助报道的诞生应始于媒体自发选择计算机，并进行新闻生产之时。

13　卜卫：《计算机辅助新闻报道——信息时代记者培训的重要课程》，载《新闻与传播研究》，1998年第1期，第11-20页。

14　卜卫：《计算机辅助新闻报道——信息时代记者培训的重要课程》，载《新闻与传播研究》，1998年第1期，第11-20页。

15　卜卫：《计算机辅助新闻报道——信息时代记者培训的重要课程》，载《新闻与传播研究》，1998年第1期，第11-20页。

16　Philip Meyer, Journalism：A Reporter's Introduction to Social Science Methods, Bloomington and Indianapolis：Indiana University Press, 1991, p3.

17　Philip Meyer, Journalism：A Reporter's Introduction to Social Science Methods, Bloomington and Indianapolis：Indiana University Press, 1991, p4.

18 Charles Arthur, "Analysing data is the future for journalism, says Tim Berners-Lee", 2010年11月22日, http://www.guardian.co.uk/media/2010/nov/22/data-anaysis-timberners-lee, 2014年9月13日。

19 James T.Hamilton & Fred Turner, "Accountability through algorithm: developing the field of computational journalism", A Center for Advanced Study in the Behavioral Sciences Summer Workshop, Duke University in association with Stanford University, CA: 2009, pp.27-31.

20 Sarah Cohen, James T. Hamilton, Fred Turner, "Computational journalism", Communications of the ACM, Vol.54, No.10, 2011, pp.66-71.

21 Sarah Cohen, Chengkai Li, Jun Yang, Cong Yu, "Computational journalism: A call to arms to database researchers", In CIDR, Asilomar, CA, 9-12 January, 2011.

22 卜卫:《计算机辅助新闻报道——信息时代记者培训的重要课程》, 载《新闻与传播研究》, 1998年第1期, 第11-20页。

23 Garrison Bruce, "Newspaper size as a factor in use of computer-assisted reporting", Paper presented to the communication technology and policy division of the Association for Education in journalism and Mass Communication, Baltimore, MD, 5-8 August, 1998.

24 卜卫:《计算机辅助新闻报道——信息时代记者培训的重要课程》, 载《新闻与传播研究》, 1998年第1期, 第11-20页。

25 Melisma Cox, "The development of computer-assisted reporting", A paper presented to the newspaper division, association for education in journalism and mass communication, southeast colloquium, University of North Carolina, Chapel Hill, NC, 17-18 March, 2000.

26 卜卫:《计算机辅助新闻报道——信息时代记者培训的重要课程》,

载《新闻与传播研究》，1998年第1期，第11–20页。

27　Theodore L. Glasser & James S. Ettema，"Investigative journalism and the moral order"，Critical Studies in Mass Comminication，Vol.6，No.1，1989，pp.1–20.

28　2010年9月的《美国新闻学评论（AJR）》发表《式微的调查性报道》（Investigation Shortfall），文章提到："在美国，随着传统媒体全面不景气，曾经辉煌一时的调查性报道已呈黯然退潮的态势。调查性报道采编人员从2003年的5391人减少至2009年的3695人，缩水30%，是10年来最低点。2010年，提交普利策新闻奖调查性报道奖项的作品数量减少了40%。"

29　方洁、颜冬：《全球视野下的"数据新闻"：理念与实践》，载《国际新闻界》，2013年第6期，第73–83页。

30　Daniel Anna & Flew Terry，"The guardian reportage of the UK MP expenses scandal：A case study of computational journalism，" Paper presented at communications policy and research forum，Sydney，NSW，Australia，15–16 November，2010.

31　在2004年7月晋升为《阿斯伯里公园报》的总编之前，Jason Method是该报的一个调查/计算机辅助报道记者。在该项目组中，他受益于"为公共服务"系列报道，曾获美国南加州大学安纳堡新闻学院颁发的塞尔顿·林奖（Selden Ring Award）的深度报道奖、美国国家新闻头条奖（National Headliner Award），还是2004年在哈佛大学Shorenstein中心举行的"金匠奖"（Goldsmiths Prize）入围者。

32　Jason Method，"The Benefits of Computer-Assisted Reporting"，2008年9月15日，http://www.nieman.harvard.edu/reports/article/100454/The-Benefits-of-Computer-Assisted-Reporting.aspx，2014年9月15日。

33　曾鸣：《我理解的大数据思维》，2014年4月9日，http://openbook.

cn/Files/Digest/2014/%E6%96%87%E6%91%98165%E6%9C%9F%E5%BD%A9%E8%89%B207%EF%BC%8D%E5%95%86%E9%81%932%20%E6%88%91%E7%90%86%E8%A7%A3%E7%9A%84%E5%A4%A7%E6%95%B0%E6%8D%AE%E6%80%9D%E7%BB%B4.pdf，2014年9月18日。

34 中国新闻出版报：《2013 世界报业创新报告》，2014 年 3 月 5 日，http：//media.people.com.cn/n/2014/0305/c40606-24539380-2.html，2014 年 9 月 19 日。

35 这是一份挪威的小报。就读者而言，其受众为挪威最一，发行量目前排名第二。2010 年的发行量为 233295 份。

36 中国新闻网：《〈洛杉矶时报〉发表电脑生成的报道仅用三分钟》，2014 年 3 月 19 日，http：//www.chinanews.com/cul/2014/03-19/5970018.shtml，2014 年 9 月 19 日。

37 彭兰：《"大数据"时代：新闻业面临的新震荡》，载《编辑之友》，2013 年第 1 期，第 6-10 页。

38 章戈浩：《作为开放新闻的数据新闻——英国〈卫报〉的数据新闻实践》，载《新闻记者》，2013 年 6 月，第 7-13 页。

39 方洁，颜冬：《全球视野下的"数据新闻"：理念与实践》，载《国际新闻界》，2013 年第 6 期，第 73-83 页。

40 这里必须要说明的是，新媒体也非常注重数据新闻。而且，由于这些媒体本身的技术专长，其数据新闻的发展可能更好。但是，一是因为目前媒体对数据新闻的理解比较分散，二是目前没有传统媒体和新媒体关于数据新闻的可对比数据，因此很难有哪个媒体的数据新闻做得更好的定论。但从感性归纳来看，现在市场化的传统媒体和新媒体都非常注重数据新闻。

41 事实上，信息公开制度所带来的各类数据并不意味着公众可以充分地理解与运用。恰恰相反，不少数据对于公众来说是无法理解、毫无意义的，有些时候甚至是完全误导的。此外，有时宏观的数据对于公众而言往往也不具有实际意义。这时候，专业媒体所提供的数据解读才具备了真正意义。

42　陈力丹、廖金英：《2013年中国新闻传播学研究的十个新鲜话题》，载《当代传播》，2014年第1期，第4–8页。

43　如中山大学传播与设计学院就有"内容可视化"课程，当然，这也与该学院有设计方向的老师相关。

44　Lorenz Mirko，"Data driven journalism：What is there to learn？" Paper presented at IJ-7 Innovation Journalism Conference，Stanford，CA，7-9 June，2010.

45　比如西班牙语媒体的数据新闻以风格写实、精准的绘制信息地图（infographic）见长；美国媒体的数据新闻比较注重互动，数据整理规整，呈现数据像艺术品一般；英国媒体的数据新闻更注重众包，即从受众对数据的反馈中获取新闻，等等。

46　但财经记者是个例外。这与财经记者本身的专业出身相关，也受其数据获得的渠道影响。

47　目前，国内市场上许多非常不规范的广告公司/媒介公司，以非法的手段搜集用户信息，如在很多中小型网站植入bug，来搜集用户的cookie，从而获取用户信息（大型网站已不会发生这类事件），其目的是商业行为，而不是数据新闻。

48　Wibke Weber & Hannes Rall，"Data Visualization in Online Journalism and Its Implications for the Production Process"，Paper presented at 16th International Conference on Information Visualization，Montpellier，France，11–13 July，2012.

（原载于《新闻与传播研究》2014年第10期）

迈克尔·舒德森的新闻史研究取径

◎ 田秋生

（广州大学新闻与传播学院副院长、教授、博士）

摘　要：迈克尔·舒德森将新闻视为一种文化形式，关注其历史生成的过程，主张将新闻业的变迁与其所处的社会的历史变迁相关联，在关系和互动的视野中展开考察，并引入有关权力、文化的理论，应用社会科学的概念与框架进行分析。迈克尔·舒德森的新闻史研究取径有着自身的学理渊源：其一，他接受的是社会学的学术训练，其二，20世纪70年代以来史学研究中的文化转向对他构成了影响。迈克尔·舒德森的新闻史研究实现了三个融通：一是新闻史与媒介史、主流史学的融通，二是新闻学内部史、论、业务的融通，三是史学与人文、社会科学的融通。

关键词：迈克尔·舒德森；新闻史研究；文化；变迁；互动

一、问题与背景

写作本文，旨在回应国内有关新闻史研究路径的讨论。早在20世纪80年代初，国内新闻学界就开始了对中国新闻史研究路径的反思（宁树藩，1981），进入新世纪以来，相关讨论更趋热烈，从2007年到2010年间，《新闻大学》与《国际新闻界》先后开辟专栏，新闻史研究领域内的名家纷纷

新闻学

撰文，就新闻史研究展开全方位的探讨。研读相关文献，主要成果如下：一是强调研究者应树立"本体意识"，确立新闻业自身在新闻史研究中的主体地位，书写"报刊的历史"，而非"历史的报刊"（宁树藩，2007；郭丽华，宁树藩，2007；黄旦，2007；吴文虎，2007）。二是主张研究者应具备"问题意识"和"理论视野"，摆脱"编年史"的思维定势，寻找史料之间的内在逻辑，从而使新闻史获得鲜活的生命力（李金铨，2009；黄旦，瞿轶羿，2010；王润泽，2010）。三是探讨新闻史研究范式转型的可能路径，提出从传播学的5W框架、媒介生态学、主流史学、社会史范式、社会建构论中获得新的视野，进行更为专业化的研究，实现路径更新（田秋生，2006；李彬，2007；吴廷俊，阳海洪；王润泽，2008；裴晓军，路鹏程，2008；唐海江，2010）。

综上所述，持续数十年的讨论已全面地涉及了新闻史研究的各个方面，取得了令人瞩目的成就。然而，在完成了面上的扫描后，着眼于个案和点的考察尤显重要，迈克尔·舒德森（下文简称舒德森）的新闻史研究正是这样一个值得深入探讨的经典个案。

如所周知，舒德森乃新闻史研究名家，其研究独树一帜，有着广泛的影响。在其名著《发掘新闻：美国报业的社会史》中译本（迈克尔·舒德森，陈昌凤，常江，2009）封底有一段这样的推介语："作者跳出传统新闻史研究囿于描述性或阐释性的窠臼，开创了美国新闻史研究的社会科学流派。"在另一本名著《新闻社会学》中译本（迈克尔·舒德森，徐桂权，2010）的译者后记中，译者徐桂权则作出了这样的评价："他的论著的鲜明风格是兼具历史经验与思辨分析，史论结合，论从史出，并且总是在社会语境中观照媒介，将新闻的生产与社会的变迁联系起业。这样一种研究取向也是值得我们借鉴的。"可见，舒德森的新闻史研究所具有的方法论价值得到了上述译者的高度肯定。

查阅文献,国内涉及舒德森新闻史研究取径的主要成果如下:迄今为止,最有价值的研究文献为《从哈德森到夏德森:美国新闻史研究的视角和方法谈》(陈昌凤,2003),作者依据文献,对美国新闻史研究的视角和方法进行了述评,并将舒德森(该文称为夏德森)作为新闻史研究传播学派的代表进行了个案考察,发现舒德森的新闻史研究呈现出社会学视角,在理论框架与研究方法上均突破传统。但在该文中,舒德森仅是美国新闻史研究演进过程中的一环,作者也只是依据舒德森的博士论文《发掘新闻:美国报业的社会史》,抓住"两个模式"展开分析;张彦(2009)针对埃默里的《美国新闻史:大众媒介解释史》与舒德森的《发掘新闻:美国报业的社会史》展开比较分析,探讨两书在历史叙述上的差异;此外,冯悦(2010)研究了美国新闻史教研的问题与趋势,文章提及舒德森对美国新闻史研究所提出的批评,并将其研究归入"文化史"方向。综上,既有的研究成果虽能为我们提供重要的启示,但由于受到研究素材的局限,在广度与深度上尚显不足。鉴于此,本文尝试依据中外文献,首先从理念与实践两个层面探讨舒德森新闻史研究取径的特征,随后分析其背后的学理脉络,在此基础上,进一步发掘其方法论价值,以期回应学界近年来的相关讨论。

二、主要论著及研究取径

1. 主要论著

在新闻史领域,舒德森可谓著作等身,其主要论著均已被译成中文在国内出版。

舒德森最有影响的新闻史研究成果无疑是研究新闻客观性的《发掘新

闻：美国报业的社会史》，其他主要研究成果则收集在《新闻的力量》（迈克尔·舒德森，刘艺聘，2011）和《为什么民主需要不可爱的新闻界》（迈克尔·舒德森，贺文发，2010）两本论文集中。1995年出版的《新闻的力量》一书分上中下三部，起首上部名为"历史视野下的新闻"，收集了4篇新闻史研究论文；2008年出版的《为什么民主需要不可爱的新闻界》则收集了2篇新闻史研究论文。另外，还有一篇延续其博士论文话题的重要论文《美国新闻业中的客观性准则》（Schudson, M.2001）则发表于2001年8月号的《新闻学》，尚未译成中文。

在从事新闻史研究实践的同时，舒德森也积极参与美国新闻史学界有关新闻史研究路径的讨论，并提出了系统的理论。这方面的主要论著有：1987年发表于《大众传播批判研究》的论文《史学革命？》（Schudson, 1987）、1991年收集于《大众传播质化研究手册》中的《传播研究的历史取径》（Schudson, 1991）、1997年发表于《新闻与大众传播研究季刊》的论文《新闻史研究的几个棘手问题》（Schudson, 1997）、2013年发表于《美国新闻学》中的论文《420或450年：作为文化形式的新闻与作为历史形成范畴的新闻业》（Schudson, 2013）。上述论著中，只有第三篇被译成了中文，并发表在1998年第3期的《国际新闻界》。

2. 研究取径：问题意识与理论自觉

新闻史研究什么？这看似一个不言自明的问题，新闻史自然是关于新闻和新闻业的历史，然而，为何不同的新闻史家写出的新闻史会呈现出不同的面貌呢？原因在于对"新闻""新闻业"的不同理解。

对于新闻和新闻业，舒德森有着独特的定义，在他看来，新闻是文化的一种形式，新闻业是一种历史形成的范畴。作为文化形式的新闻，是人类社会特定历史阶段出现的一种文体，以特定的方式讲述特定类型的故事，类似于小说、科学实验或是奏鸣曲,由某一个体或某个专门机构依据特定的传统与惯例生产出来(Schudson,2013)。

新闻和新闻业一体两面,它们并非人类社会普遍和永恒的特征(迈克尔·舒德森,刘艺聘,2011),有一个生成、发展、变化的过程,在不同的历史时期、不同的地区呈现出不同的面貌。如将新闻定义为刊载于定期出版物、报道新近事实、讨论社会公共事务、进而形成公共舆论的文体,那么,在西方,现代意义上的新闻与新闻业,萌芽于16世纪,基本成型于18世纪。也即是说,迄今为止,在人类历史长河中,新闻与新闻业的存在时间不过400多年(Schudson,2013)。

既然新闻与新闻业是特定历史阶段生成的文化,并依时空而变,那么新闻史家应该关注的就是变迁。基于此,舒德森提出,新闻史的中心任务就是回答下列问题:在不同历史时期,不同国家和地区,新闻与新闻业如何演变?呈现出何种不同面貌?为什么?(Schudson,2013)

作为一种特定的文化形式,新闻和新闻业产生、成长于特定的社会历史情境中,是人类实践的产物,新闻和新闻业的变迁与社会的变迁密不可分,二者之间存在互动关系,因而,舒德森强调,考察新闻与新闻业的变迁,必须具备开放与互动的视野,从媒介与社会互动的关系入手,与其所处的社会文化情境的变迁相关联。舒德森的这一思想,在《传播研究的历史取径》(Schudson,1991)一文得以集中阐述。在该文中,舒德森指出,传播史研究主要有三种类型:一是宏观史(macro-history),二是真历史(history-proper),三是媒介机构史(institutional-history)。宏观史所探讨的主要问题是传媒技术的变迁如何推动人类社会的进步;媒介机构史主要着眼于传媒体系的历史演进;有别于宏观史和媒介机构史,真历史所考察的是媒介与文化、政治、经济与社会历史间的互动关系,所提出的主要问题是:传播的变迁与社会的变迁如何相互作用?舒德森对于宏观史与媒介机构史提出了批评，认为前者忽视了社会对媒介的影响，后者则很少考察传媒对社会的影响，进而明确地倡导真历史。

对于新闻史研究，舒德森在强调问题意识的同时，重视理论的应用，明确主张研究者应具备理论自觉，引入社会科学的理论作为分析工具。那么，在具体的研究实践中，应该主要引入何种理论呢？舒德森认为，有关权力、文化的社会科学理论、有关权力与文化间相互关系的社会科学理论会有助于新闻学的研究（Schudson，1987）。为何要引入与权力、文化相关的社会科学理论作为分析工具？舒德森的这一主张同样是基于其对新闻与新闻业的定义。其一，既然新闻与新闻业是一种文化形式，应用有关文化的理论进行分析就是恰当的，也是必须的；其二，既然新闻与新闻业的发展变化与其所处的社会密不可分，受制于政治、经济、文化等各种社会力量，期间上演着各种社会力量的博弈，那么，应用有关权力与文化关系的理论进行分析就是可能的，也是合适的。

在舒德森的新闻史研究实践中，其所强调的问题意识与理论自觉有鲜明的体现。

1982 年，舒德森发表论文《叙事形式政治学：报刊与电视上新闻报道惯例的出现》（Schudson，1982），该文研究了美国自 1790 年至 20 世纪初报刊有关总统国情咨文的报道在报道形式上的变化。论文所提出的主要问题是：20 世纪美国新闻界在进行总统国情咨文报道时所普遍采用的一些惯例（包括概述式导语、倒金字塔结构、以总统为主要角色、重视解释等）是如何形成的？其背后的原因是什么？舒德森发现，自 1790 年至 20 世纪初，美国国情咨文的报道方式经历了三个阶段，完成了从速记式新闻到概述式导语新闻的转变，确立了新的惯例（Schudson，1982）。舒德森不仅描述了这一变化的过程，并从媒介变迁与社会变迁的互动关系入手，在解释报道惯例变迁的原因的同时，分析其对社会政治生活的影响。在分析原因时，舒德森并未将其仅仅归结于传播技术的变迁（电报的应用），而是更加重视特定历史情境中的政治、社会因素，包括美国政治现实的变化、新闻工作者职业意识的觉醒与自主性的增强、报纸读者结构的改变等。在分析影响时，舒德森则深刻地指出，这些惯例强化了关于政治世界的某些解释，以致使报道本身成为叙述形式的政治中的一部分（迈克尔·舒德森，刘艺聘，2011，59）。

1994年，舒德森发表力作《发问权威：美国新闻采访史，19世纪60年代至20世纪30年代》（Schudson，1994）。该文所研究的主要问题是：新闻采访作为一种社会实践和写作形式，在美国新闻史上是如何制度化的？该文描述和分析了采访作为一种社会交往方式及新闻职业中的一个核心部分，在美国历史上产生、受到质疑并最终被接受和制度化的历程。舒德森认为，作为制度和惯例的新闻采访具有现代性与美国性，也即是说，具有特定的时空背景。同时，新闻采访的兴起本身也促进了文化与社会的现代性。换句话说，采访的兴起与制度化有赖于美国社会的现代化，同时，其本身也是美国现代化的一部分。

2001年，舒德森发表论文《美国新闻业中的客观性准则》（Schudson，2001），对其博士论文所涉及的客观性话题进行了更为充分的探讨。论文所提出的主要问题是：为什么美国新闻业中产生了客观性这一职业准则？舒德森从普遍的社会现象的视角，应用涂尔干和韦伯的社会学理论，联系美国的历史，对作为观念和新的文化形式的客观性展开考察，指认了催生道德准则的四个社会条件，发现从19世纪末到20世纪初的美国恰好同时具备了这些条件，为满足内部社会整合与社会控制的需要，新闻界提出了作为职业意识形态和职业操作守则的客观性准则。

至此，我们可以对舒德森的新闻史研究取径做一个总结：其一，舒德森主张研究新闻史要从问题开始，关注新闻与新闻业的历史变迁。其二，将新闻业的变迁与其所处的社会的历史变迁相关联,在关系和互动的视野中展开考察。其三,将新闻与新闻业视为文化形式与社会惯例,引入有关权力、文化的理论,应用社会科学的概念与框架展开研究。简而言之,"变迁""互动""文化"是舒德森新闻史研究取径的三个关键词。

3. 与传统主流新闻史家的区别

在一篇回应约翰·尼禄(John Nerone)的文章中,舒德森(1987)明确地与莫特、埃默里等传统主流新闻史家划清界限,认为自己与亚历山大·萨克斯坦、丹·席勒等人更为接近,同属修正主义者和"新社会史家"。那么,作为修正主义者的舒德森与埃默里等传统主流新闻史家有何不同呢?

其一,提出的问题不同。以埃默里为代表的传统主流新闻史家所追问的是:在历史的长河中,新闻人如何展开持续的努力,冲破种种内外部障碍,赢得信息和观点的自由流动,并最终使新闻业成为服务于民主政治的一种机制?舒德森所追问的则是:作为一种文化形式的新闻(包括作为文体的新闻与作为惯例的新闻生产方式)是如何历史地形成的?换句话说,埃默里等人所问的是:新闻业有着何种光辉的过去?而舒德森所关心的则是:新闻人为何如此行事?

其二,解释的模式不同。埃默里为代表的传统主流新闻史家通常采用进步主义的阐释模式,以冲突论和进步论解释新闻史,即将美国新闻史看作是人们为了争取传播自由,在与各种控制力量发生冲突的过程中不断进步,并最终赢得自由的过程。与前者不同,舒德森则更多地转向了文化的阐释,反对简单的经济技术决定论,将新闻与新闻业的变迁与更为广阔的政治、经济、社会、文化的变迁结合起来进行考察,既承认外在社会结构对新闻和新闻业的制约,也重视新闻人在历史进程中的主观能动性。

三、学理渊源

对于舒德森的新闻史研究取径,我们有必要做出进一步追问:为什么他会选取这样的研究路径?对于这个问题,我们尝试从以下两个方面寻找答案:其一,他接受的是社会学的学术训练;其二,他所处的时代发生了重要的史学变革。

1. 社会学的底色

在《发掘新闻:美国报业的社会史》(迈克尔·舒德森,陈昌凤,常江,2009:2-3)一书的中文版自序中,舒德森自我表白道:"我所受的是社会学的教育,驱使我写作《发掘新闻》的那些设想和问题,也都是社会学意义上的。……单就本书的立场来看,其社会学的框架隐现于背景之中。"如所周知,舒德森获得的是芝加哥大学社会学博士学位,接受的是社会学的学术训练。其实,不单是《发掘新闻:美国报业的社会史》,他所有新闻史研究作品都呈现出社会学的底色。不过,尽管舒德森表明了自己的社会学取向,却并未阐明其所谓的社会学意义上的问题与框架到底是什么。对于此,我们有必要做一番分析。

与其他学科相比,社会学有着独特的问题意识和分析框架,《社会学之思》(齐格蒙特·鲍曼,蒂姆·梅,李康,2010:9-11)一书的作者认为,社会学的特质在于:其一,与常识保持持续密切的对话,省察被视为想当然的东西,对于社会生活中的例行常规发问,从而去熟悉化;其二,采用关系和互动的分析视角,在社会网络和历史情境中,对人类行为展开考察。研读舒德森的新闻史论著,上述两方面的特征体现得非常突出。

如前文所述,舒德森的新闻史研究有着明确的问题意识,而且其所发问的对象正是新闻业的例行常规,包括客观性、新闻采访、概述式导语等。

记者遵循客观性准则,通过新闻采访获取素材,以概述式导语和倒金字塔结构写作消息,凡此种种,都是现代记者的例行工作方式,人尽皆知,且看似天经地义,然而,舒德森就从这些地方下手,并且告诉我们,这些看似天经地义的东西其实并非从来就有的,也不是到处一样,它们有着自己的产生发展的历史,在不同时空中呈现出不同的面貌。在对新闻和新闻业的变迁展开分析时,舒德森则处处将其置入特定的社会历史时空,在关系和互动的视野中进行考察,探讨社会的报刊与报刊的社会。如前文所提及的三个案例,概述式导语既是美国政治现实变化的产物,同时也成为叙事形式的美国政治的一部分;采访的兴起与制度化有赖于美国社会的现代化,同时,其本身也是美国现代化的一部分;客观性既是美国民主市场社会的产物,也是美国民主市场社会的一个重要特征。

2. 主流史学与新闻史研究的文化转向

Barnhurst 和 Nerone(2009)认为,20 世纪 70 年代,美国史学研究中的社会史运动对新闻史研究产生了影响,尽管在史家实践中,社会史以不同的面目出现,但也有着内在的一致性——反对以事件为中心的历史,反对精英人物的历史,主张采用自下而上的视角。这股社会史的潮流渗透到新闻史研究中,典型地体现在 Robert Darnton、William Gilmore Lehne 和舒德森三人的论著中。

该文作者指出了舒德森等人的社会史取向,但对于社会史本身却并未展开论述。为了更清楚地呈现舒德森论著的历史取径,有必要作进一步的分析。社会史本身有着复杂的面貌,有一个产生、发展的过程,至今仍在演变之中,俞金尧(2011)对社会史的流变进行了系统的研究,认为:"起源于新史学的社会史学,以书写人民大众的历史为其区别于其他历史研究的身份特征。新文化史研究历史上的大众文化,因而具有社会史学的属性。

战后兴起的新社会史秉承了年鉴学派的总体史追求,它倾向于从经济基础和社会结构寻找社会变迁的终极原因,以建立宏大的历史叙事。然而,新社会史经济社会决定论的弊病,引发了社会史学的'文化/语言转向',从而催生了新文化史。但是,新文化史强调文化、符号、话语的首要性,最终走向文化/语言决定论的另一个极端。对新文化史激进倾向的强烈不满,使得西方史学界在20世纪90年代中期之后出现了'超越文化转向'的趋势,这种趋势体现在学者们越发重视实践的作用,社会史学正在进行一种可称为'实践的历史'的新探索。"可见,社会史学起源于新史学,经历了从"新社会史—新文化史—实践的历史"的演变过程。

欧美主流史学研究中所出现的由新社会史向新文化史的转变,或者说历史研究的文化转向,起于20世纪70年代。与此同时,美国的新闻史研究也开始了对文化取径的探讨,出现了文化转向。后者与前者的同步,应该并非偶然。

1974年,詹姆斯·凯瑞(1974)在《新闻史》创刊号上发表《新闻史的问题》一文,批评当时的美国新闻史研究处于尴尬之中,认为传统新闻史研究陷入了进步主义的泥沼中,提出新闻史是一种文化史,应该呼唤采用文化史的新视角,研究过去的意识,揭示一种文化意识是如何在新闻采集和报道、新闻组织形式,以及对权力和自由的定义过程当中成为一种体制(冯悦,2010)。凯瑞的文章在美国新闻史学界引发了巨大的反响,引发了美国新闻史研究的文化转向,包括舒德森在内的众多研究者们自此以后致力于重新界定这一领域,将新闻史中的问题置入复杂的情境中,以更严谨的方法展开考察(Folkerts,1991),并取得了丰硕成果。

综上,自20世纪70年代以来主流历史研究和新闻史研究中同时出现的文化转向,对舒德森共同产生了影响,使其研究呈现出鲜明的新文化史特质。在某种意义上,与其说舒德森做的是社会史研究,倒不如说是文化史研究。

四、方法论价值

回到本文开头，国内新闻史学界通过讨论达成两个重要共识：一是强调研究者应树立"本体意识"，确立新闻业自身在新闻史研究中的主体地位，书写"报刊的历史"，而非"历史的报刊"。二是主张研究者应具备"问题意识"和"理论视野"，摆脱"编年史"的思维定势，寻找史料之间的内在逻辑，从而使新闻史获得鲜活的生命力。那么，在操作层面，研究者应该具备怎样的问题意识和理论视野？又如何确立新闻业自身的主体地位？在这两个方面，舒德森的新闻史研究均可提供重要的启示。

首先，舒德森从独特的社会学视角提出问题，并综合采用人文、社会科学的理论分析问题。如前文所述，舒德森从两个层面打开新闻，一是将新闻视为一种文体（或更为准确地说是一组文体），二是将新闻视为一项职业（或者说行业，有一系列的采访、写作、报道的制度和惯例），进而提出问题：作为文体的新闻与作为行业的新闻是如何在历史中形成的？经历了一个什么样的产生、发展与变化的过程？与其所处时代的政治、经济、文化、社会诸因素构成何种互动关系？在具体的研究实践中，则重点应用与文化、权力相关的理论展开分析。

其次，舒德森所提出的问题属于新闻学本体层面的问题，聚焦的是新闻与新闻业自身的发展变化，因而书写的是"报刊的历史"，而非"历史的报刊"。如黄旦（2007）先生所言，是"站在报刊的立场，以报刊的变化起伏以及与社会诸方面的关系来展示报刊的历史，让报刊自身说话，说与报刊自身相关的话"。

舒德森的新闻史研究实现了三个融通：一是新闻史与媒介史、主流史学的融通，二是新闻学内部史、论、业务的融通，三是史学与人文、社会科学的融通。其中，第二个融通尤其具有启发性，可以为新闻业务研究提供新的视角和方向，进而使其摆脱长期困守于操作层面的状况，获得理性。

当然，也正因为舒德森是带着明确的问题进入新闻史研究，其笔下所呈现出来的也就只能是独特视角下的景象，无法呈现新闻史波澜壮阔的全貌，因而有着内在的局限性。

参考文献：

[1]宁树藩.中国新闻事业研究方法的若干问题[G].中国社会科学院新闻研究所.中国新闻年鉴1982.北京：中国社会科学出版社，1982:18-26.

[2]宁树藩.关于中国新闻史研究中强化"本体意识"的历史回顾[J].新闻大学，2007（4）：8-14.

[3]郭丽华，宁树藩.树立"本体意识"，探索新闻特性，加强新闻史学科建设——与著名新闻史学家、复旦大学博士生导师宁树藩先生一席谈[J].新闻大学，2007（4）：4-8.

[4]黄旦.报刊的历史与历史的报刊[J].新闻大学，2007（1）：51-55.

[5]吴文虎.本体迷失和边缘越位——试论中国新闻史研究的误区[J].新闻大学，2007（1）：33-38.

[6]李金铨.新闻史研究："问题"与"理论"[J].国际新闻界，2009（4）：5-8.

[7]黄旦，瞿轶羿.从"编年史"思维定势中走出来——对共和国新闻史的一点想法[J].国际新闻界，2010（3）：6-11.

[8] 王润泽.离得近,看得细,多研究些问题——中国当代新闻史研究的一种建议[J].国际新闻界,2010(3):25-29.

[9] 田秋生.重写中国新闻史:必要性及其路径[J].西南民族大学学报(人文社科版),2006,27(6):80-83.

[10] 李彬."新新闻史":关于新闻史研究的一点设想[J].新闻大学,2007(1):39-43.

[11] 吴廷俊,阳海洪.新闻史研究者要加强史学修养——论中国新闻史研究如何走出"学术内卷化"状态[J].新闻大学,2007(3):5-12.

[12] 王润泽.专业化:新闻史研究的方法和路径的思考[J].国际新闻界,2008(4):19-22.

[13] 裴晓军,路鹏程.史学与新闻史——以《英国新闻史》为例[J].华中科技大学学报,2008,22(5):73-77.

[14] 唐海江."正在构成"的新闻史:社会建构论与中国新闻史研究[J].国际新闻界,2010(7):96-103.

[15] 迈克尔·舒德森.发掘新闻:美国报业的社会史[M].陈昌凤,常江,译.北京:北京大学出版社,2009.

[16] 迈克尔.舒德森.新闻社会学[M].徐桂权,译.华夏出版社.

[17] 陈昌凤.从哈德森到夏德森:美国新闻史研究的视角和方法谈[J].新闻春秋,2003(6):9-17.

[18] 张彦.美国政治专栏作家为何兴起——看《美国新闻史:大众传播媒介解释史》与《探索新闻:美国报业社会史》叙述差异[J].广西大学学报,2009(4):278-279.

[19] 冯悦.美国的新闻史教研:问题与趋势研究[J].湖南师范大学社会科学学报,2010(4):140-144.

[20] 迈克尔·舒德森.为什么民主需要不可爱的新闻界[M].贺文发,

译.北京：华夏出版社，2010.

［21］迈克尔·舒德森.新闻的力量［M］.刘艺聘，译.北京：华夏出版社，2011.

［22］Schudson, M. The Objectivity Norm in American Journalism［J］. Journalism.2001, 2（2）: 149-170.

［23］Schudson, M. A Revolution in Historiography［J］. Critical Studies in Mass Communication. 1987, 19（6）: 405-408.

［24］Schudson, M. Media Contexts Historical Approaches to Communication Studies. A Handbook of Qualitative Methodologies for Mass Communication Research［M］. London & New York: Routledge. 1991, pp.175-189.

［25］Schudson, M. Toward a Troubleshooting Manual for Journalism History［J］. J&MC Quarterly. 1997, 74（3）: 463-476.

［26］Schudson, M. Fourteen or Fifteen Generations: News as a Cultural Form and Journalism as a Historical Formation［J］. American Journalism, 2013, 30（1），29-35.

［27］Schudson, M. The Politics of Narrative Form: The Emergence of News Conventions in Print and Television［J］.Daedalus, 1982（11）: 97-112.

［28］Schudson, M. Question Authority: A History of the News Interview in American Journalism（1860s-1930s）［J］. Media, Culture & Society. 1994（16）: 565-587.

［29］齐格蒙特·鲍曼，蒂姆·梅.社会学之思［M］.李康，译.北京社会科学文献出版社，2010.

［30］Barnhurst, Kevin G and John Nerone. Journalism History: The

Handbook of Journalism Studies［M］.New York：Routledge，2009.

［31］俞金尧. 书写人民大众的历史：社会史学的研究传统及其范式转换［J］. 中国社会科学，2011（3）：199-219.

［32］Carey，J.W.The Problem of Journalism History.Journalism History［J］.1974（1）：27.

［33］Jean Folkerts. American Journalism History: A Bibliographic Essay［M］. American Studies International，1991.

（原载于《全球传媒学刊》2015 年第 4 期）

开创期的新闻叙事学研究
——评几本新闻叙事研究著作

◎ 夏德勇

（广州大学新闻与传播学院教授、博士）

叙事学（或曰叙述学）于20世纪60年代在法国正式产生，最初被用来分析小说、童话、神话、传说等叙事性文学文本，此后向电影等艺术领域蔓延，然后逐渐向新闻、教育等专业渗透，叙事学衍生出电影叙事学、电视叙事学、新闻叙事学、教育叙事学等交叉学科。自产生到20世纪90年代的叙事学，斩断文本与外部世界的联系，也就是只孤立地研究各种叙事文本，被称为经典叙事学。90年代以后，理论家们认识到了它的偏颇，开始关注与叙事文本有关的外部因素，如新的技术因素、社会思潮对文本的影响，被称为后经典叙事学。经典叙事学在20世纪80年代中期传入我国，90年代中期被引入新闻和大众传播研究。21世纪初，西方的后经典叙事学在国内也得到较多的翻译和介绍。新世纪以来，国内用叙事学方法研究新闻和大众传播可以说极一时之盛。用叙事学方法研究新闻的著作也接连出版，论文则数以百计。

几部著作各有其体例、方法、研究对象和结论。

一、曾庆香《新闻叙事学》

这是国内第一部以"新闻叙事学"命名的著作，其实称为"新闻话语研究"更加准确。从其篇章结构可见一斑：绪论是话语分析、新闻话语研究的路径和框架；第一章是新闻话语的结构；第二章是新闻话语的生成；第三章是新闻话语的事实建构；第四章是新闻话语的神话性；第五章是新闻话语的意识形态建构；第六章是新闻话语的原型沉淀。作者曾经翻译出版了荷兰学者凡·迪克的《作为话语的新闻》（华夏出版社，2003年），并广泛涉猎了语言学、符号学、心理学、神话学、原型理论、意识形态分析等理论和方法，用于新闻话语分析。作者吸收了多种理论养分（对语言学和话语分析的理论素养尤深），并且将其融为一炉，创设了独特的体例，令人耳目一新，是一部极富学术创见的新闻研究著作。

如新闻报道（即新闻话语）为什么大都是由标题、导语到主体这样由概括到具体的结构特性，作者认为这种由概括性宏观语义结构在先、具体性的微观语义结构在后的特征与人类的认知心理相关——格式塔心理学认为，认知时先认知和记忆概括的，后具体的，新闻话语这种以摘要范畴，即宏观语义结构为始的程式，符合新闻报道的时效性，有助于新闻话语的理解和记忆，与信息传播这个新闻的的主要功能相适应，有助于受众理解和接受。

其中最富有新意的是第四章和第六章，即新闻话语的神话性和新闻话语中的原型沉淀。以真实新鲜为标志的新闻竟然和虚无缥缈的神话联系在一起？变动不居的被称为"易碎品"的新闻竟然与千百年来积淀于文化中的原型有着剪不断理还乱的联系？初看起来难以想象，但是，作者以符号学的方法研究发现，"作为叙述和建构新近发生的客观事实的

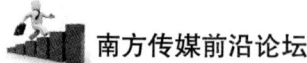

新闻话语与神话也同样殊途同归,那就是它们都是对各种各样的原初事实、对纷纭复杂的社会现象进行尽可能的自然化的诠释。因此,'新闻就是神话的建构者'"(曾庆香,2005:158)。这也是许多意识形态的特征。其实,正如作者在本页所承认的,神话与意识形态具有同一性,实施着意识形态的功能。但是新闻作为神话的特殊性在哪里?这是论述不够的。

当然本书可供进一步探讨的地方还有——

全书研究新闻话语,并命名为《新闻叙事学》,新闻叙事是否就是新闻话语,或者说新闻话语就是新闻叙事话语?新闻话语只有新闻叙事话语(即新闻报道话语)吗?新闻评论显然不应该是叙事话语,但它可以说是新闻话语。因此,在概念的使用上,应该有更加清晰的交代。从全书内容来看,把它叫《新闻话语分析》更加恰当。

"话语"概念的使用有时不一致。在导论里,作者认为"话语是说话者或作者在某个语境中运用语言系统表达个人思想感情实现个人意图的口语或文本,因此,它可以是独白、对话,也可以是众人的交谈,还可以是诗歌、小说"(曾庆香,2005:4)。本书在何种意义上使用这个概念,作者交代得不清楚,在论述时出现混乱。从章节来看,应该是在把新闻叙事文本作为新闻话语使用的,但在89页又把它用作人物口语表达的结果,如作者认为在《胡锦涛会见瓦努阿图总理》这篇新闻报道中,"胡锦涛和沃霍尔才是话语主体"。这就不是在文本的意义上使用这个概念了。这种混用导致本书在认定新闻话语的叙述主体时出现了深刻的片面——新闻话语主体不是记者,记者只是代言人,真正的话语主体是新闻来源,甚至还有刻板印象。这就无法解释,为什么相同的新闻来源或刻板印象经由不同媒体采制的新闻会差别很大?因为按此推理,相同的新闻来源只能有相同的新闻叙述主体和新闻话语。

该著作名为《新闻叙事学》，但是真正用经典叙事学和后经典叙事学的理论进行新闻叙事研究的内容并不多，第三章第三节"事实建构的叙事视角"，是比较典型的叙事学方法，作者结合新闻文本，分析了四种不同的叙事视角在新闻话语事实建构中的作用。第五章"新闻话语的意识形态建构"有微弱的后经典叙事学的影响。叙事学中常用的理论如叙述者的类型与功能、故事时间与叙述时间、引语问题（本身就是语言学的内容）、叙述方式，等等，以及这些方面如何与新闻报道所追求的真实、客观等效果有怎样的关系，都很少涉及。

二、何纯《新闻叙事学》

其《新闻叙事学》基本按照罗钢《叙事学导论》的构架展开。罗共分七章：叙事文本、叙事功能、叙事语法、叙事时间、叙事情景（叙事人称、叙事聚焦、叙事方式：讲述、展示）、叙述声音、叙事作品的接受。但是何纯经过了自己的改造，如把叙事视角与聚焦纳入到叙事声音中，把叙事时间、情景、叙事结构和叙事修辞纳入新闻叙事话语。这样的划分有一些新意，但也容易引起混淆。因为叙事学通常把某个叙事文本分为两个方面：故事和话语，前者是虚构的或真实的事件，后者是对前者的叙述加工。何纯的第三章"新闻叙事语法"，实际上就是研究事件，即故事（叙事学中的故事不一定是虚构的）。那么其他的部分都可以归结为叙事话语。

在与文学叙事和历史叙事的比较中，何纯认为新闻叙事的特征和新闻叙事研究的基本范畴包括以下方面：

① 新闻叙事的表述对象是真实之事，即事实；
② 新闻叙事以事实为中心，其叙述形式受事实属性的规范与制约；
③ 新闻叙事文本的作者一般来说就是叙述者（叙事人），但这个作者

在很大程度上并非是有着鲜明个性的人，而是媒体的化身；

④新闻叙事的目的是求真，即报道和传播关于事实的真实的信息。

何著分五章，第一章是导论论述新闻叙事学的研究对象、学科基础、研究路径和研究范畴。其余四章从以下方面展开新闻叙事研究：

①叙述声音：研究新闻叙事人，包括视角与聚焦。

②叙事语法：事件的组合原则与规律，叙事母题与原型。

③叙事话语：即如何说的问题，研究叙事时间、叙事结构、叙事情境和叙事修辞、叙事语言，也就是如何制作文本。

④叙事接受：谁在听、怎么听，这是叙事学很少涉及的。

从内容体例来看，何纯的《新闻叙事学》虽然比曾庆香的著作迟了一年出版，但可以说，何纯的著作才是第一本真正意义上的《新闻叙事学》。

关于新闻叙述人，"我们认为，新闻叙述人，既指叙述文本的讲述者，也指叙述文本的写作者，二者在很多时候是重合的（何纯，2006：21）"。但它在本书的其他地方又认为新闻叙述者是一个集合体，"众所周知，一条被刊发或播报了的新闻报道，都是以报台的名义刊发或播报的，其中，既有采访报道的记者，也有被记者所选择的采访对象和被选择了的采访记者的陈述，还有编辑以及审阅签发的报台负责人等，也就是说，一个新闻文本的隐指作者总是一个集合体，这个集合体才是真正的新闻叙事人"。（何纯，2006：27）这大致符合新闻叙述的实际，但是作为最明显的新闻叙述人——记者的主体性就完全是可有可无的吗？他在叙述中起什么作用？这值得探讨。

关于新闻叙事视角，作者认为放弃告知心理和直接评论的新闻叙事中没有严格意义的上的全知视角（何纯，2006：48）。这在几乎国内所有的新闻叙事研究中独树一帜。

新闻学

> **德国对荷兰、比利时、卢森堡不宣而战　欧洲大战全面展开**
>
> 合众社　（1949年）5月10日电　德国于今日黎明时分对荷兰、比利时、卢森堡不宣而战。盟国决定应三国求援的紧急呼吁，把部队开进比利时。据巴黎方面的一位军事发言人说，历史上规模空前巨大的一场恶战在比利时已迫在眉睫。

图1　关于新闻叙事视角的新闻示例

何纯认为虽然有人认为这是全知全能的视角，但是他认为属于第三人称限制叙事：叙述者处于故事之外，其叙述的材料从方方面面得来，但又严格地局限于叙述人所知道、所经历、所推断以及与其他人物交流所发现的范围，因而其叙述就显得颇为客观（何纯，2006：49）。

何纯对新闻叙述视角和聚焦的论述说服力还不足，如新闻叙事中各有哪些视角和聚焦，对叙述效果各有哪些影响，远不是"在文本内，作为一种叙事谋略，通过'由谁看''在什么位置看'的选择与调整，尽可能地体现新闻的客观与公正，展示出一个'真实的世界'"（何纯，2006：74）。

何纯的新闻叙事母题直接借鉴高小康《人与故事》里对人类故事的叙事母题的分类——寻宝、灾变、性、死亡、异趣，与曾庆香的新闻原型相比，理论性稍欠。

何纯和曾庆香都有新闻意识形态建构的内容。曾庆香认为，事实建构和神话建构分别是意识形态建构的微观方法和中观方法。意识形态是意义建构的过程，即将原处事实进行"符号化"的过程。它既可以是一种观点，也可以是一种诠释事实的框架、模式，新闻报道的客观性原则要求意识形态体现为报道的框架和模式。新闻话语通过建构知识、形成社会规范、塑造社会共识与合法性三种手段解释原初事实，奠定诠释框架、模式。何纯的第二章第二节"新闻叙事的意识形态建构"，基本上重复了这些论述。第四章"新闻叙事话语"和第四节"新闻叙事修辞"，本来在目前的新闻叙事研究中是有新意的，但是其具体论述却落入了传统的文章写作的窠臼——作者提出的新闻叙事修辞资源和手段是"告之以事""服之以势"（如引用官方的、权威人士的证词增加报道的可靠性，以使人信服）和"晓之以理"三种。这并不是叙事学意义上的修辞，特别是"晓之以理"更不是叙事修辞。从韦恩·布斯的《小说修辞学》可知，所谓叙事修辞是指叙述是否可靠、叙述者采用何种方式（如是否出现在文本里），等等。

因此，这虽然是第一部真正用叙事理论研究新闻的著作，但是离成熟还有一定距离。

三、黎明洁《新闻写作与新闻叙述：视角·主体·结构》

黎明洁选取1979年至2005年中国新闻奖的723篇获奖作品，主要从历史的角度，分析了新闻改革以来我国新闻写作在叙述视角、叙述主体和结构方面的变化，还分析了这些变化的政治、文化意义，也就是导致这些变化的政治、文化因由，避免了经典叙事学孤立进行文本形式分析的偏颇，把政治、文化等外部因素对新闻文本的影响进行了合理的论述。因此，在方法上，这部著作是科学的、合理的，论述也很扎实。比如，关于叙述视角的研究，黎明洁通过扎实的统计数据，得出了令人信服的结论：全知全能视角在新闻改革前占95%，几乎成为新闻叙述的单一视角，改革开放后，这种视角呈下降趋势，只占65.2%。而挑战这种视角的是人物限制视角、纯客观视角、复合视角，因此，新时期新闻叙述视角呈多元格局。为什么会出现这样的变化呢？黎明洁认为是读者意识的觉醒、信息观念的确立、西方新闻学的影响、多元价值观的形成等共同造成的。这样的分析就很有说服力。

黎明洁的方法受陈平原《中国小说叙事模式的转变》影响比较大。陈

新闻学

平原也是从叙述视角、叙述主体、叙述结构三个方面考察中国小说从晚清到五四运动以后在叙述模式上的变化,并且从政治、经济、文化等方面分析导致这些转变的动因。当然,用这样的分析模式探讨中国新闻写作的叙事变迁,也是适用的,黎明洁是第一人,目前还没有人能出其右。

四、蔡海龙《电视新闻叙事研究——传媒生态视阈下的现实观照》

以上三本著作基本上都是以报纸新闻叙事为研究对象的,蔡海龙的著作则是以电视新闻为研究对象,而且在具体方法上,结合中央电视台的《新闻调查》和《焦点访谈》等著名节目,通过与主创人员的深度访谈和观察,把电视新闻叙事特征和追求,与电视身临其中的传媒生态结合起来进行探究,如传媒生态中的政治、经济对电视新闻叙事的制约和影响,也就是研究传媒生态要求或允许电视媒体叙什么事和怎样叙事。

中国的新闻事业是党和政府的耳目喉舌,必须担负宣传任务。这在电视新闻叙事上表现为由宣传部门安排报道选题、有关部门领导对节目提出意见(参与叙事),等等。过于强调政治宣传,使电视新闻叙述出现这些弊端:制播技术的叙事潜力未得到充分开掘,电视新闻叙事偏离电视纪实语言特性。电视新闻现场进行声画同步、过程化的特长未能充分利用。在绝大多数的时政报道中,我们只能看到一些仪式性的场景,很少能听到新闻人物在现场的声音,取而代之的是空洞的解说词;电视新闻叙事主体的价值判断和独立思考能力受到抑制,等等。

经济的影响主要是电视新闻叙什么事、怎样叙述,都要经过收视率的检验,要有成本概念,尽量以最小的成本获取最大的收益。在叙事上,就必须让观众觉得好看、爱看,如要尽量设置悬念,把新闻事件讲得波澜起伏,

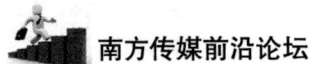

充满趣味性。当然，不管怎样进行叙事，也不论是政治还是经济的规制和影响，电视新闻叙事都离不开电视的媒介特性和规律，因此，作者的这个论断是很令人信服的——中国的新闻传播是在政治（宣传）、经济和新闻专业主义的三重合力下进行的。

五、结语

除了这几本书，国内的新闻叙事研究成果主要存在于数百篇论文之中。不过从这几本书中，可以得出这些判断：

新闻叙事研究还处于开创期，其话语概念、理论体系、研究结论等尚未成熟。该研究正在由传统的报纸向电视和其他媒体蔓延。研究的方法除了有内部的叙事文本研究外，正在结合外部的媒介生态，进行内部与外部相结合的研究。存在的主要问题是，由于经典叙事学和后经典叙事学都是舶来品，特别是后经典叙事学引进的时间比较短，学人对叙事学的理解和掌握有个过程，因此在新闻叙事研究上，对叙事理论的阐释和运用上存在很多龃龉。对势力强大的新兴媒体——网络的叙事尚未有研究著作面世。可供有志于此的学人驰骋的天地还非常广阔。

参考文献：

[1] 曾庆香.新闻叙事学[M].北京：中国广播电视出版社，2005.

[2] 何纯.新闻叙事学[M].长沙：岳麓书社，2006.

[3] 黎明洁.新闻写作与新闻叙述：视角·主体·结构[M].上海：复旦大学出版社，2007.

[4] 蔡海龙.电视新闻叙事研究——传媒生态视阈下的现实观照[M].北京：中国传媒大学出版社，2010.

中国当下调查记者行动实践的社会学分析
——一种媒介场域的视角[1]

◎ 曾丽红

（广州大学新闻与传播学院副教授）

摘　要：随着媒体改革的不断深入，当下中国的新闻场域呈现出多元复杂的格局。曾被学者誉为最具职业精神和专业理想的"行动者"——调查记者置身于这种动态结构中，其行动实践出现了各种或明或显、或进或退、或左或右的变化，这些变化也在重新定义着调查记者职业化和专业化的边界。如何解读这些变化及变化背后的逻辑，布迪厄的场域理论给我们提供了一种新的参考视角。

关键词：调查记者；行动者；惯习；场域；资本

自 20 世纪 90 年代调查性报道在中国兴盛以来，调查记者已然成为当代记者职业的标杆，他们是"中国社会转型的守望者"（学者展江语）。然而，风雨苍黄，当下这个群体却在走向衰落，曾经的职业理想和专业追求似乎已渐行渐远。一方面，新闻官司不断，这个群体正在遭受媒介镜像的污名化危机；另一方面，一批批行业精英陆续撤退或逃离，徒留下"理想已死"的悲情感叹和壮怀激烈的落寞背影。[2]如何阐释这个群体与时代语境迎面相遇的诸多困境和难题？如何剖析中国语境下"行动者"实践的诸多面向？笔者希冀借助于社会学视角，把"行动者"的微观实践"嵌入"到宏观的结构维度中徐徐展开，描绘并呈现出一幅立体生动而又复杂多变的现实图景。这不但有助于我们对调查记者群体有更加客观和祛魅化的把握，也能增进我们对这个群体职业生态和专业现状的深入了解。

本文运用法国社会学家布迪厄的场域理论来进行分析和阐释，在理论思辨、逻辑推演的基础上，结合采用个人生活史访谈、文本分析等研究方法，力图形成理论阐释和经验实证相互印证、相互补充的格局。本文着力探讨的主要问题有：在当下的中国语境中，调查记者的"话语惯习"是如何生成的？调查记者置身于何种结构配置下的场域？分别采取了哪些应对方式？调查记者携带哪些资本入场？驱动"行动者"角色实践的深层逻辑是什么？本文中的"行动者"指调查记者，行动实践在本研究中被化约成三个面向：话语实践、生产实践和角色实践，这三个面向是笔者观察的落点和分析的起点。

一、建构场域理论的三个核心概念：惯习/场域/资本

布迪厄以惯习、场域、资本等概念建构了一个完整的场域理论。他认为，"从分析角度来看，一个场域可以被定义为在各种位置之间存在的客观关系的一个网络，或一个构型"。[3]而"惯习是各种既持久存在而又可变更的性情倾向的一套系统，它通过将过去的各种经验结合在一起的方式，每时每刻都作为各种知觉、评判和行动的母体发挥其作用"。[4]场域中的行动者（agency）拥有特定的资本：经济资本可以直接转换成货币或产权形式；文化资本实际上是一种信息资本，制度化的文化资本表现为对某些制度的认可或规定；社会资本是指某个个人或群体凭借一个制度化的相互交往的彼此熟识的关系网而积累起来的资源总和；象征资本往往被合法地认可成一种"信誉"，是一种暗含了神圣化能力的符号资本；不同资本之间可以相互转化。二十世纪

九十年代，布迪厄在场域理论基础上继而发展了一种以"媒介场域"概念为中心的研究范式。这种范式聚焦于中观的场域层面，为微观的行动研究和宏观的结构研究搭建了一条合作的桥梁，能够生发并延展出我们对个体实践的新理解和新视角。布迪厄认为，"完整的实践模式把行为理论化为惯习、资本以及场域之间关系的结果"：即（惯习+资本）×场域=实践[5]。循此理论脉络，笔者试围绕惯习、场域、资本这三个核心概念，运用媒介场域的关系视角对当下调查记者的行动实践进行社会学分析。

二、"惯习"生成："行动者"话语实践的内在基模

布迪厄认为，惯习是深刻存在于"行动者"性情倾向系统中的一种技艺存在的生成性能力。它既是"行动者"用来指导实践的标准维度，也是"行动者"进行创造和发展策略的行为方法，"惯习"的生成是"行动者"既有社会化经验的投射和自反。在现实中有四种因素型塑了调查记者"话语惯习"的内在基模，它们相互渗透、彼此交织而存在，共同制约和影响着当下调查记者的职业化和专业化进程。

1. 个人惯习：成长经历和社会背景

中国的调查记者大多出生于偏远的农村或城镇贫困家庭，他们对于乡土中国和底层生活有过苦难的经历，当初入行的理想也许就是为了获得一个为弱势群体代言的机会。在笔者开展的个人生活史访谈中，《南方周末》记者小范如是说："我做调查记者的具体原因，是因为大学时候在一个助学社团——圣兵爱心社，每年暑假都会下乡走访支教，看到了很多社会底层的事，一开始有触动，后来慢慢思考为什么，再后来，尝试去做尘肺病调研、富士康调研，逐渐就对这个职业有兴趣了。"[6]而另一位风格特异的调查记者是如此解释他的入行经历的："走过来，一路坎坷。不是我选

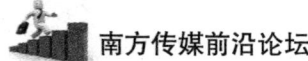

择了这个职业,而是职业选择了我。我的经历很曲折,读高中时家里太穷了,于是辍学到南方打工,再苦再累的活儿都干过,可以说处于社会的最底层。进入这个行业之后发现,可以跟社会地位比自己高的人对话了,不再被人看不起了。记者的职业让我脱离了一种自卑和蒙昧状态,有了一个明确的价值诉求。"[7]诚然,由于接触到更多的基层民瘼和劳苦大众,早期的社会经历和情感体验构成了记者内心代民立言的强烈冲动,于是,草根背景出身的调查记者一般更倾向于底层叙事、以民为粹,这一点又与二十世纪八十年代以来媒体改革语境下新闻从业者的人民代言人角色等中国特色新闻事业的话语体系不谋而合。故此,民粹主义作为一股潜在话语来源在新闻改革实践中存留下来,并成为后改革语境下"行动者"进一步观察国家与社会二元关系的一个重要落点。

2. 教育惯习:"文人论证"和"知识分子"传统

据《中国调查记者行业生态报告》显示,调查记者主修专业是新闻传播类(14%)和语言文学类(27%),说明他们在入职前接受过人文学科的教育和熏陶。中国的新闻事业绵延至今,其源头流淌着悠久的"文人论证"历史传统,这种传统强调报人的启蒙思想和监督功能,它对调查记者的"话语惯习"生成影响深远,据笔者的观察和了解,早在专业学习或实习阶段,不少记者均会自觉以邵飘萍、邹韬奋等倡导型名记者的新闻实践为参照,对自身进行职业激励和鞭策。此外,自近现代以来,中国的人文教育理念十分重视知识分子的精英传统,强调其批判思维和价值理性。如萨义德所言:"真正的知识分子在受到形而上的热情以及正义、真理的超然无私的原则感召时,叱责腐败、保卫弱者、反抗不完美的或压迫的权威,这才是他们的本色。"[8]这两种传统浸淫下的教育惯习构成当今调查记者精英主义话语的主要来源。改革进程中的新闻事业,部分地继承了精英启蒙传统,此外，伴随着全球化和信息化所带来的现代化转型，"全球监督"已成为宏大历史语境。至此，精英主义的启蒙和监督话语与新世纪的改革愿景和时代洪流在某种程度上达到了契合。结合文本分析我们可以发现，对弱势群体的扶助和关怀，对民主正义的追求和向往，千百年来中国报人的精英意识和家国情怀长绵不衰：给弱者以关怀，让无力者有力，让悲观者前行，我们为扶助而欢欣；阳光越来越亮，阴影越来越少，社会越来越透明，制度越来越民主，如果我们也推动了进步，我们为推动而欢欣（2000.11.9 第874 期《南方周末》）。

显然，文本中的"弱者""无力""悲观""扶助"等词汇一再彰显出新闻人强烈的精英情怀和"忧国忧民"的社会责任意识。

3. 组织惯习和专业惯习的交叉影响

入职后，调查记者的话语实践通常受到两套惯习的交叉影响，其一是组织逻辑的惯习，《南方周末》是"组织逻辑"的代表，其一贯秉持的关注社会公正、为弱势群体代言的立场，成为了连接不同时代媒体从业者的精神纽带。一个记者曾经感慨："《南方周末》是个'场'，任何进入这个'场'的人，都会被这个'场'笼罩、同化——这个'场'就是职业记者所需要的优良环境——这个'场'促使他们不断地接近事实本原，这个'场'迫使他们不断接近记者的职业本真。"[9] 其二是专业逻辑的惯习，进入新世纪以来，专业精神和自主意识成为调查新闻人的共同追求，财新传媒成为"专业逻辑"的代表。主编胡舒立女士早期接受过西方专业化培训，有着明确的历史使命和社会责任感。由于人事和经济权基本独立，财新传媒在中国最接近于独立媒体的形态，故能自觉秉持"制度化"的专业主义话语模式。有业界人士指出："胡舒立的财新团队，可能是当下中国在新闻专业主义方面实践最完美的团队。财新团队在恪守新闻伦理、最大程度地接近国际行业规范方面,在目前状况下,都堪称典范。"[10]

以上论述展示了不同个体,不同组织"话语惯习"的生存土壤。事实上,"媒介化的话语是一种传播关系的构造物,和关系缠在一起。没有一个陈述者是自治的和单独的,其陈述行为都与具体的战术、策略条件相关。"[11] 由于不同生成因素的杂糅,"惯习"也会在不同情境下发生转换。即便是同一个体在不同语境下,"话语惯习"也会凸显出不同的策略和面向。然而总的趋势是,随着外部环境的变化,20世纪末盛行的民粹主义和精英主义色彩在职业新闻人眼中正慢慢褪去,专业主义"话语惯习"逐渐提升。

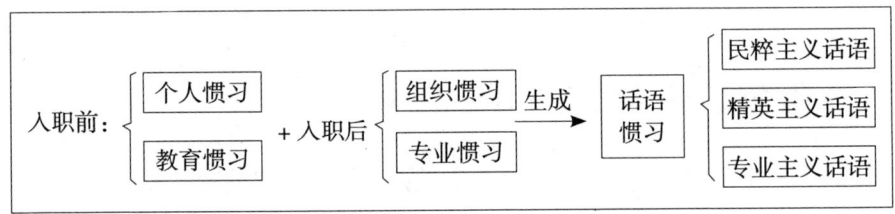

图1 中国当下调查记者"惯习"生成示意图

三、"场域"配置:"行动者"生产实践的结构张力

布迪厄认为,"惯习"有助于把场域建构成一个生动活泼、充满意义的世界。然而"在每一个具有生产性关系的环节中,都可能隐藏着权力关系"。[12] "中国的新闻场域在相当程度上是政治场域的重要组成,其作为意识形态合法化建构的工具,自主性是比较脆弱的"。[13] 事实上,中国的调查新闻业自诞生以来一直在矛盾和吊诡中蜿蜒前行,尽管理论上作为高扬新闻专业主义旗帜的"麦田守望者",但实践中却是作为一种体制内的治理技术而存在的,故无法摆脱权威国家语境下"高度他治"而"低度自治"的历史宿命。一位80后的年轻记者对此深感忧虑:"目前最大的困难是管控。宣传部的管控,内部的自我阉割,选题无法通过,

内部限制严重。禁令越来越多,一个重大事件,甚至会连发数道禁令。"[14] 除了饱受政治场域的渗透和敲打之外,新闻场域还始终经受着市场逻辑的考验。"从20世纪80年代以来,中国传播媒介的权力性质正在随着市场经济的发展和社会主义初级阶段的长期性而在不断发生调整和变化,由简单的政治权力走向经济权力和政治权力的重叠。"[15] 产业化趋势下,一些媒体编辑部和经营部"防火墙"崩坍,商业资本通过广告等方式操控传媒,已成燎原之势。此外,新闻场域也经受法律场域的侵蚀和规约。一方面,中国的新闻法迟迟未能出台,调查记者因为揭黑报道被迫离职或身陷囹圄,媒体却缺乏相应的保护机制。另一方面,在大量的诽谤诉讼案中,法庭实践严苛规范举证责任,"谁报道,谁举证"的原则大大增加了媒体败诉的可能,缺乏法律和制度的刚性保障成为当下局限"行动者"生产实践的又一瓶颈。多重禁锢下,"行动者"生产实践的专业性和自主性均被削弱,这是调查记者撤退或逃离"高风险/低自治"新闻场域的一个结构性诱因。

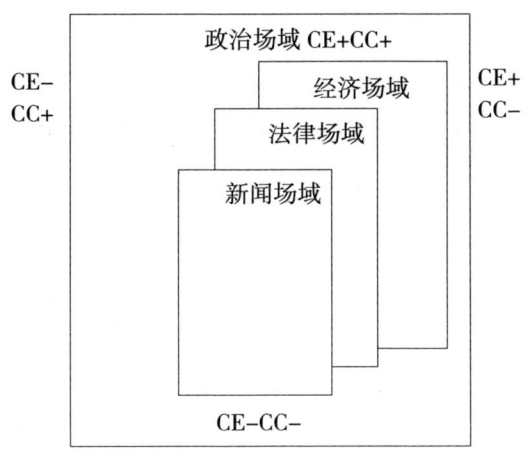

注:图中"CE"表示经济资本,"CC"表示"文化资本","+"表示"增加","–"表示"减少"。从左向右移动,经济资本比例较文化资本的比例增加了。从下往上移动,文化资本和经济资本的总量都提高了。

图2 中国当下新闻场域的结构定位图

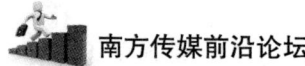

布迪厄认为，"社会行动者是有认知能力的行动者，甚至在他们受制于社会决定机制时，他们也可以通过型塑那些决定他们的社会机制，对这些机制的效力'尽'自己的一份力"。[16]在布氏看来，社会是一个支配关系被隐蔽起来的分化空间，隐蔽的原因是支配关系被每个个体深层内化。这种隐蔽性在新闻场域内体现为"行动者"往往以合谋的方式，来应对被施加的符号暴力，如"自我审查"。自我审查是"惯习"内化在新闻从业者心智结构中的社会控制，它既是社会控制的实现，同时也意味着社会控制在个体层面的实践策略的再生产。在长期的新闻实践中，从业者形成了对报道风险的判断和预测，对敏感话题进行自我监管或控制，在新闻实践中已形成常态。据《南方都市报》一位编委介绍："实际上不少新闻材料到编辑手上，已经过滤掉，一层层过滤，大家的自主意识很强。记者如果觉得题材敏感，特别是地产商的新闻，如果发不出来，就不去采访了。"[17]这种消极的自我审查，体现了"行动者"对结构压力的妥协，一定程度上挫伤了新闻生产的自主性。"自我审查"是"行动者"在场域结构配置下的一种惯常应对逻辑，然而在特定情境下，"行动者"也并非完全被结构化的个体，"惯习"也会尽力寻求突破管制的空间，如采取"即兴创作"等"促结构化"的应对方式。布迪厄还认为，"个体要在场域中提升自己的位置仍然需要积极地介入，仍然需要高度的敏感性、创造性、智慧和战略"。[18]由于调查性新闻的生产注重现场突破、强调独立判断，因而更加依赖临场发挥和即兴创作。于是，"新闻工作者不断地测试着媒体组织的行为边界——自主和管控的辩证关系，很明显地成为了媒体生产中的核心问题，而新闻工作者们则以'即兴创造'的工作方式，来对此做出应对"。[19]具体情境下的"行动者"往往会采取一些特殊战术如"边缘突破""策略突围"等技巧，来实现他们的职业理想。

四、"资本"转化:"行动者"角色实践的因果逻辑

布迪厄认为,场域内存在着力量和竞争,而决定竞争的逻辑就是"资本"的逻辑。"行动者"携带资本入场后进行着资本的角逐和转换,能否在场域中占据一个关键位置,取决于他所拥有的资本数量和结构。"几乎所有的调查记者都具有大专或大专以上的学历,76%左右的为本科,拥有硕士或博士等研究生学历的有15%左右。"[20]可见,调查记者拥有的制度化文化资本是较丰富的。"调查记者队伍平均从事新闻工作8年,从事调查报道约5年左右。"[21]显然,调查记者拥有的社会资本也是相当充裕的。由于资源效应逻辑的存在,调查记者从事多年报道所带来的丰富人脉和媒介资源,有利于其在场域中占据一个关键位置。

一般说来,调查记者拥有较高的职业追求和较强的专业精神。然而,在经过一定的社会化洗礼之后,这个群体的身份认同很难再如当初那么清楚和纯粹。有学者发现,当下调查记者在新闻实践中存在着两种身份认同:新闻民工和知识分子。[22]其一,随着传媒业不断走向市场化以及媒体内部人事制度的改革,相当一部分记者已经变成体制外的劳动者,他们具有强烈的"底层感",因而自嘲为"新闻民工"。其二,知识分子一直是中国记者的传统认同。有学者曾经把中国的知识分子分成专业、有机和批判三种类型。[23]对于调查记者而言,批判知识分子的角色定位与他们一贯的角色实践是吻合的;专业知识分子则意味着秉持专业主义态度,强调客观、中立,不受外界干预;有机知识分子则意味着服务或者有机于某一利益团体,并以他们的利益为依归。

"用布迪厄的观点看,媒体及其从业者是社会特定'场域'中'文化资本'的持有者,争取'资本'兑现,实现'资本'增值(包括社会效益的实现),是不同'场域'资本持有者行动的基本动因。"[24]拥有较高文

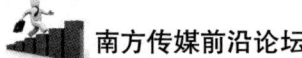

化资本的调查记者一般是"理性经济人",自利动机驱动下往往会寻求最有利于自身的资本配置和关系架构。据大量经验观察,当调查记者将自我身份认同为"新闻民工"时,他们更倾向于争夺或将自身资本兑换成经济资本,以实现更多的经济利益。在现实中有两种资本转换路径清晰可辨,其一,"行动者"在以绩效工资为主的薪酬考核体系下,通过"挣工分"获得经济收入来支撑自己的劳动再生产,践行着体制内新闻生产者的角色。其二,"行动者"漠视职业伦理底线,公然进行资本寻租,以"有偿"新闻或"有偿"不闻来换取经济利益,践行着体制外新闻寻租者的角色;而当调查记者将自我身份认同于"知识分子"时,他们会更多地承载着新闻理想和社会责任,倾向于争夺或将自身资本转化成象征资本,以实现更多的社会效益。然则据笔者的进一步观察,即使在以"批判知识分子"自诩的群体中,不同资本取向的角色实践还在不断分化,又凸显出专业和有机知识分子两种不同的演变路径。其一,调查记者秉承专业主义话语惯习,践行着专业知识分子的角色,以逻辑和理性的力量给本行业带来荣誉和声望,成为知名记者。如《新世纪》周刊记者宫靖以代表作品《自来水真相》(2012年)获得了"中国对话""最佳环境记者"奖,《财经》姐妹刊《Lens》杂志记者袁凌以代表作品《走出马三家》(2013年)赢得了国际声誉。其二,调查记者秉承民粹主义和精英主义话语惯习,注重对社会的倡导和参与,并携带成名后的资本优势,身体力行地参与到有机知识分子的角色实践中,成为知名公益人。如"打黑英雄"王克勤创办"大爱清尘"公益基金会,知名记者邓飞成为了"微博打拐""免费午餐"公益活动的发起人。"老兵回家"公益活动发起人孙春龙认为,"以前做记者是监督强权,现在去做公益是扶助弱者,不是逃避,是迂回;其实两者有一个共通的地方,不管是尝试推倒一堵墙或者帮扶一个鸡蛋,其目的都是为了自己生存环境的日益趋好"。[25]诚然,由于名记者承载的道义感更重,被期待的社会角色更多，而在现实语境下又很难突破，于是他们转型，选择另一种柔性的行动方式来充分获得社会赋权，并推动转型中国的发展。

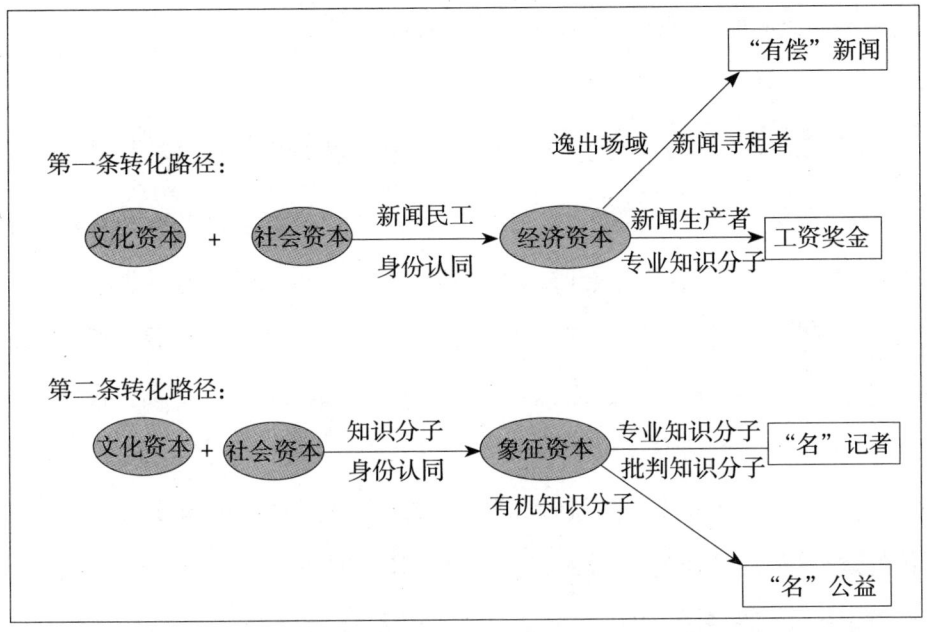

图3 中国当下新闻场域中"行动者"资本转化路径图

五、结　语

本文将调查记者的微观实践置于中观的新闻场域和宏观的结构维度下来进行考察，运用媒介场域的关系视角力图将各个界面连接打通，重点关注新闻场域中调查记者的"话语惯习"生成、场域结构配置以及资本转换路径。研究发现，中国当下调查记者的"话语惯习"结合了民粹主义、精英主义、专业主义话语的多元因子；调查记者在场域结构配置下采取"自我审查"或"即兴创作"等应对方式；伴随着新闻场域自治空间的不断紧缩，调查记者的生存空间越来越逼仄，悲情和颓废不断侵蚀着理想主义，并衍生出不同的角色实践。这些行动实践充分赋予了当下中国新闻场域的

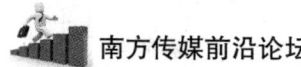

复杂意涵:尽管场域的专业性和自主性在不断弱化,场域的吸引力在不断下降(在诱惑和失望的夹击下,有"行动者"逸出场域),然而大浪淘沙,真正新闻人的职业理想和专业追求依然在路上。

注释:

1 本文系2012年湖南省普通高等学校教学改革项目湘教通[2012]401号-394号:《新闻学专业实践教学模式探索——以〈新闻写作学〉课程为例》的研究成果,同时也属于2009年教育部人文社科研究青年基金项目【新时期深度报道史(1978-2008):以新闻生产社会学为视角的研究】(项目批准号:09YJC860005)的研究成果之一。

2 据学者张志安最新统计,截至2014年5月底,中国报纸和杂志媒体的调查记者不足80人,与2010—2011年调查时所得到的334位样本相比,调查记者的流失率高达76%。

3 [法]布迪厄、[美]华康德:《实践与反思——反思社会学导引》,李猛、李康译,中央编译出版社2004年第1版,第133页。

4 Pierre Bourdieu. Outline of A Theory of Practice. Cambridge: Cambridge University, no.72, 1980.

5 Bourdieu. Distinction: A Social Critique of the Judgment of Taste. London: Routledge, 1984. p.101.

6 资料来源于2013年1月18日对《南方周末》调查记者范成刚的个人生活史访谈。

7 资料来源于2013年1月22日对独立调查记者纪许光的个人生活史访谈。

8 [美]爱德华·萨义德:《知识分子论》,单德兴译,2013年4

月北京第 2 版，生活・读书・新知三联书店，第 23 页。

9　洪兵：《转型社会中的新闻生产——〈南方周末〉个案研究（1983-2001）》，复旦大学新闻学院 2004 年博士论文。

10　江雪：《经由陈永洲我们去向哪里？》，《南方传媒研究》，南方日报出版社，2013 年第 45 期。

11　陈卫星：《传播的观念》，人民出版社，2008 年 6 月修订版，第 144 页。

12　陈卫星：《传播的观念》，人民出版社，2008 年 6 月修订版，第 338 页。

13　张志安：《新闻场域的历史建构及其生产惯习—以〈南方都市报〉为个案的研究》，《新闻大学》，2010 年冬季号。

14　资料来源于 2013 年 1 月 18 日对《南方周末》调查记者范成刚的个人生活史访谈。

15　黄升民、丁俊杰:《媒介经营与产业化研究》，北京广播学院出版社，1997 年版，第 5 页。

16　[法]布迪厄、[美]华康德：《实践与反思——反思社会学导引》，李猛、李康译，中央编译出版社，2004 年第 1 版，第 221 页。

17　张志安：《新闻生产中的自我审查研究——以"毒奶粉"事件报道为个案》，《新闻与传播研究》，2013 年第 5 期。

18　[美]戴维.斯沃茨：《文化与权力：布尔迪厄的社会学》，陶东风译，上海译文出版社，2006 年版，第 260 页。

19　[英]詹姆斯.卡伦：《去西方化的媒介研究》，[韩]朴明珍编，卢家银 崔明伍 杜俊伟 王雷译，清华大学出版社，2011 年 3 月第 1 版，第 28 页。

20　张志安、沈菲：《中国调查记者行业生态报告》，《现代传播》，

2011年第10期。

21 张志安、沈菲:《中国调查记者行业生态报告》,《现代传播》,2011年第10期。

22 白红义:《当代中国调查记者的职业意识研究(1995-2010)》,复旦大学新闻学院2011年博士论文。

23 郝志东:《媒体的专业主义和新闻工作者的角色——以2008年海峡两岸媒体对台湾立法委员选举的评论、报道为例》,《新闻学研究》,2009年第101期。

24 芮必峰:《新闻专业主义:一种职业权力的意识形态——再论新闻专业主义之于我国新闻传播实践》,《国际新闻界》,2011年12期。

25 孙春龙:《我为什么要转身做公益》,《南方传媒研究》,南方日报出版社,2011年第31期。

(本文原载于《现代传播》2014年第7期)

《赫芬顿邮报》的"另类"解读
——互联网新闻产品运营的探索与启示

◎ 张灵敏

（广州大学新闻与传播学院讲师、博士）

摘　要：《赫芬顿邮报》以其高度的新闻报道质量和突出的盈利能力获得新闻行业的一致关注。在新闻媒体互联网化的大趋势下，鉴于国内对《赫芬顿邮报》互联网产品运营分析的缺位，以及数字化报业建设中对新闻信息的互联网产品运营的不重视，笔者认为讨论《赫芬顿邮报》在互联网产品运营的成功经验十分具有必要性。

本文采用个案分析的方法，阐述《赫芬顿邮报》在互联网产品设计、内容运营和产品营销三个方面的成功实践，包括UI/UE设计、关联信息交互网络、评论社区优化与管理、新闻标题优化、内容定制化和基于SEO和嵌入式工具的流量营销等互联网产品运营的分析，进一步提出互联网属性在web2.0时代下新闻信息产品中的不可或缺性。针对目前国内数字化媒体建设的艰难进程，笔者提出五项建议：重视互联网产品属性、以用户为中心、加强互联网内容运营、开展大数据下的互联网用户研究以及建立新闻与互联网并重的人才队伍。

关键词：《赫芬顿邮报》；互联网产品运营；数字化媒体；web2.0新闻

《赫芬顿邮报》2005年创办，创办人阿里安娜·赫芬顿凭借其在美国政界的名气和人脉，使《赫芬顿邮报》在政治新闻领域崭露头角，目前网站内容除了新闻以外，还增设娱乐、生活、科技、言论和区域五大板块，一共包括52个子内容板块。在传统新闻业大批大批关门倒闭或营收大幅缩水，企图向数字化媒体转型却力不从心之际，《赫芬顿邮报》的崛起和成功可谓是给整个行业带来了一丝曙光，这也是本文选择《赫芬顿邮报》作为个案分析对象的原因。先看一组数据和资料：

2008年初，月独立访问量超过"美国第一博客"德拉吉报告（Drudge Report）；

2011年1月网站独立访问量2800万，接近《纽约时报》和《国际先驱导报》（主流媒体）3000万的独立访问量；

2011年2月，美国在线AOL以3.15亿收购《赫芬顿邮报》，并组建赫芬顿媒介集团。收购之后，《赫芬顿邮报》的独立访客增加了26%；

2011年5月独立访客首次超过百年老报《纽约时报》，2012年月独立访客达到3900万；

成为数字化时代新闻业为数不多能够盈利的新闻网站之一，2009年营业额1500万美元，2010年首次扭亏为盈，营业额3000万美元，2011年预计翻倍；

2012年4月，《赫芬顿邮报》记者David Wood名为"战场之外"的有关美国伤兵的系列报道获得普利策奖。

业内对《赫芬顿邮报》的身份性质存在多种界定，有人称它为"新闻博客网站"，也有人以"新闻聚合网站"命名，而阿里安娜·赫芬顿则将它定位为"互联网报纸"。不论哪一种身份称谓，都是基于《赫芬顿邮报》某种内容特质、运作方式或萌生背景的撷取。"新闻博客网站"强调其新闻信息的来源和存在形式，"新闻聚合网站"则是聚焦于其新闻内容生产的模式,而"互联网报纸"看似两种媒介名称的简单并列,实际上却传神地道出了《赫芬顿邮报》"报纸媒体的身份,互联网企业的实质",其生产制作的产品也理所当然地兼具了新闻文本产品与互联网产品的双重特性,在互联网产品行业,被称为内容型的IT产品。

一、研究问题的提出

互联网产品的概念从传统意义上的"产品"延伸而来,指在互联网领域中产出而用于经营的商品,它是满足互联网用户需求和欲望的无形载体。简单来说,互联网产品就是指网站为满足用户需求而创建的用于运营的功能及服务,它是网站功能与服务的集成。

本文聚焦《赫芬顿邮报》的互联网产品运营源于以下三个方面:

(一)新闻媒体互联网化的大趋势

在大多数人看来,互联网(IT)产品貌似是一个与新闻行业差距甚远的话题,但是随着网络技术的逐渐进步,传统媒体日益式微,新媒体(互联网媒体)成为世界范围内新闻传播业的主要存在形式。

网民获取新闻信息的渠道正在由门户网站转移至社交网站,而不再只拘泥于新闻网站和搜索引擎,在社交时代,比起在线浏览一份传统的报纸或报纸内容的文本链接,现在的年轻人也许更愿意通过所关注对象的社会信息流中附加的超链接来发现新闻,并且参与新闻的制造。[1]用户的信息消费需求从过去的"信息接收"转变为今日的信息共享和制造,传统新闻业也相应地放低"新闻媒体"的精英权威式姿态,融入用户在互联网上营造的社交网络,变身为向用户提供"信息服务"的互联网应用。从这个角度来说,所谓的"新闻媒体"已经成为互联网行业的一个分支,新闻产品在一定程度上也演变为互联网产品。

（二）国内数字化报业缺乏对互联网产品运营的重视

在重视用户参与和创造的web2.0新闻语境下，我国传统报业的数字化布局在互联网产品运营上的缺陷和不足逐渐凸显出来。

第一，无论学界还是业界，对数字化报业的实践讨论过于集中在新闻文本产品属性上。大量文章论述新媒体时代下传统媒体的新闻内容生产应该如何改革，比如发挥传统媒体的专业优势，加强背景式解读和多媒体形式的运用，在互联网信息大潮中扮演好过滤、解惑、引导的角色，又或者集中在传统新闻内容生产链条中某几个环节的改革。

其次，从目前数字化报业的实践情况来看，互联网、新媒体某种程度上仅仅被视作兜售内容产品的货价展柜，是区别于纸张、电视机以外的另一种刊发渠道，在新闻产品的整个运作和经营中鲜有考虑到其互联网产品属性，甚至对此知之甚少，于是我们看到现在的报纸网络版或新闻文本链接的重新排列重合。

第三，传统报业兴办的新闻网站不是一个独立运营的互联网企业，而是报纸企业的附属品、衍生品，报纸是"体"，报业网站为"用"。企业的依附性及其性质的不明晰性，也从侧面体现了数字报业对互联网产品运营的不重视。

（三）《赫芬顿邮报》互联网运营分析的缺位

是什么促成了《赫芬顿邮报》的异军突起？它与国内的新闻网站，尤其是报纸网站相比又有何长处？在国内学界和业界，不乏文章分析其成功之道，就笔者目前接触到的资料来看，大多集中于对其内容文本质量和生产模式的讨论，如胡泳教授总结的三个因素——"以高质量的内容取胜、网站已向多种内容领域进军、不同内容类型的一站式混合"[2]，又如新华社新闻研究所万小广对其web2.0新闻生产理念以及新闻成为"一个生产者和消费者之间共享的事业"的宏观阐述。笔者认为，新闻生产模式的"颠覆式革新"以及新闻内容的权威性、公共性、多元化等的确为《赫芬顿邮报》奠定了成功的基石，但是无可非议，作为一个互联网企业"生产"出的互联网产品，出色的互联网产品运营也助了《赫芬顿邮报》一臂之力。但是，在国内的新闻传播研究中，对《赫芬顿邮报》这方面的讨论和分析却相对较少。

鉴于以上三个方面的原因，笔者认为对《赫芬顿邮报》这一成功的互联网产品运营进行探索和讨论极有必要。本文采用个案分析的研究方法，初步尝试从互联网产品设计、产品内容运营以及产品营销三个方面来介绍《赫芬顿邮报》在互联网产品运营方面的成功经验，或许不够精准，但也希望能够引起国内数字报业对互联网产品运营这一方面的重视，为数字化报业建设提供一些不同的、"另类"的启发。

二、优秀的产品设计——"一个好的卖相"

英国心理学家 Elizabeth Sillence 及其团队在一项"什么样的健康网站值得人们信赖"的研究中发现，当人们不信任某个健康网站时，83%的理由集中在网站设计上，如第一印象不好，导航差，或者是网站的名字，等等。可见，网站设计是决定人们是否信任网站，继续浏览行为的第一道过滤网，只有通过这第一道过滤网，人们才会去浏览评估网站的具体内容，才会有后续的网站行为[3]。

一般来说，网站设计包括 UI（user interface）和 UE（user experience），前者注重页面的视觉设计和美观，后者更强调用户体验，即用户操作的简便性和功能有效性。笔者认为良好的用户体验既包含美观的页面，又需要满足用户的实际操作需求，所以本文中的产品设计包括 UI 和 UE 两个方面。

《赫芬顿邮报》在 UI、UE 设计方面表现得颇为出色，台北早期风投 AppWorks 共同创办人林之晨（Jamie）先生曾在博客中表示，"HuffPo 的 UI 才叫 UI"。一个好的用户体验可以令用户保持好心情，轻松找到自己需要的东西，还能吸引用户产生深度浏览和网站粘性。这是《赫芬顿邮报》取得成功的第一步。

（一）页面视觉层级清楚，适当留白，隐匿垃圾广告

用户浏览网页时，不是阅读，而是扫描，因此清楚的视觉层级显得尤为重要。《赫芬顿邮报》采用留白、字体、颜色、线条等清楚地告诉用户各个区域的内容和逻辑关系。

设计中的留白是很重要的元素，它直接影响用户对信息关联关系的理解[4]。《赫芬顿邮报》页面顶端留白，突出《赫芬顿邮报》的品牌 logo，将品牌与网站内容区分开；另外，整个网页竖分为三个区域，每个区域之间通过适当留白加以区分，左边是博客及言论，中间是新闻推荐，右边是广告和其他版块推荐。除此之外，每则博客或新闻之间亦保持适当距离，用留白和灰色线条进行区隔。用户无需仔细阅读文字和认真思考，就可以清楚地知道每个区域的内容特点，进而做出下一步选择。

《赫芬顿邮报》的网站页面还有一个特点是干净，没有垃圾广告。以国内网络媒体的领头羊新浪网为例，打开首页，你第一眼看到的是铺天盖地的广告，光第一屏就有 4～5 个广告，令用户无法在第一时间聚焦内容。《赫芬顿邮报》则不同，首页右侧设有固定的广告栏目，且主要以高精度的图片为主，强调"服务"甚于"推销"，不会令用户感到反感。

（二）导航清晰，引流性强

导航（navigation），顾名思义，是提供方向的功能，即当用户第一次登陆网站时，他如何能够快速地找到方向，做出正确的路线选择。如果用户在网站上找不到方向，他不会使用你的网站。导航越快越精准，用户流失的机会就越小。

《赫芬顿邮报》的导航栏位于品牌 logo 的下方，位置显目，即用户很容易看到路标；其次，每个内容板块易于区分，便于用户根据自己的喜好选择下一步浏览的走向；再次，在每个板块的导航下面，《赫芬顿邮报》还提供了具有吸引力的"子导航"，驱动用户进行下一层级页面的浏览。

导航栏的板块设置颇为讲究，不能让用户觉得你的内容太多，但又不能太少。如果太多，会令用户产生畏难情绪因而放弃退出；如果太少，用户会觉得网站的内容不够多元，没有选择的余地。因此，《赫芬顿邮报》将它的内容打散（本来有六大板块的内容），把最可能受用户喜欢的子板块放在主导航栏上，并且通过字体颜色、大小、位置的不同来区分主要推荐和次要推荐，然后在右侧设置"all sections"按钮顾全其余内容的流量引导。

导航对于用户来说是为了找到行走的方向，而对于网站来说则是引导用户到更多下面的地方走走。吸引用户到达首页不是目的，通过首页浏览下一层级的页面，增加页面浏览深度和页面停留时间才是网站的终极目标。

（三）内容推荐，重点突出

用户浏览单个网页时，并不像我们想象的如阅读文章般从左到右、从上到下逐一查看，而是"在每个页面上瞥一眼，扫过一些文字，点击第一个令他们感兴趣的或者大概符合他们寻找目标的链接，通常，页面上的大部分内容他们看都不看"。[5] 这就要求网站能抓住主流用户特征，将重点推送给用户，用户找到自己的目标或感兴趣的内容，才有可能继续浏览或产生下一步动作，否则就会离开[6]。

同样以新浪网为例，偌大一个首页，密密麻麻的文字链接，不经过仔细阅读，用户根本没办法在最短的时间内知道当天的重磅新闻是什么，违背了"don't make me think"的互联网设计原则。

《赫芬顿邮报》进行内容推荐有三大法宝，首先是头条新闻。在第一屏中心位置，头条新闻（breaking news）标题加大加粗，配有通栏巨幅图片，并将重点信息进行标红，这足以吸引用户的眼球，仅次于头条新闻的内容推荐是页面中间栏的新闻，同样用"标题加粗加大＋图片"的形式做到脱颖而出；其次是图片的运用，毋庸置疑，如今已进入读图时代，一图胜千言的道理无人不懂，《赫芬顿邮报》几乎完全用图片代替了国内网站文字链接的作用，这一点值得称道；第三，所有内容推荐的视觉层级处于同一方向，即用户看到头条新闻之后会习惯性地顺着视线往下看，则进入下面的内容。这就是为什么编辑推荐的新闻要放在页面中间栏而非其他位置的原因。

（四）以用户行为为中心的细节设计

良好的用户体验，必须以用户行为为中心，即一切设计是为了便于用户在网站上的行为。用户体验往往体现在每一个细小的按钮，某一种颜色、字体的运用，或者图形的位置，等等，可以说细节决定成败。

（五）评论区域的上方和下方均设置评论键

根据用户的互联网浏览行为，一般用户喜欢看别人的评论甚于自己撰写评论。当用户由上至下阅读完其他用户的评论时，很可能会产生自己的想法，此时在页面下方设置的评论键刚好刺激用户的评论欲望，完成评论。

（六）评论回复键置于左侧

新浪网的评论回复一般置于评论的右侧，而根据视觉层级的一致性（文章内容和评论都靠左侧），将评论回复按键置于左侧更利于用户发表自己的观点，增加评论数量。

（七）阅读文章时，右侧内容自动掩盖

为了让用户聚焦于文章内容，不受页面其他信息的干扰，《赫芬顿邮报》做了这样一个巧妙的设置。当用户将鼠标移动到文章内容位置时，文章右侧的其余信息会自动被浮层掩盖，而当用户将鼠标放到右侧位置时，该处信息则会自动出现。

网站的用户体验涉及面相当广泛，在此短短数语并不能窥见《赫芬顿邮报》网站设计的全貌，权当抛砖引玉之用。另外，网站设计也不光只是单纯的设计，它还融入到互联网产品运营的其他环节之中。

三、内容运营——"维护一段亲密关系"

互联网新闻产品的内容运营是对新闻信息的再次加工，使之成为适合在互联网上迅速、广泛传播的产品，吸引更多的用户点击。网络媒体的内容运营早已不是把新闻信息放在网页上某个位置，坐等用户来阅读那么简单，那是web1.0过时的做法。在web2.0的新闻时代，营造一个活跃的交流新闻内容的社区才是法宝，在新闻社区中，用户阅读、分享信息的同时，也是信息的制造者。国内很多互联网行业，当然包括网络媒体在内，都十分看好社交web2.0的未来发展，学者们在探讨《赫芬顿邮报》的成功之处时，也总绕不开对其社交新闻的大加赞赏，但如何进行产品运营实现内容的社交性似乎较少提及。

《赫芬顿邮报》共同创办人之一 Jonah Peretti（现自主创建 BuzzFeed）认为："创造一个大型的社交网络，建立各种各样的人与《赫芬顿邮报》的亲密关系，这尤其重要。"[7] 在《赫芬顿邮报》精心打造的社交网络中，有这样三个关键的网络节点，他们彼此之间的强互动关系为《赫芬顿邮报》的社交网络产生了持续的源动力：《赫芬顿邮报》（Huffpost）、博主（blogger）和用户。《赫芬顿邮报》不仅在自有的平台上创建新闻社区，还通过嵌入更大的社交网络来拓展自己的圈子。

（一）关联信息交互网络：制造更多的话题

Web2.0 注重网站间以及不同网站间信息的交互性。新闻信息是《赫芬顿邮报》与用户互动的中介，一切关系由此开始。《赫芬顿邮报》总是围绕用户兴趣这一中心向用户分享更多关联信息，尽可能长时间地持续互动关系。

做法一，在文章特定词语或句子处设置与该篇文章相关的文本超链接，当用户希望获知更多相关的背景资料时，他们通过点击链接便可以到达《赫芬顿邮报》的另一则新闻网页上。在文章中设置文本链接在互联网中是一个比较普遍的做法，但是值得称道的是《赫芬顿邮报》链接的高质量（high quality）。例如，娱乐新闻 "Spike Lee On 'Django Unchained'：Filmmaker Calls Movie 'Disrespectful'" 中，电影 Django Unchained 受到影评界一致褒奖这样一个背景信息被制作成一个文本链接，即用户通过点击此链接可获取该电影受到谁以及怎样的赞扬。

做法二，FOLLOW 聚类新闻。产品标签化在电子商务行业非常普遍，这有利于在海量数据中寻找和挖掘用户消费的行为规律，为精准营销提供信息依据。Follow 聚类新闻便是根据这个原理，把《赫芬顿邮报》平台上具有同一关键字标签的新闻聚集在一起，形成一个 tag。一般而言，一则新闻具有多个 tag，如果用户在本条新闻中无法获得足够的信息，那么则可以通过选择性点击适当的标签来了解更多的同类新闻。

做法三，借力 twitter。2012 年 6 月，Twitter 的首席执行官科斯托罗表示，目前用户每日发布的信息总量已突破 4 亿条大关[8]。《赫芬顿邮报》借用 Twitter 丰富的信息源，在每个新闻网页上设置 twitter 主题搜索和相关主题的 twitter 达人推荐，建立了用户与 twitter 达人的关系，同时也拉近了自己与用户的关系。

做法四，作者专栏。用户阅读某作者的某篇文章时，《赫芬顿邮报》会提供给用户更多该作者的信息和文章。除外部各大内容供应商之外，《赫芬顿邮报》的新闻信息来源是该媒体的采编人员和博主。在阅读某博主的某篇文章时，用户很容易与博主建立某种关系，比如点击头像进入他的博客页面，浏览他的个人信息和其他文章，或者成为他的粉丝，订阅他的作品，等等。但是新闻媒体的记者似乎没有这样的待遇，他们总是被隐藏在文章中，与用户的互动仅是一个署名。目前《赫芬顿邮报》有全职记者 1300 名，其中部分多产的记者具有自己专有的页面，里面集合了他们撰写的所有新闻报道和文章。在他们撰写的每一则新闻的页面上方，用户点击"Be a Fan"按钮则可关注该记者，随时获得他更多的信息动态和更新。通过这样的方式，《赫芬顿邮报》在自己的平台上为用户创造了新的社交关系，也创造了更多的互动话题。

（二）用户对话的鼓励机制

《赫芬顿邮报》的宗旨是提供一个平台进行真正重要的全国性交流。互动不是单方面的，《赫芬顿邮报》深谙制造对话的话题只是互动关系的良好开端，鼓励和刺激用户给予反馈和进行话题再制造才是成功与否的关键。笔者总结了《赫芬顿邮报》鼓励用户对话的几个策略。

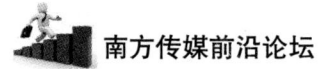

1. 刺激反应

用户互动不只是在文章底部增设分享、评论功能键就行，至于用户评不评，转不转则不闻不问，这是目前国内大多新闻网站的做法。《赫芬顿邮报》设置 React 功能，刺激用户对所阅读的文章做出反应。React 功能不似以前的做法，1—10 分打分，或者简单选择喜欢/不喜欢，而是像做一道心理测试题，从 8 个形容词中选择一个词来描述自己阅读时的心情：Amazing, Inspiring, Funny, Scary, Hot, Crazy, Important, Weird。暂且不考虑这 8 个形容词的设置适当与否，《赫芬顿邮报》这样的做法的确有助于用户的情感调动，而不只是信息的消费。

给予用户"任务"也是刺激用户反应的方法。《赫芬顿邮报》在每则新闻的下方设有"Contribute To This Story"功能区，用户可以通过纠错、递小纸条、发送链接、传送照片和视频等方式参与该新闻内容的生产和再生产，完成"贡献内容"这项任务。

2. 评论优化与管理

评论是用户与《赫芬顿邮报》强互动关系的体现，同时创造了新的内容（Comment is content）。2010 年《赫芬顿邮报》决定为评论社区中参与程度较高的用户颁发等级勋章，建立这些用户在评论社区中的舆论领袖地位，拉动用户的评论发布量。"社交达人（Networker）"用于奖励那些获得大量粉丝的用户；"Super users（超级使用者）"颁发给那些频繁发表评论以及在 twitter、facebook 分享评论的用户；"仲裁者（Moderators）"则给予那些具有犀利的眼光，删除不符合网站社区主流价值观的评论内容，保证社区交流讨论的高质量的用户[9]。通过用户关系管理（CRM），《赫芬顿邮报》建立了由用户参与生产、管理的评论内容社区，在这里，用户不但可以分享阅读别人的观点，生产自己的思想内容，还可以与老朋友互动，结识新朋友，建立属于自己的社交圈子。截至 2012 年 10 月，《赫芬顿邮报》的累计评论量已达到 7000 万条,超过去年一整年的 5400 万。

如此海量的评论信息,除了邀请用户参与管理之外,评论优化也是《赫芬顿邮报》内容运营的重要内容之一,因为当用户感觉自己与这个评论社区不相符合时,他会选择离开。首先,《赫芬顿邮报》进行评论分类:View All、Favorites、Highlight、Bloggers。Favorites 是文章作者粉丝对此的评论,Highlight 是那些引起争议的评论内容,Bloggers 则是《赫芬顿邮报》博主们的反馈。分类是处理大量信息的常见方法,用户可以通过分类选择查看自己想看的评论,不会因超载的信息量而感到手足无措。第二,评论内容维护。《赫芬顿邮报》社区管理员 Justin Isaf 这样描述他们工作的信念:"如果这个地方不再有趣了,用户的评论可能就会远离它",所以"解决方式是努力保持社区的活跃性,投入大量的时间和精力去处理那些不良用户"[10]。目前《赫芬顿邮报》社区有 30 位全职运营人员,365 天 24 小时全年无休地维护评论内容,尽力地维护来自不同文化背景的观点,保持社区的平衡和人文关怀。另外,社区评论优化涉及大量的数据处理、智能算法与合理的设计等互联网技术问题,比如一个垂直的政治问题,社区运营人员会通过技术手段把更有趣味、吸引用户的内容加高亮处理,驱使用户在这个基础上深挖下去。同时,《赫芬顿邮报》还引进一款叫茱莉亚的机器人,帮助过滤一些垃圾信息,它每月能提前处理 950 万条评论,对于处理低级别的评论非常有效。正因为社区运营人员对评论的优化,我们才看到今天《赫芬顿邮报》井然有序、理性讨论和交流的公共评论领域,而不像国内某些新闻评论社区那样只言片语、恶语相向、脏话遍布。

3. 连通 SNS:"你的朋友也在这儿"

据 AOL 数据,62% 的用户倾向于在他们的社交账号上分享《赫芬顿邮报》的内容,《赫芬顿邮报》通过帮助用户建立他们的社交网络,告诉他们"嗨,你的朋友也在赫芬顿"来维持它与用户之间的互动关系。

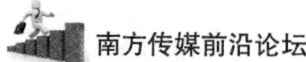

从2009年8月开始,《赫芬顿邮报》与著名社交网站Facebook合作推出社会化新闻新板块"HuffPost Social News",致力于以新闻信息为中介来连接用户及其朋友的社交关系(HuffPost Social News connects you with friends and news)。用户可以在HuffPost Social News区域看到自己的Facebook好友正在阅读的内容,也可以将感兴趣的内容直接发到自己的Facebook账号推荐给好友,由此形成一种信息筛选模式:将海量的新闻过滤成用户及其好友关注的信息,由用户决定需要了解的内容,并形成一定范围社群传播。通过社会化新闻服务项目,《赫芬顿邮报》网站的访问量比之前上升了48%。

4. 公民新闻:新的契约关系

《赫芬顿邮报》通过提供自己的发表平台,号召用户以公民记者的身份参与到新闻内容的生产中,以某种合作关系延续与用户的互动。一个著名的例子,2008年选举期间,《赫芬顿邮报》和Jay Rosen的NewAssignment.net合作开展了名为"Off The Bus"的项目。12000名公民记者参与到该项目中,记录各自当地的选举情况和细节,最后经《赫芬顿邮报》编辑的组织、整理,在网站上持续发表,当然这些原始材料也统统可以在网站上查询到。据统计,仅2008年10月,浏览阅读"Off The Bus"内容的用户超过500万,项目负责人Michel称这种pro-am(professional-amateur)模式锻造了"媒体与公众的一种新的契约关系"[11]。

(三)新闻标题优化

维持与用户的对话关系,话题不断是不够的,关键是有能引起用户兴趣的话题。但是,选择什么样的新闻内容或者对新闻信息进行怎样的重新加工,更符合互联网用户的阅读偏好,吸引更多的用户点击,单纯依靠运营人员的经验已不再可能实现。

现在重视用户数据是新闻业的新趋势，尤其是互联网新闻业[12]。这里的用户数据并不是指我们目前向研究公司购买的类似"52%的读者是男生，14%的读者年龄在35岁以下"的用户轮廓报告，而是那种可以深度挖掘每个用户如何与每条新闻内容互动的数据。除了这种转变之外，用户数据也从观察性数据，即监测用户在网页上的行为，转变为体验性数据——测试各种不同呈现方式和不同结构的内容，以知道哪些比较受用户欢迎，而哪些又不奏效，最为常见的则是针对新闻标题的 A/B testing。

制作两个标题，随机呈现在用户面前，采用相关测试工具，如 Headline Split Tester 会记录每一个版本标题的点击情况，一旦其中一个标题获得足够多的用户点击数据，则选用这个标题。标题测试被视为用户研究的黄金标准，一些非常好的例子，经过 A/B testing，"You should follow me on twitter"的点击量大大超过另外一个标题"Follow me on twitter"。

《赫芬顿邮报》要求所有的记者或编辑为每一则新闻报道制作两个或多个标题，随机呈现在用户面前，5 分钟之后，那个获得更多点击的标题则成为最终面世的标题。《赫芬顿邮报》CTO Paul Berry 透露《赫芬顿邮报》具有自己的实时标题测试技术，通过这项技术，《赫芬顿邮报》的编辑发现把编辑的名字置于标题的上方几乎总是比不写编辑的名字要带来更多的点击。[13]

除了使用 A/B testing，《赫芬顿邮报》新媒体的编辑 Josh Young 采用 twitter 测试的方法，即在 twitter 上征求用户的意见和投票选择来确定更好的标题，虽然严格来说抽样不太科学，但是这也是一个很便捷的使用用户数据或信息的标题测试方法。

（四）定制化内容

在适当的时间给适当的用户适当的产品，是产品营销亘古不变的真理，新闻产品亦然。在大数据时代,利用用户丰富的互联网数据,实现精准用户营销是互联网企业脱颖而出的必杀技。在新闻产业领域,目前的做法仍旧是一对多的状态,即一次性生产针对所有用户的新闻信息,由用户自己来完成信息的选择和定制化。

《赫芬顿邮报》则在定制化新闻内容方面做出了尝试。Paul Berry 表示,2010年《赫芬顿邮报》准备区分东海岸和西海岸两个内容版本。以奥斯卡颁奖典礼报道为例,由于东西海岸具有3小时的时差,所以当西海岸的用户登录《赫芬顿邮报》首次看到相关信息时,这些内容对于东海岸的用户来说已经是旧闻了,他们需要的则是更多其他的比如来自 New Yorker 的新内容。面对这样的用户需求差异,《赫芬顿邮报》并不是将所有信息集中在同一页面上,由用户自己去点击,而是通过 IP 地址判断用户所处的地理位置,然后推送不同的内容和网站页面呈现在用户眼前。这只有在互联网新闻业中才能实现,传统的传媒行业根本无法想象。

四、互联网营销——流量才是王道

互联网营销也称为网络营销,就是以国际互联网络为基础,利用数字化的信息和网络媒体的交互性来辅助实现营销目标的一种新型的市场营销方式。在现在这个产品日益丰富甚至满溢的互联网时代,"酒好不怕巷子深"已经远不适用,没有好的营销手段吸引用户的眼球,促使用户的点击,再好的产品也只会湮没在浩如烟海的网络大潮中。

《赫芬顿邮报》定位于"互联网报纸",虽然它以传统媒体"报纸"命名,但是其实际上是一个不折不扣的互联网企业。对于互联网企业来说,流量就是一切,流量意味着用户,而用户就意味着"钱",看腾讯在 QQ 基础上建立起来的不倒王国则不难理解这个商业逻辑。因此,尽可能多地吸引流量,是互联网企业营销的终极目的。

(一)搜索引擎营销 SEM

搜索引擎营销 SEM 是一种新的网络营销形式,它所做的就是全面而有效地利用搜索引擎来进行网络营销和推广,以最小的投入,获得最大的来自搜索引擎的访问量,并产生商业价值。SEO(搜索引擎优化)是实现良好 SEM 效果的手段和方法。

《赫芬顿邮报》的一位前雇员这样评价它的成功,"《赫芬顿邮报》胜在谷歌搜索"。纽约时报 Clair Can Miller 在文章"Web words that lure readers"中写道:"《赫芬顿邮报》使用 SEO 的能力增加了它的用户量和收入,正因如此,创造了它目前 3.15 亿的市场价值"[14],而 AOL 也正是看中《赫芬顿邮报》的搜索引擎营销能力,才做出收购的决定。的确,《赫芬顿邮报》擅长从搜索引擎那儿获取用户,其 35% 的访问均来自搜索引擎,而 CNN.com 的这一数据为 20%[15]。

1. 基于热门搜索词制作新闻报道

《赫芬顿邮报》的编辑注重预测什么样的关键词会在网络流行,然后根据这个关键词制作相关的新闻网页,赚取流量。如每年的 Super Bowl 橄榄球总决赛几乎是每个美国人都不会错过的赛事,但是仍还有很多人不知道比赛开始的时间。于是,《赫芬顿邮报》的编辑便以"Super Bowl 几点开始"为新闻标题,把这部分使用搜索引擎的用户流量收入囊中。

2. 将热门搜索词嵌入新闻报道中

《赫芬顿邮报》的编辑分为两种:传统的采编人员和负责搜索引擎优化的编辑[16],后者通过"实时流量监测系统",快速找出网络上热门的搜索关键词,然后把新闻报道的内容与搜索引擎关键词的流量分析进行匹配,按照 15%—30% 的比例进行新闻报道修改。

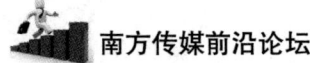

2009年7月5日，《华尔街日报》刊登了一则1000字的有关罗姆尼对奥巴马医保法案意见的社论文章，社论标题为"Romney's Tax Confusion"，吸引了938条用户评论。看《赫芬顿邮报》怎么做：500字的文章，其中300字的文字加上200字的《华尔街日报》原文的摘录及其网页链接，不同于华尔街日报，《赫芬顿邮报》制作了一个具有吸引力的标题"Mitt Romney is 'Squandering' Candidacy With Health Care Snafu"，这个标题使用了高搜索率的词语"squander"和"snafu"，同时结合当时较为流行的主题Romney、Health Care，确保了该新闻网页在google的搜索排名，最终吸引大批的用户，评论超过7000条。[17]

除了新闻标题的调整，《赫芬顿邮报》的编辑还将热门的搜索关键词制作成新闻报道的标签。2008年演员Heath Ledger去世的那天下午，《赫芬顿邮报》的员工发现人们在搜索Heath Ledger时并不是键入他的姓，而是人们耳熟能详的Keith。于是，Keith被制作成标签增加到新闻报道的Follow中，因此搜索Keith的用户流量则被导入《赫芬顿邮报》。《赫芬顿邮报》每则新闻的标签都较多，而且很容易发现其中某些标签非常类似，有的仅是顺序的调换。总之，这些标签试图把所有的相关搜索词都囊括其中，确保用户在搜索时能为《赫芬顿邮报》贡献较多的流量。

《赫芬顿邮报》在SEO工具上做了大量投资，而且还将对随机用户群体进行A/B标题测试。Hugh Pickens在其文章中透露，《赫芬顿邮报》的每一个标题在刊发之前都必须要在google上进行实时匹配，如果编辑发现某个词或标题的SEO得分较低的话，系统则会推荐其他更好的词语。[18]

3. 通过流量分析拓展内容

网站创建初期，Jonah Peretti通过流量监测插件发现《赫芬顿邮报》几乎一半的流量来自于非政治性内容。因此，2007年春天，《赫芬顿邮报》开启了新的内容板块，如媒体、商业、娱乐等。

搜索引擎营销帮助《赫芬顿邮报》获取了大量流量，根据 Alexa 流量统计数据，目前《赫芬顿邮报》的流量在美国排名 22，高于《纽约时报》和 CNN 互动[19]。

（二）嵌入式工具营销

营销不单是吸引用户购买，而且要吸引用户重复购买，最好的营销是让产品成为用户生活的一部分，而《赫芬顿邮报》则是利用嵌入式工具实现流量导入。

《赫芬顿邮报》的开发者使用 internet explore9 和 win7 的扩展工具，创建了一个沉浸式的、类似苹果 app 的网页体验，嵌入进用户的 windows7 任务栏中，实现网站锁定，使得用户在日常互联网生活中频繁地登陆网站，走了又来。这个工具是如何奏效的呢？

首先，制作图标。《赫芬顿邮报》的开发人员设计一个符合其品牌形象及风格的图标，作为《赫芬顿邮报》的导航按钮，并且与后台数据库进行链接。

其次，提醒用户。网站自动识别那些没有锁定《赫芬顿邮报》的用户，然后提醒他们拖拽导航按钮到他们的任务栏，将《赫芬顿邮报》成功锁定在用户的任务栏中。

第三，吸引用户登陆。当有大新闻发生时，通知功能会在不出声、不打扰用户的情况告诉用户，促进点击。

最后，使用跳转列表进行深度体验。用户只要右键导航按钮，就能看到跳转列表。动态跳转列表包含一些热门关键词，比如名人的名字、政治观点或者娱乐八卦，使得用户更容易对有趣的内容产生粘性。每一个跳转列表都是由新闻部门专门定制，且每 15 分钟更新一次。

利用 1 个程序员 1 天的开发成本，创造出这样一个融入性强、促使用户多次重复登陆的营销工具真是物超所值。据统计,锁定网站的用户花费在赫芬顿网站上的时间多了49%,留在网站上的可能性增加了14%,浏览的页面数也增加了11%。[20]

五、《赫芬顿邮报》互联网产品运营的启示

2006年8月,新闻出版总署正式启动我国的"数字报业实验室计划",此举标志着国内报纸全面开始进行数字化建设,但是目前看来,数字报业的发展之路显得颇有些艰难。北京报业开办了不少新闻网站,也尝试了不少新媒体,但却鲜有成功范例、盈利模式,被众人一致看好的新媒体如今在某种程度上已成为报业的一块"鸡肋":食之无味,弃之可惜[21]。但是,随着用户信息消费行为发生巨大的转变,以及新媒体资本市场的步步逼近,传统报业面临广告收入逐年降低,用户数逐年减少的严峻处境,不变即亡,这只是迟早的问题。至于如何变呢?除了遵循"内容为王"的金科玉律外,致力于互联网产品的运营或许也是数字化报业的应有之义。

(一)重视互联网产品属性,遵循互联网产品运营规律

麦克卢汉说:"媒介即信息",媒介不仅只是传输信息的介质和通道,而且它作为一种信息对原本的信息进行着重构。笔者认为,数字时代下的新闻信息具有新闻文本产品和互联网产品的双重属性,只有做到两者兼具,才能生产出符合用户需求的信息产品。

《赫芬顿邮报》聘请专业的新闻采编队伍和专栏、博客作家,向用户提供大量权威、专业、多元、有深度的新闻报道,其独特的报道视角和报道方式使它成为世界上第一个获得普利策新闻奖的网络媒体,打破了"互联网媒体仅适合娱乐性信息"的魔咒。在十分重视新闻文本生产的同时,《赫

芬顿邮报》充分尊重新闻信息产品的互联网属性，遵循互联网产品的运营规律，把用户体验放在第一位，掌握"流量第一"的生存法则，并将传统的新闻文本生产渗透进互联网产品运营中，达到二者完美的融合，跟用户建立以新闻信息为中介的对话互动关系。

（二）黄金法则：以用户为中心

打造新闻信息产品的互联网属性，必须遵循所有互联网产品运营的黄金法则：以用户为中心。简单地说，就是围绕用户为中心进行产品构想、设计、开发、运营及维护，而不是让用户去适应产品。《赫芬顿邮报》大部分的创新都是围绕用户做文章，满足用户的信息需求、社交需求和参与需求[22]。如网站页面 UI、UE 设计中的诸多细节体现了对用户需求的把握和尊重；网站内容的生产和运营更是如此，如网站内容的扩充、标题的制作、新闻主题的选择、内容的定制化等；基于 SEO 的流量获取完全是在用户数据分析的基础上得以实现和完成。得用户者得天下，这是任何互联网产品开发者都必须铭记于心的信条。

（三）大数据时代下的互联网用户研究

在"以用户为中心"的互联网产品运营中，用户体验研究扮演了十分重要的角色，几乎所有大型的互联网公司都设置了用户体验部这样一个部门来进行互联网用户研究，而且它贯穿于每个环节之中。用户需求研究可以获得新产品开发的概念源泉；眼动测试则可以探索用户浏览页面的行为特征，为产品设计提供依据；可用性测试则可以检测某个功能、某个页面的设计是否符合用户的使用习惯，是否达到设计预期；A/B testing 可以测试哪一个标题更好；漏斗监测分析则可以诊断整个网站流程的问题和漏洞，等等。

除了上述专项类的用户研究之外，现在及未来在用户研究中占据重要地位的将是基于大数据的用户互动行为挖掘。大数据与其说是互联网产业随着社交网络的发展，物联网、云计算等网络应用增多，而积累起来的大量信息资产，不如说是对待用户数据的一种态度和方法。Jay Parikh 说："大数据就是利用你的洞察力，发现数据背后的潜在价值，并利用它来为你的企业创造利益。"数字新闻业是信息产业的核心部分，它不仅能积累用户的行为数据，还可以通过分析阅读的文章或发表的言论来存储用户的思想、价值观数据，通过大数据分析，获得每个用户的信息偏好、社会关系和生活方式，进而实现针对不同用户的定制化信息服务，完成用户价值的最大化。

（四）内容运营与文本内容生产同等重要

360 总裁周鸿祎在采访中曾表示："互联网产品的本质是服务，就是通过某种形式的桥梁和窗口把服务传递给用户，由于用户的需求不断在变，产品就要随时调整。好的互联网产品是运营出来的，不是开发出来的。"这或许是数字新闻业与传统媒体在新闻生产层面区别较大的地方。传统媒体新闻生产过程中，定版之后新闻报道不能进行任何的改动，刊发之后记者几乎不会再去理会这则新闻。但是数字新闻生产中，静态的文本生产再也不能适应媒体与用户之间这种双向互动的信息对话关系，动态的内容运营实际上承担了某种内容再生产的职责，即根据用户不断变化的需求进行适时、恰当的"干预"。

（五）核心资源：新闻与互联网人才并重

张志安教授在微博中提到，大数据时代新闻传播专业学生除了要具备获取事实、接近真相、把握意义、最佳传播的内功外，还要具备英语、统计、

新闻学

数据挖掘、网页制作、可视化五项必杀技。暂且不讨论此处提出的五项必杀技是否奏效，但是这种提法蕴含了一个非常重要的观念：单一的新闻采编素养已经不能满足 web2.0 时代的新闻业需求。

人才结构是一个企业的核心资源，没有一个好团队，再好的项目最终也只会付诸东流。由于新闻的生产方式发生了极大的变化，原始的新闻产品亟需向互联网产品转型，文本属性与互联网属性的合一要求数字化媒体企业不能像过去传统媒体那样，建设单一的新闻核心队伍，因为只有既懂得如何获取真实权威的文本内容及最佳的信息传播形式，又了解互联网产品运作规律的团队，才可以运营出符合互联网用户需求的新闻信息产品。如《赫芬顿邮报》的核心团队中，除了传统的记者、编辑以外，还设置了用户体验设计师、流量编辑、产品经理等互联网公司的常规职位。是时候该丢掉所谓"新闻的做内容，互联网、计算机的搞技术"这种过时的理念了。

注释：

1 马冉冉：数字新闻的变革，《网络传播》，2012 年第 3 期网络版，http: //media.people.com.cn/GB/22114/46419/240854/17452230.html，2012 年 12 月 29 日。

2 胡泳：《"报纸已死"还是"报纸万岁"——以〈赫芬顿邮报〉和〈纽约时报〉为例》，《传媒》，2012 年 6 月，第 54 页。

3 Susan Weinschenk.，1st Screening about Trusting a Website is Based On the "Look and Feel". http: //www.theteamw.com/2011/03/06/100–things–you–should–know–about–people–73–1st–screening–about–trusting–a–website–is–based–on–the–look–and–feel–2/，Dec 4th，2012.

4 Yangmei，建立良好的视觉层级，阿里巴巴国际站 UED，http: //

www.aliued.com/2012/12/06/1355,2012年12月10日。

5　Steve Krug著,De Dream译,Don't make me think,机械工业出版社,2006年第2版,第15页。

6　Yangmei,建立良好的视觉层级,阿里巴巴国际站UED,http://www.aliued.com/2012/12/06/1355,2012年12月10日。

7　Michael Shapiro.,Six Degrees of Aggregation——How The Huffpost Ate The Internet,Columbia Journalism Review,http://www.cjr.org/cover_story/six_degrees_of_aggregation.php?page=all,Dec 12th,2012.

8　Twitter CEO:用户每日上传信息量已超过4亿条,比特网,http://news.chinabyte.com/307/12352807.shtml,2012年12月25.

9　Michael Shapiro,Six Degrees of Aggregation——How The Huffpost Ate The Internet,Columbia Journalism Review,http://www.cjr.org/cover_story/six_degrees_of_aggregation.php?page=all,Dec 12th,2012.

10　槐序:《赫芬顿邮报》是怎样HOLD住7000万条评论的,雷锋网,http://www.leiphone.com/1024-s-how-the-huffington-post-handles-70-million-comments-a-year.html,2012年12月15日。

11　Pickard Victor; Stearns Josh: New Models Emerge For Community Press, Newspaper Research Journal, Special Issue: Community Newspapers 32.1 Winter .2011, P.46–62.

12　Joshua Benton:A/B Testing For Headlines Now Is Available For Wordpress,Nieman Journalism Lab,http://www.niemanlab.org/2010/11/ab-testing-for-headlines-now-available-for-wordpress/,13th Dec,2012.

13　Zachary M. Seward,How The Huffington Post uses real-time testing to write better headlines,Nieman Journalism Lab,http://www.niemanlab.org/2009/10/how-the-huffington-post-uses-real-time-testing-to-write-betterheadlines/，13th Dec，2012.

14　Clair Can Miller：Web Words that lure readers，New York Times，http：//www.nytimes.com/2011/02/11/business/media/11search.html，26th Dec，2012.

15　Michael Amigot：Excelling at SEO，the Huffington Post made itself worth \$315 million to AOL，http：//amigot.com/story/Excelling-at-SEO-the-Huffington-Post-made-itself-worth-315-million-to-AOL_1025，15th Dec，2012.

16　胡泳：《"报纸已死"还是"报纸万岁"——以〈赫芬顿邮报〉和〈纽约时报〉为例》，《传媒》，2012年6月，第54页。

17　Frédéric Filloux：Transfer of Value，http：//www.mondaynote.com/2012/07/08/transfer-of-value/，16th Dec，2012.

18　Hugh Pickens：How Huffington Post's Clever Traffic-Generation Machine Works，http：//news.slashdot.org/story/12/07/08/2334216/how-huffington-posts-clever-traffic-generation-machine-works，18th Dec，2012.

19　http：//www.alexa.com/topsites/countries/US，26th Dec，2012.

20　Justin Garrett: Case Study: Huffington Post-Reinventing the "Big News" Experience with IE9 Pinned Sites，http：//html5center.sourceforge.net/huffington-post-reinventing-the-big-news-experience-with-ie9-pinned-sites. 18th Dec，2012.

21　罗婷：透视北京报业新媒体布局，《中国记者》，2010年第8期，第51页。

22　万小广："新闻2.0"的想象和实践——《赫芬顿邮报》的探索和启示，《青年记者》，2012年10月上，第75页。

传 播 学

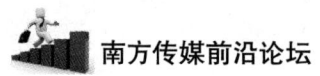 南方传媒前沿论坛

新媒体的媒介学问题[1]
The Mediological Problematic of New Media

◎ 陈卫星

（中国传媒大学教授、博士生导师）

摘 要：从重新塑造社会生态和产业结构开始，当今时代的新媒体正在对社会生产和社会生活进行全面介入。新媒体不仅仅是一种信息生产方式，更是围绕着它所依托的介质和载体所产生的组织性、结构性的活动，重新结构社会性的生产关系。从法国学者德布雷的媒介学原理出发，媒介不仅仅是技术体系和文化体系，还是一种历史结构。由此提示我们关注新媒体与社会生产力的升级换代的关系、与受众的接触界面的接近关系、与媒介技术植入权力序列的关系，以及媒介技术的制度化过程的关系，等等。本文试图从产业逻辑、时空属性和游戏规则三个层面出发，探讨新媒体和社会建构的媒介学关系。

关键词：新媒体；媒介学；社会；生产；权力

Abstract: Starting by remolding the social ecology and industrial structure, new media of today are being engaged in all activities of social life and production. New media is not an information-producing mode, but rather an organizing-and-structuring activity through its medium and supports, restructuring the productive relationship of society. From Regis Debray's mediology propositions, media are not only systems technological and cultural, but also historical structures. Hereby it reminds us to pay more attention to the relations between new media and the following elements: the up-grading of social productive forces, the power series implanted technologically, and the institutionalizing process of media technologies, as well as the accessible relationship between new media and audience's contact interface. This article intends to investigate the mediology relations between new media and social construction from three aspects: industrial logic, tempo-spatiality, and laws of games.

Key words: new media; mediology; society; production; power

从最一般的意义来说，媒介[2]是在人与人之间周转信息的信使。一本书成为跨时空的经典，被称为一纸风行的洛阳纸贵，这是印刷媒体时代的盛景；一部影视作品的万人空巷，这是银屏世界融化世俗世界的轰动；一篇网文在无数的手机客户端上闪烁，这是今天川流不息的信息链。人们接受信息的方式其实是一种媒介技术的社会化过程，那么，作为媒体的媒介技术和人类可持续发展的需求之间是什么关系？

在一般的学术探讨中，源于拉丁文 medium 的媒介（media）往往是指具有中介作用的某种实体或状态。直到20世纪60年代，"媒介"才成为一个术语，用于描述实现跨时空社会交往的不同技术与机构。[3]如果说媒体的技术属性在于它是一种实现人与人之间信息交流的技术，培育或配置社会内部的协调性；那么它的社会属性则是围绕媒介技术的兴起而逐步构建和演变的社会文化实践，形成过去与现在、历史和未来的相互关联性。

在开创媒介学的法国学者德布雷看来，媒介是"在特定技术和社会条件下，象征传递和流通的手段的集合"[4]。由此展开的媒介学研究，是要通过对媒介作为文化实践的传播形态来考察其社会功能和历史作用:"要知道:是怎样传递、散播、流通、蔓延、繁殖的?在什么载体上?这在传递者和接收者身上改变和重新形成了什么?通过什么介质?什么路线、网络、连接、汇合、出口等?"⁵有别于美国传播学研究的效果逻辑着眼于实现目标的功用主义取舍,德布雷的媒介学更关心人们对媒介的应用如何形成一种社会氛围、运行机制、思想渗透以及其中的较量、冲突和反复的历史主义逻辑。

不同的媒介提供不同的信息界面,不仅仅是接受方式,也包括接近成本。信息界面的单调与丰富、单一和多元,对人的思想状态产生不同的影响。"唯物主义的信息观认为,所谓的信息工具,并不是反映当前事件的镜子,不是公众聚会的广场,也不是麦克卢汉认定的电子产物;所谓的信息工具,就是社会生产过程中关系、消费、交换和再生产的通用润滑剂。换句话说,传播不仅仅是传播,而是通过调整与生产、流通和消费的一般条件相联系的社会关系,传播提供了一个既定的社会舞台,不断地创造出新的条件"⁶。从信息生成的技术平台到信息传递的组织方式,从信息生产的经济效益到传播方式的象征价值,以媒介为支撑点的信息传播逐渐把人们的生产和生活、娱乐和知识融为一体。

从重新塑造社会生态和产业结构开始,当今时代的新媒体正在对社会生产和社会生活进行全面介入。新媒体不仅仅是一种信息生产方式,更是围绕着它所依托的介质和载体所产生的组织性、结构性的活动,重新结构社会性的生产关系。从德布雷的媒介学原理出发,媒介不仅仅是技术体系和文化体系,还是一种历史结构。由此提示我们关注新媒体与社会生产力的升级换代的关系、与受众的接触界面的接近关系、与媒介技术植入权力序列的关系,以及媒介技术的制度化过程的关系,等等。本文试图从产业逻辑、时空属性和游戏规则三个层面出发,探讨新媒体和社会建构的媒介学关系。

一、新媒体的产业逻辑

在人类文明史上，媒介技术是人际交流互动的资源。马克思在《1861—1863年经济学手稿》一书中的《机器、自然力和科学的应用》一文中指出："火药、指南针、印刷术——这是预告资产阶级社会到来的三大发明。火药把骑士阶层炸得粉碎，指南针打开了世界市场并建立了殖民地，而印刷术则变成新教的工具，总的来说变成科学复兴的手段，变成对精神发展创造必要前提的最强大的杠杆。"[7]

长期以来，人们习惯于把媒介技术的功能视为扩大社会再生产的软件范畴。当新媒体的技术平台本身已经成为社会生态的重要构成时，物质现实和精神结构的同构性共同形塑新的社会外观，不仅仅是生产力的新动力，也是新观念的信息源。如果说媒介是一种与当时的物质环境、物理载体本身有共生性的复合性质的对象，那么，人的主体性价值和立场，是通过媒介技术的把控及其操作流程来完成的，在本质上和大的社会生产力演进的趋势相一致。

社会生产力的再发展、再发育始终伴随着技术演变。正如美国学者杰里米·里夫金所指出："历史上所有基础设施的共同点在哪里？基础设施包括通信媒介、动力源和逻辑机制三个部分，每个部分都相互影响，共同确保基础设施以一个整体运行。在这个意义上，基础设施可以看作一个假肢，或一种扩大社会机制的手段。"[8]换言之，作为社会经济基础的组成部分，媒介在技术形态上的变化影响着与其相关的上层建筑的变化。

如果说新媒体是价值共享的信息平台，那么从BBS论坛到博客，从微博到微信，新媒体在中国的发展逻辑似乎是一个社会转型之中的信息重组逻辑：当一种旧的传播技术不再持有社会潜力，就会有一种新的传播技术来进行接力。这表面上是一种客体性质的技术革命，实际上同时亦是主体性质的观念革命："真正的变化是信息发源地。互联网时代的信息来自人民，人民生产信息并在网上交流，这是一场真正的革命。我们永远不会嫌信息过多（就像我们不会嫌弃图书馆里的书太多，数量给我们带来更多选择，帮助我们找到真正想要的那一本）。社会具备了无限的集体行动能力，去生产它们的信息，去散播信息，去重组信息，去将信息用于特定的目标，转变社会实践，拓展人类心智的空间。"[9]这种信息流动和信息扩散恰恰是个性化的自我认同的节点，并将其转换为日常生活实践的资源。

从20世纪80年代开始，中国在经济领域的改革开放带来持续三十年的经济发展，在这当中，我们可以认为从1992年到2012年，中国的传统媒体如报刊、广播和电视经历了经营规模扩大和固定资产膨胀的黄金时期。但从最近三年开始，媒介生态的技术嬗变使这个美丽时光逐步黯淡，可以说是同时出现经营模式和信息模式的危机，并由此产生两点观察。

第一，关于新媒体的产业功能。如果说大众媒介是一种产业，产业的成本曲线正在发生变化，尤其是利润来源在发生变化。比如说传统媒体的衰败是源于商业模式，更具体的说是广告模式的溃败。当社会重构越来越倾向于中间性阶层的横向性组合时，垂直结构的传统媒体的纵向推广机制缺乏与社会进行横向互动的有效关系，从而导致受众对象的不精确，受众接触传统媒体的界面关系无法测量，尤其是传统媒体的工业化生产模式难以在成本约束的前提下试验和开发新的市场关系。总之，商业模式的有效性要基于新闻、资讯和服务的有机融合。产品概念的设计、铺垫和运营是媒体经济性存在的前提。虽然不断求助于搭建融资平台，传统媒体的功能结构难以搭建新的产业链平台。

第二，关于新媒体所结构的传媒生态。新媒体的社会应用的数据基本遵循技术更新的节奏:"微博客账号12亿,新浪微博、腾讯微博每天发帖2.3亿条;微信账户6亿,其中境外账户1亿,微信日均发送160亿条。微信没有取代微博,但至少势头压倒微博,它的传播量是非常恐怖的海量信息。而QQ日均发送量60亿条,超过了微博。手机客户端日均启动20亿次。"[10] 大数据的持续膨胀说明传播的载体正在产生历史性迁移。

如此这般的媒体技术的生态结构向我们提示下列几点:

第一,移动媒体的普遍性。当今中国普通受众尤其是青少年,接触的主要媒体平台是互联网,数字化转场成为现实。如果说人们在以前接触信息的方式是由主流或传统媒体来设置议程,今天的议程设置则是从手机上开始,每天从手机上穿越不同的微信群、微信圈,发现不同的主题,感知不同的爱好,体会信息穿越,品味信息交叉。与其说是社交媒体,不如说是个性媒体,一个自我媒介化的行为艺术装置。从这个意义上说,"在权力结构更为集中、个人政治代理传统薄弱的环境里,参与文化发展潮流将会带来更大的社会、文化、经济和政治影响。"[11] 这就是借用新媒体所提供的虚拟空间的流动性来建构虚拟共同体,使得社会学意义的参与感和依赖感有新的信息支点。

第二,社会关系的节点性。以各种社会性质的社会关系为节点形成一种普遍多元的传播机制。正如卡斯特在本世纪初探讨互联网的特点时就指出:"它的运作方式是去中心化的,但这并不是说它就不存在节点。事实恰恰相反,网络建立在节点以及它们之间互相关联的基础之上。问题的关键在于,这些节点可以根据新的任务与目标进行重构,可以随着它们获取或失去知识和信息的多少来增加或减少自身的重要性。"[12] 节点的不断重组变幻与技术形式的创新同步。

第三,传播者的传统定义被改变。信息的传播效率在于信息的内容修辞和形式架构并重,不能产生互动关系的传播者逐步弱化或淡化其自身原来的传播者定义。换句话说,"现在比以前任何时候,人类都能找到寻求广泛分散的信息和创造力以及聚合它们成为卓有成效的整体的方法。"[13] 这差不多会呈现一种双向逻辑,一方面是呼吁大数据的收编整合,另一方面是虚拟社区的无限分蘖式繁殖。

  第四,新媒体传播的技术制式成为大众媒介素养的前提。这一点甚至在早几年就被美国学者观察到:"我在这里只能指出中国以及亚洲数字文化发展的两个主要方面。一是中国以及亚洲其他国家的网吧的角色。在美国大多数城市很难找到网吧,我们的互联网接入是高度私有和个性化的。大多数美国人是在家里私人空间里接触网络世界。家里没有接入互联网的人会到学校和公众图书馆上网,这从教育角度把他们与网络联系起来。在中国,数字参与通常是公众化的:人们聚集在一起完成一系列计算任务以及彼此展开对话。这意味着我们不能只是在网络所传输的信息的基础上理解中国的数字文化,而是必须把围绕计算机的面对面互动因素考虑在内。二是中国以及其他亚洲国家在利用移动技术方面已经远远超过美国;在定位技术、文本信息以及语言应用方面的主要创新都源自亚洲,然后才流向西方,就像当初 Web2.0 在西方率先兴起然后流向世界其他地方一样。"[14] 一方面是被广泛使用的微信的个性化、交互性、互动性,力图实现个人与用户的深度互动,展开个性与同一性互动的新语境;另一方面是社会转型和网络治理的并行所面对的各种问题和挑战。

  在市场经济的语境下,信息的单一与丰富,也反映在社会关系上。人们会出于自身的价值评判或喜好态度喜欢或反感一种东西,包括那些附着在思维方式和行为逻辑的外在力量。设想一下媒介权力的操作路径,在类型单一且垂直化的媒体格局中,人很容易按照这种信息扩散方式形成一种听命逻辑,即被指向的信息规范。信息传递的组织方式内含一种人和人关系的秩序概念,在从前现代到现代到后现代的历史进程中,不同历史时期的媒介内容建构体现出不同的时代特征。比如20世纪上半段逐步发育形成的现代主义观念强调人与人、人与环境的冲突，媒体往往偏向于生产有对抗性意涵的信息，被人们称之为新闻专业主义，从而产生一种对因循守旧的规范信息进行冲击的传媒领域的职业意识形态。

在信息传播成为产业革命的核心资源的时代，每个人的信息诉求和关注是新的社会生产力的培养基。当下，通过微信号的自媒体方式形成新的观点舆论市场，或借助新媒体让互惠式的信息流动重组广告市场；对信息的操作从一对多到多对多，回到自主性权力的自我实现，即象征意义上自由人的自由联合。这个节点组合及其变幻之所以成为动力方式，就在于试图摆脱传统关系的影响，比如说"每一个新的媒体都蕴含着一个新的中间环节，互联网诞生了网管，而网管正慢慢变成一个社会阶级，在一种隐蔽的状态下开始创造东西，比如网管有编辑出版、连接和查禁的权力"。[15]

任何一个从个体出发的信息节点的联接能力和扩散能力，本身是一个可以创造和改变的对象，僵化的权力机制一旦在象征意义上被打破，就有可能形成自由竞争的状态。当然，技术机制一旦被固定下来，往往又会产生板结和压迫，催生新的技术形式，伴随着主体意识来释放主体的创造性。

在人通过媒介手段去推广观念、凝聚人群并改变现状的历史进程中，媒介技术与社会秩序的互动是通过媒介的组织功能来重新制造一个新的社会主体。基于新的生产力技术平台来进行生产组织和编织生活内容的新社会阶层往往是思维最活跃的新社会主体，对制度建构的正当化和程序化有最敏感的诉求，酝酿改变或重构社会关系的新游戏规则。由于社会主体和受众主体的同构性质，后者的变化往往反映着前者的变化，这构成历史主义的媒介史观。这就提示我们从媒介学的时空概念来理解新媒体的历史机遇。

二、媒介学的时空属性

按照德布雷的阐释，媒介学的"目的是研究信息传播、流通及'寻找信息获得者'的过程。它不相信推广，它只是希望帮助人们了解我们如何相信，又通过怎样的机构限制产生影响"。[16]这里主要有两点，一是获取信息的技术环境，二是把控信息的制度环境。

从长时段的历史时期来看，任何一种媒介技术系统实际上在维系着人们的集体记忆和社会关系，其构成方式是把媒介技术的符号形式和扩散方式作为人们进行信息传播的整体手段，并在一个相对长的时期具有稳定性，这个可以在历史考察中被固定下来的信息传播格局的单独存在方式被德布雷定义为媒介域（média sphère）。[17]换言之，媒介域是把一定历史时期的信息记录工具作为历史划分的工具，包括技术平台（印刷车间、演播室、服务器、云存储，等等）、时空组合（是时空分离、固定还是移动）、游戏规则（获取或表达信息的方式或权限）。这样，媒介域就把社会历史分期按照制度和权力的方式重新标记。

按照德布雷基于西方文明史对媒介史的分期，在中世纪之前的希腊罗马的英雄时代和圣经时代，属于媒介域的逻各斯域。以单一性信息崇拜为主，产生逻各斯中心主义。从中世纪末期的古腾堡推广金属印刷业开始，适逢当时兴起的宗教改革社会运动以及文艺复兴思潮，进入书写域或印刷文明时期，一直延续到19世纪蓬勃发展的各种社会力量办报、办刊、办夜校的舆论组织。20世纪中期之后，人类社会进入影视传播阶段，这个时段被称之为图像域。这就说明什么样的时代提供什么样的技术，传播什么样的观念或信仰，形成相应的社会心理秩序。心理秩序是由媒介的线索提供暗示和参照。

媒介学的概念之所以有解释力，与我们的行为模式相关。因为媒介技术本身产生一种控制性的信仰,这表面上似乎是技术悲观主义,实际上也可以从技术乐观主义角度去理解。事实上,在不同的国家和地区,新媒体的表现功效不一样:在有的地方,传统媒体的信息覆盖依然强劲;在有的地方,有可能热衷于媒体的更新换代来满足人们信息需求的焦虑感和产业利润的快感;在其他地方,新媒体也可能还只是数字鸿沟的另一种标记。

技术制导的社会信仰,其技术载体在不断产生变化和创新,比如各种媒介技术格式的前后更替,这使得哈贝马斯的公共领域不断被技术载体圈层化、载体化。公共理性的建构路径是否在技术保障的名义下可能被分离、拆散乃至断裂,向后退化为团体性、封闭性,甚至是互相攻击性,按照耗散理论的法则逐渐消失。丹麦学者延森就认为传播行为的网络化对于哈贝马斯所说的公共领域模型中垂直向度的三条边界提出了挑战。第一,社会领域(商业)和私人空间(私人和家庭生活)的交往界面产生出新的物质生产形式和非物质生产形式。比如说出现各种非市场、非政府的社会行销模式以及生产者和消费者合为一体的"生产消费者"(prosumer)概念。第二,政治公共领域和文化公共领域呈现出相互融合的趋势。比如说因为再现传播的驱动而在瞬间引爆议程设置效果的政治性文化事件。第三,自1648年的威斯特法利亚和约以来,作为近代化政治成果的民族-国家体系与各种多边、跨国、区域化和全球化机制的协调与合作,等等。[18]生产领域的自主性、文化实践的自发性和全球传播的跨界性似乎成为新媒体功能的核心内容。

而在卡斯特看来,以互联网为基础的新媒体之所以能够形成多维度的穿透力和跨语境的解释力,就在于"这个核心是网络和身份的双重逻辑:一方面是新信息技术推动下的工具性的网络;另一方面是身份的力量,其将人们的头脑固定到历史、地理和文化当中。介于两者之间的是制度危机及其痛苦的重建过程"。[19]真正的挑战在于信息的摩尔定律,即18个月把已有的信息总量翻一番。在信息增长的数量变幻中，是否会有新的组织力量把人们从信息压迫中解救出来。

有别于人们一般容易对传播的欣喜或恐惧，德布雷坚持认为"传播是长期过程中的瞬间（moment）和广泛集合体中的片断（fragment）。而这个广泛的集合体，我们将称之为传承（transmission）"。[20] 从而把人们在当下所面临的媒体困惑融入一种具有历史主义结构的长时段逻辑来予以化解。

媒介学的理论发现，任何形态的信息移动都伴随着一种实体形式，一种跟交通运输有关的载体把人和物进行载运。翻译成"传承"的确会省略物质界面的部分，同时又会产生一种错觉即认为被"传承"的东西会被原样接受。一旦出现一种思想或一种主张，后来者如何发扬光大，往往是一个基于内外环境的合力而不断较量和斗争的过程。而从媒介学的来源来看，也是媒介和环境的共谋制造新信息的过程，即中文语境中所说的"橘生淮南则为橘，生于淮北则为枳"。"传承"的说法意味着事物演变过程中前后的一脉相承，这种省略参与主体和事物环境的差异的看法无疑会忽略这两者之间的互动语境的复杂性。

对传承的情有独钟源于德布雷的媒介学历史观，他认为："有人与人的关系史，还有人与物的关系史。前者是一种可逆反的强度，一种不分前后的重复空间；后者是一种积累性的延伸，一种发明与发现的开放空间。艺术、宗教、神话、政治属于第一个领域；科学和技术属于第二个。"[21] 就是说人和人的历史关系结构不会产生变化，即人和人关系的情感性、伦理性从形态上没有历史性的变化。这个历史观保留理解媒介的空间：载体变了，人和人的关系形态不会有太大的变化。这种内容只能积累，不可能淘汰，淘汰的只能是被升级换代的技术工具。

正是这种媒介技术的工具化过程构成不同时代的人们的社会记忆、集体记忆和个体记忆的基础，代际传播中的代沟现象往往有一个媒体感受的差异作为前提，断代首先是媒体记忆的断代。信息界面不一样，思想状态也不一样。西方中心主义的核心竞争力往往聚焦于科技中心主义：通过线性状态的科技创新制造活力，增加附加值，扩大收益范围，包括经济利润和象征利润。从19世纪的浪漫主义文化观念到20世纪中期的罗马俱乐部，人们对技术干预生态和环境所产生的彼此不兼容一直忧心忡忡，但目前还没有看到技术进步会被终止的现象，尤其是能源革命、材料革命和基因科学的科技创新。

从媒介学出发，一种观念是通过组织化实体化的程序、人际传播和媒介化的渠道来进行传递的过程。这在人类传播史上产生两种叙事：一类叙事是说人们往往通过物质符号来提示事物的变化，如古代史上的烽火台和现代史上的消息树，向周围环境的社会大众进行守望监测式的预警；另一类叙事是说人的想法在滋生社会运动或思想学派时，都要从信息的构成、装饰、流程开始，来形成一个整体结构。以基督教为例，一个耶稣的故事如何持续两千年，开始在人多的地方修教堂，指向天空；还有一套组织机构，包括神父、牧师、主教等的神职人员；举行弥撒仪式的教义呈现和教规再现；修道院的教理研修和文献考证；地理区域的教区分布，统一在罗马教廷之下，形成最早的权力结构，等等。

在启蒙运动主张打碎教廷统治之后，政教分离逐步成为历史趋势。在继承法国大革命成果的拿破仑时期，出现"意识形态"这个专有名词，指的是人们如何通过观念接受来获得实体性的社会组织力量。在人类思想史上具有持续性强大影响力的观念是宗教，之后是各种非世俗和世俗的主义思潮，以及不同时期阶段性的统治规范的思想，即以人物命名的各种理论及其系统。这样我们就发现非物质形态的想法的社会传播或跨社会传播形成媒介制度。

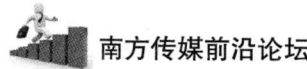

一个时代的文化心理、社会思潮、政治观念、行为模式与这个时代的信息传播结构有关系，这是相互塑造的互动过程的结果。按照德布雷的媒介学观点，"思想的程序是具有组织程序的客观物质性"[22]。而一个社会性的思想运动亦是要依靠那个时代的媒介及其媒介应用的社会机制来展开。丹麦学者延森是这样说明的："在不同的政治、经济和文化领域中，制度依据公认的以及强制性的原则——公民权利和人权——规范个体和集体之间的交往。媒介制度——以及交流（与传播）的权利——就隶属于这一特殊范畴。在理想情况下，媒介制度允许任何人对任何社会制度或权利及其地位和合法性展开讨论。当前的媒介制度是持续不断斗争的历史结果，而这些斗争即围绕着对于交流的权利的界定和行使而展开。"[23]

在我们已知的历史中，传播不是决定性的，但肯定是事物运行的加速器和放大器。我们理解的传播既是一个瞬间的过程，也是这个历史过程中的若干个片段。传播可能更注重心理学的效应，即信息流动的不可回溯性。而媒介学总是提示我们把传播的当下瞬间纳入历史性质的思考，挖掘其不同的信息源。因为我们总是要找历史人物作为我们的模板，比如宗教世界的圣徒谱系和世俗文化的英雄系列；被找到和挖掘的历史故事，往往是具有神圣意味的模仿对象；通过集体记忆形成有共同价值倾向的共同体，从社会学入手来建构一种观念或制度的正当性。

媒介学着眼于信息流程中历史与现代的对话和交流，对传播者而言，是让组织更加有效、有功能性作用的方式。比如说，媒介的另外一个结构性功能是把人物和事件组织起来，这就是"机关报"（organ）性质的媒体的来源。人群的社会性集合是一个组织排序，历史上存在的任何一个组织结构都有一个等级化的制度，任何对组织结构内部秩序进行挑战的宗派及其思想都属于非组织行为。所以，通过媒介的信息组织来传播一种观念，其实是就是一种对人或社会参与者的组织过程：组织化的排序要产生这些动词标定的内容：结盟、渗透、排挤、没收、自行筛选、吞噬等。同时，在严酷的一面之外，还有理想主义的一面，通过媒介化的记忆方式来让现在和历史对话，通过重构历史来制造信任感，产生生者和死者进行对话的政治人类学。

三、公民媒介学的游戏规则

在德布雷看来，信息传播与社会关系的互动源于媒介的技术性能："因为所有的传播载体都会引起或者隐藏一定的社会关系。又因为社会关系本身也会在不知不觉中被一定的机械载体引发出来。"[24] 如果说媒介技术与制度变迁有相关性，那是因为媒介本身是一个舆论机制、一种操作手段，甚至是意识形态的孵化器。对信息主体产生的作用是其他一切社会变迁的前提，尤其是当信息技术的更新本身就代表着社会新生产力的流动性时，媒介技术的社会动员作用就开始设定一个制度转换的媒介化逻辑。由此产生的公民媒介学思考彰显出一种具有思想深度和历史预见的传媒社会学思想，有助于我们进一步理解和把握传播媒介的运行机制，并从媒介的显性功能出发来透视新媒体的社会功能。有鉴于此，在这里对德布雷在冷战刚刚结束的1991年提出的公民媒介学的11个命题进行如下解读：

第一条："媒体会思考。媒体革新和介入越发展，媒体就越代替我们思考，占主导地位的媒体思维也就越能够成为其时代的主导思想。"[25] 媒体会思考，媒体流动的无序性找到了一个功能性位置。信息越来越快，因为人们思考的过程越来越短，微信、微博才会大行其道。新媒体的信息快捷产生连接、互动乃至共识的性能优势。媒体的发达导致媒体替代人们思考，这颠覆作为传播学原理的议程设置概念，尤其是传统媒体的议程设置实质是机构设置、机构定位。而今天有更多的自发性或跟风性，今天的机器人编排新闻不再成为新闻，按照关注指数、人气高低来编发信息序列，呈现信息从一哄而起到一哄而散的快闪，媒介的信息提示来自被关注度，跟帖转发作为标示，一切都是在流动中完成，每个人根据自己的感觉来参与或旁观。当机器人新闻成为现实，核算和抓取的结果是人机对话的结果，传递给后来的受众，可能不再有明确的政治经济含义，而是偶发的新闻事件和当事人。

第二条："性能最好的媒介，即成本／效率比最好的媒介相对于先前的媒体占主导地位。也就是能够波及得更广、更快，需要信息发送成本最低和信息接受最不费力（最舒适的同义词）的那个媒介。在这种意义上，电视比广播更有优势，广播比报纸更有优势，报纸比小册子更有优势，小册子比书更有优势，书比手抄本更有优势，等等。"[26] 媒体的竞争是基于接受性能和成本的竞争，接受成本低，技术效用好，这就形成媒体运营的两条轴线，一条是成本，一条是性能，前者是各种投入的核算问题，后者是媒体的可接近性以及方便程度。新媒体的性能优势在于供给和需求之间点对点的接触效应创造了一种近似于零度的界面，重新定义了信息渠道。所以，新媒体与传统媒体的关系不是互补关系，而是替代关系。

第三条："就像在一个既定的经济构成中，其内部在一种生产方式（往往是最后来的那个）的主导下重叠着好几个生产方式，每个媒介域都根据其最有效率的记忆重新整理其不同的网络。"[27] 不同的媒介域有建构记忆方式的差别。因为不同的媒介连接不同的目标受众，传统媒体的受众习惯在固定时空面对一个固定的媒体。为维持受众的再生产，传统媒体的不断改版，是通过调整审美疲劳来维持和扩大受众，用新的表现方式扩大竞争能力，不断翻新、组装原有内容。而新媒体的受众则是在信息流的快速闪动中迅速感知和寻找信息，如美国新闻界的数字新闻报道模式中的卡片化新闻报道（cardification）将一个新闻报道细分为若干有意义的信息单元，读者可以通过阅读不同的信息单元来全面了解一个新闻事件。[28]"卡片"式新闻的传播魅力就在于这种数据库式样的新闻处理完整、丰富，能够帮助受众建立信息源的可靠性和有效性。如果说要通过媒体来建构记忆，微信就是继博客和微博之后在当下建立个人化记忆的一个载体，并借助于云数据的存储和保管来形成一种新的记忆。

第四条："对国家权力而言，传递机构的技术决定更多地决定了领导权（hégémonie）实施的条件、内容本身以及斗争的组织。因此，我们不能将政治统治方式同象征的灌输方式分离。"[29]政治统治方式与传播方式有关。作为在20世纪享有盛名的新马克思主义者，葛兰西提出了一个文化领导权的概念。"在《狱中札记》一书中指出上层建筑同时有两个层面，即市民社会和政治社会。而且，前者是一种间接的、有利于国家政权的社会协调与控制手段，对于防止国家的专断行为、保护公民的权利与自由发挥着不容忽视的作用。因此，无产阶级政党及其有机知识分子的结盟所形成的政治力量，其重要使命就在于通过对市民社会的培育和引导首先获取革命的文化领导权。"[30]简而言之，无产阶级革命的奋斗目标不仅仅是政治革命，还要有文化革命，通过有机知识分子的加入形成新的文化联盟。当然，葛兰西在监狱中的革命冥想并没有考虑传输革命内容的技术方式。而任何一种新政治权力对文化领导权的把控要借助于一种媒介技术在文化领域的再运营，这就是今天在全球范围展开竞争的文化创意产业。

第五条："在技术发展的每个阶段，占统治地位的媒介和占支配地位的思想之间的相关性都可以理解为是一个社会的文化技术与政治技术之间的现行衔接。"[31]文化技术和政治技术如何配套？实质上就是主流的思想和主流的信息传播技术产生勾连。这差不多是文艺复兴以来资产阶级人文革命的一条历史经验："在政治说服体系里，'制造权力认知的权力'直接依赖于'通过展示宣传讲解权力的工具的效能'。"[32]没有新的传播方式，就不能抓住最活跃的受众。新的信息传播方式不仅仅是保留权力的仪式感，更需要一种柔性界面的打造、话语空间的弹性和讨论氛围的公平和公开。

第六条："因此，一个'社会转变'理论就不能以自身内容有效为名，同其传递的物质条件及形式分离。在这方面，一个没有方式方法（quomodo）的怎么办（quid）应该被视为完全无效。对于理想社会，所有人都有自己的看法，很多人有能力将看法表达出来，有些人把他们有条理的言论印刷出来。但是如果这些观点不能从一些人的脑袋里跑到另一些人的脑袋里的话，就永远都不会有对世界的构想，即'集体实践与集体再现之间的某种关联'。对于一个知识分子或者一个政治人物来说，奉献这种或那样的社会传播，搞清楚如何以及有什么样的前提条件才能够使自己被他人听到这样一个问题不是在他们工作的下游，而是在上游。他们所做的事是否有意义，他们本人的使命存在与否全都有赖于此。"[33]在一个社会发生流动变化的时期，自然会产生一种众声喧哗的社会和声，这些不同的声音如何编制到社会语境的共识里？在社会建构的过程中，自发性、集体性、多样性的表达的空间和场所如何形成？有没有合适的表达位置？是需要被听见和被辩护，而不仅仅是被表达和被定义。集体实践和社会再现的关联性，无疑是公众知情权和社会活跃度的重要指标。

第七条："一个时期占统治地位的意识形态同这个时代占统治地位的媒介的属性之间的相关性并非是机械的，没有这种相关性，我们将无法解释拥有同样的散播手段的统治政体之间的差别（不过，随着"媒介化"较差的统治系统向"媒介化"较强的系统靠拢，这种差别正逐渐消失）。这种相关性只是意味着，并不是任何世界观都能够以相同的几率通过任何一条渠道，也不能以同样的手段统治两个媒介学时代。每个"意识形态"都有其自身的媒介学性能指标，与赋予其生命的媒介域相关联。"[34]简言之，不同的媒介塑造不同的意识形态。媒体的占位和意识形态的定位似乎成为一种天然区隔，比如说传统媒体的大众传播和新媒体的大众自我传播，比如说供给的信息和搜索的信息。信息的位置决定信息的关注度和信任感。信息流程一对多的垂直指向与多对多的交流循环的传播差异就在于后者在更广泛的语境中验证霍尔的编码－解码理论，对后者来说，与其说是影响别人不如说在确认自己，并成为一种亚文化状态的"新意见阶层"。

第八条："书写域（书－铁路－报纸）特有的一个社会意识形态迟早会被与图像域（电视－广播－飞机）相伴的意识形态淘汰。前者因无法经得起一种自由竞争状态，为保护其生存，不得不寻求一种行政的或军事的强制性保护（如东欧或中国的"马克思列宁主义"），或者寻找一个博物馆或大学式的无痛避风港（如法国的共和意识形态）。"[35] 不同的历史时期被纳入不同的媒介域，而不同的媒介技术具有不同的社会性能，包括概念、故事和形式的差异。由此出发，每个媒介域有自己的意识形态主轴。鼓吹宏大叙事可以是大众传播的强项，而信息化的市场经济必然给新媒体提供个性化竞争的空间。传统媒体在建立政教秩序、连接广大受众和平衡社会舆论方面的社会效益使它成为社会制度的一个有机组成部分；而新媒体对受众的信息渠道、注意力和时间的重新组合，使得新媒体在经济转型和社会治理方面逐步成长为一个新的赋能实体。

第九条："今天，人类历史中第一次出现观念和表现的流通域直接控制观念和表现的生产。因而，对占统治地位的观念和表现的批判不能再只是一个意识形态批判，而是对支配观念和表现的机构的批判。"[36] 既然都是信息观念的流动引导人们的态度和制度安排，通过管理机构重新设计并界定话语的边界。真正面临的矛盾是制度设计和制度安排，即便人们习惯于意识形态的习惯进行表达，亦是表达对身份结构和制度走向的主观意图。

第十条："一次媒介革命就是一次政治革命，反之则不成立。概括起来讲，政治已经不再站在控制台上。"[37] 如果说媒介域与社会制度直接相关，

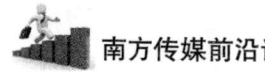

那是因为主流性质的媒介技术必然参与制订社会的游戏规则,包括时间压力和影响力等。作为西方民主的一个负面案例,曾经在20世纪80年代建立媒体帝国的意大利企业家西尔维奥·贝卢斯科尼(Silvio Berlusconi),在1993年12月组建意大利力量党(Forza Italia)参加政治竞选,其电视广告的核心词就是要制造"有效的神话"。仅仅三个月,就赢得竞选,出任总理,成为"传媒的民粹主义"案例。[38]

第十一条:"一个社会群体、一个执政党、一个领导人不能长期地'胡说八道',或打算通过随便什么渠道'传递'任意信息。不管是否拥有行政控制权,国家都不再是媒体的主人,相反媒体成为国家的主人,国家要想生存,就需要它同有思考能力、有使人相信的能力的主人交涉。"[39] 新媒体的移动性和微型化事实上使得信息的自由流动成为无法控制的一种趋势。任何有效的治理措施和管理操控的可持续性是要参与和制造信息的循环,这种过程就是媒体社会化的博弈过程。新媒体的自媒体特征有助于产生对任何形式的暴力或支配的反对乃至于反抗,以此重建社会关系的集体行动。所以,行政管理和社会治理越来越借助于媒体社会化的博弈,这种博弈不一定产生当下的效果,但通过信息的积累产生效果迎接变化。

信息的生产性和流动性,即生成信息的指数曲线不一定都要产生政治效果,但肯定是对人的生产方式、生活方式乃至学习方式的改变。比如,今天的人文社会学科的教育危机之一,就是教室、教师和课堂上的自媒体军团的对峙,这就提出了一个媒介革命的子问题,即在课堂教学中如何重新形成教与学之间的信息交换的氛围。

这十一条媒介学命题所预言的游戏规则值得我们进一步思考。因为,这些四分之一世纪前提出的命题,系统地表达了一个值得我们不断反思的传播学逻辑:任何信息的可传递性在于这个信息本身是否可以被再生产,并且从这个信息所衍生的意识和观念中培育出一种新的社会关系。夏蒂埃在研究启蒙运动时期的小开本的偏好在取代阔边栏的偏好时,发现印刷文本的阅读方式的变化实际是在践行康德的"个人公开运用理性"的观念,从而加速社会的去神圣化进程:"问题的关键并不在于'哲学书籍'的颠覆性内容,它们可能并不具备人们通常认为的那种巨大的说服性影响;相反,新的阅读模式——哪怕所阅文本内容完全遵从宗教和政治体制,发展出一种批判的态度,将人们从构成旧表象根基的依赖和顺从中解放出来。"[40]

在将近一个世纪的传播学学术谱系中,信息与传播的关系亦是一个互动的结构。在第一个工业化时代,人们主要从政治学、社会学、心理学和管理学的角度来关注受众效果,传播学的上层建筑属性或意识形态偏向占据主导地位;20世纪中期以后,人类社会进入到后工业时代(有人称之为第二工业化时代),信息的生产力属性日益显著,自动化、微型化和个性化的全球化移动信息技术应用成为生产力绩效评估的主要参数,从而产生调节传播制度的生态位的问题(problematic)。

媒介学的思考逻辑由于本身的历史主义和技术主义并列的思维架构,有助于人们从文化基因和制度创新相结合的角度来重新把握媒介变迁所产生的即时功能如何和长期价值相统一的关系。媒介学的魅力其实在把媒介创新的技术生态纳入社会变迁的精神结构,在对信息源和信息序列进行重新辨析的过程中,有助于人们从形式上去把握信息驱动的能量结构。

信息传播的技术演变往往与人类文明演变的复合性规律相关,不同形态的信息符号的共存和妥协还将是一种现实,能指的无限并不能代替所指的有限。有趣味的是,不同的媒介空间代表着不同尺度的现实主义。因为从技术本性来说,传统媒体和新媒体所承载的世界确实有差异。这种确信的差异和定位的差异投射出传播主体的主观性和趣味性的差异，为宏大叙事终结后的微型叙事开辟无限的空间。不可否认的是，信息传播技术的更新及其社会普及有利于解构旧的象征系统。新媒体之所以能够成为风行天下的象征系统，不仅仅在于其作为社会运行的"软件系统"所具有的几何级数增长的产业效能，还在于它的深入人心，为人类的自由发展提供新的信息保障和信任支持。

注释：

1 本文系国家社科基金项目（11AXW003）阶段性研究成果。

2 英文中的media在中文语境中常常被译为媒介（强调其交流性质或功能特征）或媒体（强调其技术属性或身份特征）。

3 ［丹麦］克劳斯·布鲁恩·延森：《媒介融合：网络传播、大众传播和人际传播的三重维度》，复旦大学出版社，2012年，第59-60页。

4 陈卫星：《传播的观念》，人民出版社，2004年版，第376页。

5 同上，第31页。

6 陈卫星：《传播的观念》，人民出版社，2004年版，第376页。

7 《马克思恩格斯全集》第47卷，人民出版社，1979年版，第427页。

8 ［美］杰里米·里夫金：《零成本社会》，中信出版社，2014年版，第14页。

9 曼纽尔·卡斯特、马汀·殷斯：《对话卡斯特》，社会科学文献出版社，2015年版，第222页。

10 祝华新：《网络社群——政治引领与政治吸纳》，2014-10-06. http：//www.21ccom.net/articles/china/gqmq/20141006114230.html.

11 ［美］亨利·詹金斯：《融合文化：新媒体与旧媒体的冲突地带》，

商务印书馆，2012年版，第14页。

12　曼纽尔·卡斯特、马汀·殷斯：《对话卡斯特》，社会科学文献出版社，2015年版，第32页。

13　[美]凯斯·R·桑斯坦：《信息乌托邦》，法律出版社，2008年版，第243页。

14　[美]亨利·詹金斯：《融合文化：新媒体与旧媒体的冲突地带》，商务印书馆，2012年版，第13-14页。

15　[法]雷吉斯·德布雷：《媒介学引论》，中国传媒大学出版社，2014年版，第125页。

16　[法]雷吉斯·德布雷：《媒介学引论》，中国传媒大学出版社，2014年版，第185页。

17　[法]雷吉斯·德布雷：《普通媒介学教程》，清华大学出版社，2014年版，第9页。

18　[丹麦]克劳斯·布鲁恩·延森：《媒介融合：网络传播、大众传播和人际传播的三重维度》，复旦大学出版社，2012年版，第118-120页。

19　曼纽尔·卡斯特、马汀·殷斯：《对话卡斯特》，社会科学文献出版社，2015年版，第239页。

20　[法]雷吉斯·德布雷：《媒介学引论》，中国传媒大学出版社，2014年版，第5页。

21　[法]雷吉斯·德布雷：《普通媒介学教程》，清华大学出版社，2014年版，第34页。

22　[法]雷吉斯·德布雷：《媒介学引论》，中国传媒大学出版社，2014年版，第121页。

23　[丹麦]克劳斯·布鲁恩·延森：《媒介融合：网络传播、大众传播和人际传播的三重维度》，复旦大学出版社，2012年版，第114页。

24 [法]雷吉斯·德布雷：《媒介学引论》，中国传媒大学出版社，2014年版，第125页。

25 [法]雷吉斯·德布雷：《普通媒介学教程》，清华大学出版社，2014年版，第348页。

26 [法]雷吉斯·德布雷：《普通媒介学教程》，清华大学出版社，2014年版，第348页。

27 同上，第348–349页。

28 张建中：《从信息流到信息库：卡片化新闻报道》，《现代传播》2015年第3期。

29 同上，第349页。

30 陈卫星：《公民媒介学的逻辑》，《中国社会科学报》2015年5月6日B1版。

31 同上，第349页。

32 [法]罗杰·夏蒂埃：《法国大革命的文化起源》，译林出版社，2015年版，第123页。

33 [法]雷吉斯·德布雷：《普通媒介学教程》，清华大学出版社，2014年版，第349页。

34 [法]雷吉斯·德布雷：《普通媒介学教程》，清华大学出版社，第349–350页。

35 同上，第350页。

36 [法]雷吉斯·德布雷：《普通媒介学教程》，清华大学出版社，2014年版，第350页。

37 [法]雷吉斯·德布雷：《普通媒介学教程》，清华大学出版社，2014年版，第350页。

38 [意]安贝托·艾柯：《倒退的年代》，漓江出版社，2012年版。

39　［意］安贝托·艾柯：《倒退的年代》，漓江出版社，2012年版，第350页。

40　［法］罗杰·夏蒂埃：《法国大革命的文化起源》，译林出版社，2015年版，第85页。

（原载于《南京社会科学》2016年02期）

"微"传播与"深"口语：台湾口语传播建制化中的人文主义探询[1]

夏春祥

（世新大学口语传播学系教授、政治大学人文中心协同研究员）

摘 要：在数字汇流的当代情境里，口语传播的学科建制化该何去何从？而在华人地区中，传播学的未来发展又该如何深化？本文由这些问题出发，探讨传播思想史脉络上的学门垂直整合与平行整合等两种模式的特质，与其在海峡两岸三地的发展历程。结论指出：在次生口语文化蓬勃发展的状态下，我们应该重新倡导人文主义的关怀，并借由媒介生态学的理解，以从认知上的表象迈向深层，继而发展出日常生活中口语表达的更多可能。

关键词：数字汇流；口语传播；学科建制；传播思想史；次生口语文化；媒介生态学

今日，在海峡两岸三地，口语传播的相关科系仍然屈指可数，可我们总是有着积极的心态，乐观地看待未来的发展，因为关注者愈来愈多，与之相关的各种现实需求也愈来愈强烈，这自然包括了新科技所带来的种种变化。在这样的背景下，我们不可说口语传播的发展不够兴盛。但是，相较于数量更多的新闻、广播电视、广告公关,以及各种大众传播科系来说,口语传播发展只能说是刚刚起步。

本世纪初,在一篇名为《传播学门的再思考:口传与大传的分立史与整合路》的文章中,两位任教于世新大学口语传播专业的学者们曾经指出:

在学术整合的大趋势下,"口传与大传仍应各自保有'言谈'和'媒介'的概念核心,并且根据种系发生与个体发生中先言谈后媒介的时间轴线,以'垂直'的方式将两者整合在一起,共组一个以'人类符号互动'(human symbolic interaction)为研究主题的'传播'或'人类传播'学门。"[2]

在这里,两位作者响应的是世纪之交美国的情况,也就是大众传播与口语传播科系纷纷被整合在"传播"名称下的学术建制之内[3]。只是,两岸三地的华人社群也始终维持着不同传播科系各自发展且相当蓬勃的独立状态,继而与美国的学科发展状态有所区别。因此,两位作者提出了"垂直整合"(vertical integration)的发展新建议。只是,那种学科中不同发展取径对于人类传播的共同期待却很少在传播学门内被有系统地检视与发展,这就会影响到传播学,甚至是口语传播领域的具体发展。在另一篇《众声喧哗的迷思:关于传播研究的笔记》中,研究者这样写道:

(传播)系、所不断地成立,正可以说学术似乎受到重视,但是课程不断偏向技术实务,又阐明了两者之间的紧张关系更形纷扰,更何况系、所不断成立的建制化情形,反而提供了社群成员可以安身立命的位置,只是灵魂的困扰未解决,那么栖身处始终会是个嘲讽,因为与学术性质有关的焦虑始终存在。在这样的关系之下,我们实在应该重视实务面对于学术研究的作用与影响,更重要的是实务面与所赖以生存的台湾社会,才是我们学术研究的出发点与回归处;也就是说,知不知道西方的最新思潮,不该成为学术关注的唯一焦点,因为这样的思潮也是为解决西方社会或文化处境而发展出来的观点,而如何与我们自身的社会产生对话,才是目前迫

切需要的能力，而借着思考自身所处的社会、文化，我们与西方才有了并驾齐驱的立足点……[4]

在这个论点上，本文主标题关于建制化与数字化的讨论便是想要延续传播学门学科建设的相关理路，毕竟传播学门的日后发展历程还很漫长，我们心中关于口语传播的乌托邦理想也仍在遥远的彼岸。或许会更加蓬勃，有更多的专业科系与学会组织出现，继而使得口语传播普遍地为社会大众所需要；但也有可能始终低荡，一般大众终究无法了解它的具体内涵究竟为何？

当然，这样的十字路口，只是我们学科发展中的再一次处境。可也就是在这样的环境中，我们看到各种新科技带来了口语表达的日益蓬勃。我们很想厘清的是：这股由新科技、新媒体所带来的"微"传播，对于我们人类的生存到底产生了什么样的意义？我们又该如何看待？

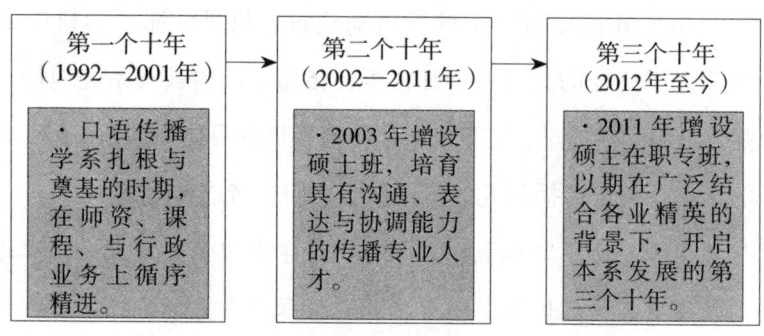

图1　台湾世新大学口语传播系、所演变历程

一、华人地区的口语传播建制化及其结果

在学术社群中，一般将生活常识转变为专业知识，继而使其源源不断被生产出来的过程称为建制化（institutionalized）。这包含了形成一个独立学门、成立一个每年有新进人员学习的科系建制，以及固定发行并出版相

关的教科书、期刊等的学术组织。[5]

1992年9月，原名世界新闻传播学院的世新大学创立了亚洲地区独一无二的崭新科系：口语传播学系。[6]至此以后，口语传播这个概念正式进入了华人文化的视野之中。在此之前，与口语传播有关的演讲与辩论在所有的华人地区自然有着它们的重要性，也相当蓬勃，只是在大专院校的建制化历程之后，整个演变也就有了一个更具物质基础的发展空间。从当时至今，23年的发展历程已使口语传播在台湾社会有了根基，世新大学口传系、所（如图1所示）每年举办高中生的辩论比赛与简报美学竞赛，也都有别于台湾。其他高校是以社团力量来推动，我们将之视为是有待培养专业能力中的一个面向，并具体地加以延伸，因此由系、所来加以推动（请参见图2中大学三年级'辩论学'的课程设置）。

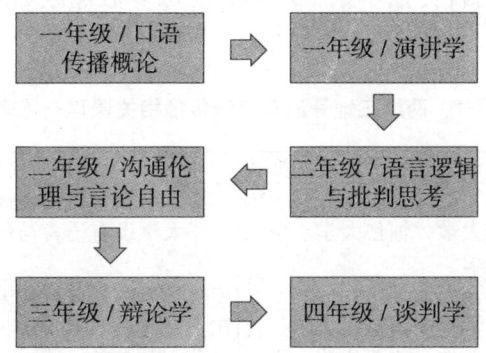

图2　台湾世新大学口语传播系、所必修课程设计逻辑展示

在这样的基础上，本科毕业生或担任主播主持，或负责公司机关的公关发言，抑或是负责社会中各种活动的企划、组织与具体执行，诸如此类都属于知识建制化求职就业的后续发展。而科系的专业能力培养，亦可概推为四类素养，分别为语言、表达部分的修辞素养，以及因位应用场合差异而做出区分的人际素养、组织素养与跨文化素养等（如图3所示）。

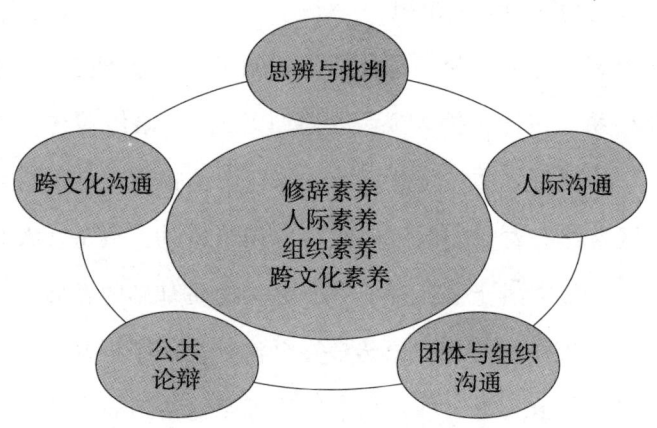

图 3　台湾世新大学口语传播专业能力说明

在台湾，世新大学仍然拥有唯一的口语传播科系，但是政治大学、辅仁大学，以及文化大学等高校也都开设了相关的课程，甚至台湾东部的东华大学也设立有语言传播学系，虽然它是以少数民族为发展对象（如表 1 所示）。

表 1　两岸三地开设有口语传播相关课程一览表

不同华人地区	开设口语传播相关课程的高校	说明
台湾	世新大学、国立东华大学、国立政治大学、辅仁大学、中国文化大学	世新大学设有口语传播学系；东华大学设有语言与传播学系。
香港	香港浸会大学	传播学系内开设有相关课程。
中国大陆	厦门大学、中国传媒大学、吉林师范大学、陕西科技大学、华东师范大学、广西艺术大学	在大陆地区，口语传播目前只作为课程或专业发展方向，目前并无口语传播科系，陕西科技大学成立口语传播研究中心，广西艺术大学则于 2015 年成立语言传播学系。

除此之外，香港浸会大学也安排了口语传播的相关课程。而在中国大陆，厦门大学、中国传媒大学、陕西科技大学、广西艺术大学等都设有口语传播相关的课程，这些自然都是建制化发展历程的一部分。

只是，这种重视语言与传播学术性发展的趋势并未停歇，反而有更多大陆高校的播音主持专业试图从口语传播获得更多转型过程中的奥援与灵感。在《数字化时代的口语传播：理论、方法与实践》一书的序言中，厦门大学的李展这样描述大陆地区口语传播建制化的情形：

  21世纪的第一个十年，我们发现，大陆的新闻人才需求发生极大变化，整体而言，高校的新闻传播院系的毕业生进入新闻媒体就职呈显著下降的趋势，培养事业单位等非媒体组织所需的新闻传播人才成为新闻传播院系的新使命。社会日益信息化，各种社会组织机构越来越倚重通过媒体在公众中塑造良好的组织形象，培养非媒体组织需求的、擅长与媒体打交道的人才，传统上由……口语传播学来承担，这是美国等西方国家的普遍经验。

  口语传播学，不可因中文的翻译而望文生义的理解为只是"说话"或"口语表达"。事实上，口语传播学比大众传播学的历史更悠久，学术积累更深厚。……是西方人文学科的重要组成部分。……厦门大学新闻传播学院……倡导和推动了以口语传播为主要方向的传播学系于2011年正式开设。[7]

  也就是说，在华人地区，口语传播的建制化历程一直是朝正面发展，虽然速度并不快，但始终稳健。但更精确地来说，中国大陆新闻传播院系的设立发展情况与台湾接近，也就是在世纪之交，各种新系、所不断设立，反映出建制化蓬勃发展的趋势，但是它的发展情况却与前面提过的垂直整合不太相同，更接近于美国的发展情况。

二、口语传播的垂直整合与平行整合

  在美国酝酿于十九世纪与二十世纪之交的口语传播学系前身，经历了一个独特的发展历程，从演讲、辩论，到公关发言、诗歌朗诵与舞台表演等。1997年，最早成立于1914年、原名"全国演讲教师学会"（National Association of Academic Teachers of Public Speaking，简称NAATPS）的美国口语传播协会（Speech Communication Association，SCA，1970年更名）在经历过漫长的提案讨论与期刊辩论之后，经由投票表决将自己的名称去掉口语，并更名为全国传播协会（National Communication Association，NCA）。自此之后，美国各地高校的口语传播学系纷纷更名为传播学系或传播研究学系；而继续使用口语传播名称的只剩下南伊利诺大学和一些较小的高校。[8]

在这篇讨论口语传播学科名称、核心概念与核心能力的分析文章中，作者将此描述为"去口语论"[9]的学术运动。大体上，这便是美国口语传播科系的发展路径，也是种与前述垂直整合有别的平行整合（horizontal integration）方式：

在从概念上整合口传与大传的各项提议中，获得最多支持的是一种……称之为"平行整合"的提议。支持平行整合的学者相信，口传与大传之间已无法清楚地画出界限，因此……建议"口传应该舍弃'口语'、大传应该舍弃'大众'，两者共同向'传播'靠拢"。[10]

以这样的词汇作为基础，我们可以将中国大陆目前的传播院系发展描述为平行整合方式。

只是，这种建制化路径所面临的情况其实更类似于台湾的发展脉络：在上个世纪末传播院系不断设立的情形下，熟悉大众传播的学者多于口语传播的倡导者。因此，在平行整合之余，本文延续过往的研究成果，尝试指出垂直整合的重要性；只是，我们也借由议题化的过程来进一步地阐释这个主张的相关内涵。换句话说，华人地区的口语传播发展正在起步阶段，充满各种可能性，特别是在大陆地区，很多过去名为播音主持的专业建制都因为发展上的学术与就业瓶颈而纷纷向口语传播转进。在这样的背景下，直接以平行整合方式展开重新建设，可能会面临一个自我认识危机的挑战。去掉"口语"，会让这个学科立即陷入失去卖点与失去特色的困境。"失去卖点"指"少了口语",口传将无法依靠社会对说话能力的重视来建立价值;"失去特色"则指少了"口语",口传将难以与其他传播领域(特别是大传)区分。[11]

简而言之,我们可以理解在今日全球传播学术社群中,一个包含着口语传播与大众传播的统一传播学门的出现及其相关意义,但是从建制化的角度出发,其制度化的历程却须考虑所在地的社会、文化背景,因为在台湾社会中,大众传播媒体的工作职业常是很多年轻学子投入传播专业养成的一个重要背景之一[12],而从日常生活的角度出发,语言实践自然有其意义,且有其专业知识上的发展轨迹,在建制化的发展历程中,自然需要加以重视,这就是垂直整合论的主张和观点之一。

更何况在中国大陆的发展经验中,播音主持更有其特殊的社会意义。中国传媒学院的前身北京广播学院从1963年设立中文播音专业至今,也已走过了50年的发展历程。[13]只是,诚如研究者的反省指出:"中国的播音与主持艺术专业教育已走过了近半个世纪的历程,形成了从'一枝独秀'到'遍地开花'的办学规模,这是新闻传播事业繁荣发展的必然趋势。但现有的教育模式也日益显现出形式单一、缺乏特色、学理纵深性差、就业矛盾突出等诸多问题。院校之间在竞争中优胜劣汰的趋势愈发明显,播音主持教育模式的革新势在必行。"[14]

三、信息社会下口语性的原生与次生

而从台湾的经验出发,本文因此将垂直整合的建制化路径作为本文的问题意识,讨论其进一步的可能价值与意义。而在上面的讨论中,美国的平行整合主张"去口语论",将口语传播去掉口语,而大众传播拿掉大众,共同向传播靠拢,这种以内涵宽广的无特定指涉名称发展不同群体所共同关注的传播学门,是值得肯定的一种发展趋势,厦门大学的传播学系便是可以借鉴的个案。

与之相较,台湾世新大学的口语传播学系采取垂直整合的论点,主张在口语传播的专业基础上发展大众传播的应用能力,以完整地认识人类传播,或是将大众传播重视媒介效果的提问方式有意识地确认为以人为主体本位的出发点,以使媒介为人所役使,这两种建制化路径都可说是深化口语传播的努力方式之一。

在这个努力过程中,全球所有的高校都经历了二十世纪末信息社会崛起的那几波风潮,包括网络新兴蔚为风潮(1994)、产业模式泡沫(1995—2001年),以及再次重整出发的不同阶段。其中第三个阶段,尤其以2007年第一代iphone所带出的智能型手机风潮最具力量,它成功地将过去与军事科技密切结合的传播面向引领到日常生活之间,成功地跨越了产业模式泡沫化时期计算机网络所扮演的角色,继而使得地球村的概念不仅不是一种想象,反而更具体地体现在我们的生活周遭,转变成为社会发展的主要推动力量,尤其是跨荧幕的视觉图像处理,它更超越了专业的藩篱,进入到寻常百姓的生活环境之中。

在新世纪之初,曾经提出电子口语(electronic orality)概念[15]的沈锦惠(1956—2015),在一篇讨论网络时代视觉语艺古典根源的文章中写道:

> 网络社会实时性鲜明,任何连上网络的个人皆得以随兴自主连结、自由传播。于是,快速连结的瞬间感染力特别令人瞩目,而诉诸直觉感性,直扣日常经验的视觉图像影像,则无疑迅捷方便。于是益趋直觉式、经验式、图像式的沟通表达形式日益流行,蔚为视觉文化风潮,俨然有其文化正当性。[16]

很明显,这是一种口语文化的复兴。毕竟,"任何连上网络的个人皆得以随兴自主连结、自由传播",而连结、传播的唯一凭借便是语言,她关于"电子口语"的描绘因此成了一个简明却相当有力的图像,揭示出在数字化的信息社会中,口语表达所扮演的角色。基本上,口语性(orality)一词是由加拿大学者马歇尔·麦克鲁汉(Marshall McLuhan,1911—1980)的学生、曾担任美国现代语言学会会长的文学研究者沃尔特·翁恩(Walter Ong,1912—2003)所提出,用来描绘一种口语表达及其相关的文化现象,这包含了在部落社会里不曾接触过文字识读、却能解决实际问题的思考及其相关的语言表达[17]。只是在二十世纪七十年代,他及一批志同道合的学者们已经隐约感觉到口语性的存在景况已经有了新的变化。为了做出区分,他于是将之辨明为在完全没有文字和书写经验下,人们口语传播经验所体现的原生口语性(primary orality,或译为原生口语文化),以及用来描述我们当代各种新媒介,及相关衍生出来口语文化重新活络起来的次生口语性(secondary orality,同样可译为次生口语文化)。

在历史上,印刷机蓬勃发展所促成的书写文明造成了口语的没落,而后来以摄影机、电影、电视所延续形成的影像文明,都使得视觉或听觉的单一感官得到发展。可到了计算机网络时代,我们的感官又回到了全面发展的阶段,这就是次生口语文化酝酿的实质背景。在这个阶段中,口语文化的复兴可以说是沛然莫之能御。

四、日常生活中的媒介科技与数字人文

2015年,这种由科技所推动的发展力量已成功地让人们在新媒介的基础上做出各式各样的语言表达行动。在一篇讨论数字科技与演讲修辞的文章中,荷兰乌特列支大学教授保罗·霍芬(Paul Van Den Hoven)写道:

数字革命给语艺修辞情境带来巨大的变化,观众不再像以前那样及时聆听正在发表的演讲,而是可以在不同的时间、不同的情境下观看已经发

表的演讲影像或演讲的片段。这种改变带来的影响之重大怎么估计都不为过。……这种发展态势不会消失,所以我们必须面对这种智力上的挑战,并深入研究它。[18]

诚哉斯言,媒介科技的种种变化的确创造出崭新的修辞情境。而最早研拟出修辞情境(the Rhetorical Situation)这个词汇的毕哲(L. F. Bitzer, 1931—)便认为语言表达的语艺需要是由修辞情境所引发,而是纯粹因为有语艺意图才出现语艺情境。因此,他认为修辞情境给予语言表达的修辞技巧一种重要性的凸显。[19]

也就是说,新的修辞情境便是媒介科技带来的次生口语文化,这样的氛围与结构召唤语言表达的现实需要;因此,语艺便是透过协调新的动机、策略、观点与想法达到改变现实的实践目的。

在此,本文想要寻求一种对人文主义的重新召唤,借以对信息社会下的人类本质和潜力(potential)进行全面的理解、发展与颂扬,以在那种科技似乎取得一切社会推动力量的环境下,重新确立人性的某些精致传统与典雅价值。基本上在过往人类文明的十五世纪时,这个曾经萌芽于意大利,主要反对中世纪基督教在精神面向上的约束与限制,后来不仅在空间上成为扩散到全欧洲的一种文化运动,人文主义更在时间序列上,引领了同时发展且延续至十七世纪左右的文艺复兴(Renaissance),以及后来十八世纪的理性启蒙时代(Age of Enlightenment)。Bullock(2000)在重视语言、修辞的教科书中曾经这样描述着人文主义:

人文主义者于是专注于地球上人类的各种成就。这些学者利用在托利多摩尔人图书馆内所发现的各种作品。他们找到并翻译了任何他们可以发现的古希腊和罗马文本,然后在立场与态度上,他们选择接受希腊"宇宙人"(universal man)的理想,这是对于在所有事情上都博学多闻且有一技之长的人。……人文主义学者的努力引领了文艺复兴,以及古希腊和罗马文化的再发现，也让希腊、罗马和穆斯林知识重新复活。以在穆斯林科技和数学著作中发现的观点为基础，人文主义者深刻地促成了西方欧洲对于物质世界的理解。[20]

只是，在一个新媒介不断提供便利的情况下，人文主义并不是空洞的描述，它是生活在当代社会中坚持创造价值观的一种信念。这种人文主义相信人的双重性质，也就是一种人的二元性：既组成社会，又被社会制约。此时此刻，我们也承认个人与社会上的非理性力量，而在新媒介提供的便利生活中，我们可以观察到微传播时代下人们的理性与感性往往有着很多面向的变化，只是我们还没有找到如何记录这些变化又对它进行描述性反思的一种方式。

简单来说，在新媒体已相当普遍的微传播时代中，人们往往会因为新媒介环境的多重感官特性而变得相当坚定（毕竟是属于自身生活经验），但是拒绝接受决定论或简化论，继而相信在持续经营或互动的关系中，人类虽然不享有完全的自由，但在某种程度上仍掌握着选择的自由，问题是我们对这种选择有所察觉吗？前面次生口语文化及语艺修辞情境的概念提供了我们认识这种数字人文的起点。现在，生活在这个微传播的时代，我们希望在每天使用智能手机、接触数字网络的生活经验中，重新建构起对于人文主义的追寻，这可被视为是深化口语努力的一种统合。

在这种努力中，我们接受第一种努力关于垂直整合的宣称，主张口语传播中的语言，特别是口头语言，是所有人类传播行为的基础。只是，这种努力也接受平行整合中去掉口语的主张，而专注如何在日常生活的传播经验中去发展对未来生活秩序追求的类似论述，而不再局限于建制化历程中对于学科纯粹性的要求与期待。换句话说，本文关于数字人文的主张，虽是立足于口语传播建制化中的垂直整合路径，但其所响应的却是平行整合中那种普遍传播视野的期待，因此这种整合努力便转向思想史(intellectual history）的角度，继而从学术观点的启发着手。

而在前面关于修辞情境、人文主义的关联推论中，相关论述重视的不是单纯对媒介科技的批判，反倒是一种凸显当代创新的人文诠释，在学术传统上，可称之为媒介生态学（media ecology）。亦即是在新世纪的媒介科技环境中，我们确实是相当容易地参与到各种沟通行为之中，或是微信，或是微博，又或是各种电子联系之中，只是除了讯息的表达与沟通之外，我们常常忽略这种新的修辞情境所展现的整体意义，鼓励我们的话语从表面到深层，以展现出对这个生命世界的摸索，而这所需要的便是我们要意识到并逐渐培养出来的一种思考、推论方式。在此，媒介生态学便是描述这个过程的一种概念；而这个强调传播视野的概念主张将媒介作为探究孕育文化等复杂系统的基础，据以了解人类传播行为及其生活环境，符合平行整合中对于传播行为的共同描述。诚如研究者所指出的：

生态学方法可以协助研究者厘清所处社会中的人类位置，而其关键性的枢纽起点，却是各种与传播有关的事物。……隐而未明的媒介如电视以及19世纪以来的摄影机、电报、留声机、收音机、电影等，都是"大量信息唾手可得"的物质性（materiality）基础，而这些科技的具体影响，则是旧社会里浮现了"新的感知模式和美感经验质量"。[21]

很清楚地，媒介科技带来了沟通、表达的便利，但是却容易让我们遗忘了更重要的价值归宿，我们提出的媒介生态学便是一种数字人文的尝试，它鼓励着我们进行当代更多的生活诠释。

在此，口头语言不再只是大众媒介的平行事物，它更是当代社会中体现人文主义的关键媒介。而这也是本文主标题所试图传达的，在新科技不断推陈出新的"微"传播时代中，口语传播可以"深"入发展的面向不宜被忽略，而在这样的思想史脉络中，媒介生态学的方法学意涵便成了一种人文主义探询的重要凭借。诚如麦克鲁汉所表述的，媒介是"创造隐藏于环境中各种鲜活而生动的权力漩涡,能够剥蚀和分解较旧的文化形式"。[22] 而语言便是捕捉与掌握这一历程的唯一工具,本文的数字人文关注于此,也响应在初始所提的过往主张:口传与大传应各自保有"言谈"和"媒介"的概念核心。而在前述讨论的基础上,两者确实有其一致性,媒介科技促成了这一景况,因此本文希望在认识上完成口语传播思考对于信息社会的响应,[23] 以作为当代一种新素养的起点。

注释:

1 本文初稿《在建制化与数字化之间:'微'传播时代下人文主义的追寻》系广西艺术大学主办的第二届海峡两岸口语传播研讨会(2015年12月12日,广西南宁)主题演讲论文。稿件后来经作者修改后完成,在论述逻辑上更为完整,标题也因而做出修正"在建制化与数字化之间:口语传播的人文主义追寻",并发表于《现代传播》(2016年,第7期,第20-25页)。此次稿件大体上相同,亦做过增删,增加更多台湾口语传播科系建制化资料,题目部分因而更动为"'微'传播与'深'口语:台湾口语传播建制化中的人文主义探询",兹以说明。

2 游梓翔、夏春祥:《传播学门的再思考:口传与大传的分立史与整合路》,《中华传播学刊》2003年第2期,第134页。

3 O'Keefe, B, Against theory. Journal of Communication, 1993(3): 75-82.

4 夏春祥:《众声喧哗的迷思——关于传播研究的笔记》,《中华传播学刊》2002年第6期,第11页。

5 夏春祥:《众声喧哗的迷思——关于传播研究的笔记》,《中华传播学刊》2002年第6期,第3-26页。

6 游梓翔：《数字时代的口语传播学：一个学科名称、核心概念与核心能力的分析》，《数字化时代的口语传播：理论、方法与实践》，厦门大学出版社，2014版，第1–14页。

7 李展：《数字化时代的口语传播：理论、方法与实践》序，厦门大学出版社，2014版，第1–2页。

8 同5。

9 游梓翔：《数字时代的口语传播学：一个学科名称、核心概念与核心能力的分析》，《数字化时代的口语传播：理论、方法与实践》，厦门大学出版社，2014版，第3页。

10 游梓翔、夏春祥：《传播学门的再思考：口传与大传的分立史与整合路》，《中华传播学》2003年第2期，第111页。

11 游梓翔：《数字时代的口语传播学：一个学科名称、核心概念与核心能力的分析》，《数字化时代的口语传播：理论、方法与实践》，厦门大学出版社，2014版，第5页。

12 同3。

13 请参阅成越洋、赵政绪：《对播音主持专业未来走向的思考：传播学在美国发展历程的启示》，《现代传播》2007年第6期，第117–119页。

14 李亚铭：《口语传播视域下的播音主持专业教育模式改革》，《现代传播》2013年第10期，第154–155页。钟妍：《从"播音主持"到"口语传播"：台湾口语传播教育经验的反思》，《新闻知识》2014年第11期，第3–5页。

15 李亚铭：《口语传播视域下的播音主持专业教育模式改革》，《现代传播》2013年第10期，第154页。

16 沈锦惠：《电子语艺与公共沟通》，天空数字图书有限公司，2009版。

17 沈锦惠：《隐喻及可视化的语艺行动：网络时代谈视觉语艺的古

典根源》,《中华传播学刊》2014 年第 10 期,第 92 页。

18 Ong, W. J., Orality & Literacy: The Technologizing of the word, New York: Routledse, 1982.

19 保罗·霍芬:《数字时代的公共演讲语艺修辞学》,《数字化时代的口语传播:理论、方法与实践》,厦门大学出版社,2014 版。

20 Bitzer, L. F., The Rhetorical Situation. Philosophy & Rhetoric, 1968, 1–14.

21 Dues, M. & Brown, M., Boxing Plato's Shadow, Boston: McGraw Hill. 2004, 21.

22 夏春祥:《传播的想象:论媒介生态学》,《新闻学研究》2015 年第 9 期,第 161 页。

23 McLuhan, M., Foreword, In H. A. Innis, Empire and communications(pp. v–xii), Toronto: University of Toronto Press, 1972.

新媒体环境下社会主义核心价值观公益广告传播
——以"中国梦·梦娃"为例

◎ 纪德君

(广州大学新闻与传播学院院长、教授、博士)

摘　要：本研究基于对"中国梦·梦娃"社会主义核心价值观系列广告的微博传播分析，结合问卷调查的结果，得出了新媒体环境下社会主义核心价值观公益广告传播的一些成功经验。诸如将社会主义核心价值观与当代流行文化巧妙结合，利用社交媒体的交互性达到精确投放，成功开发"梦娃"衍生产品，找准与时事的契合点，及时调整更新传播内容，等等。这些经验对于如何提升公益广告的传播效果或有一定的参考价值。

关键词：新媒体；社会主义核心价值观；"中国梦·梦娃"；公益广告

2013年以来，政府有关部门推出了一系列反映现实题材的"中国梦"社会主义核心价值观宣传画，其中天津泥人张彩塑的"中国梦·梦娃"里面身着红色棉袄的小姑娘，被选为社会主义核心价值观的形象代言人。三年来，"中国梦·梦娃"系列广告引起了较大的社会反响。本文将结合新浪微博上关于"中国梦·梦娃"的微博以及问卷调查，对新媒体给社会主义核心价值观公益广告传播带来的宣传机遇和存在的问题进行剖析。

一、与"中国梦·梦娃"公益广告相关的微博传播分析

笔者运用新浪微博高级搜索,输入关键词"梦娃",排除掉明显不相关的条目,截止到 2016 年 3 月 31 日晚上 23∶59 分,共获得提及"梦娃"的微博条目 1625 条。下面结合新浪微博和问卷调查的相关数据,对"中国梦·梦娃"公益广告的传播进行分析。

新浪微博中,2014 年 11 月提及"梦娃"的微博有 1 条;2014 年 12 月,1 条;2015 年 1 月,1 条;2015 年 2 月,226 条;2015 年 3 月,85 条;2015 年 4 月,291 条;2015 年 5 月,246 条;2015 年 6 月,204 条;2015 年 7 月,98 条;2015 年 8 月,56 条;2015 年 9 月,48 条;2015 年 10 月,31 条;2015 年 11 月,39 条;2015 年 12 月,38 条;2016 年 1 月,24 条;2016 年 2 月,28 条;2016 年 3 月,209 条。变化趋势如图 1 所示:

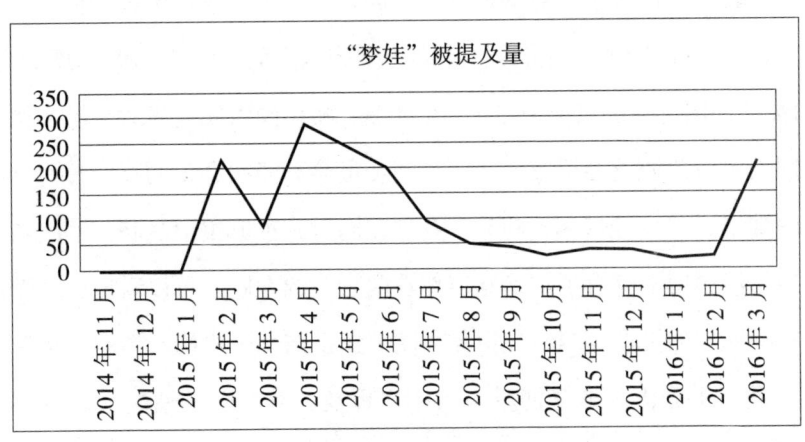

图 1 "梦娃"在新浪微博被提及量的变化趋势

虽然"中国梦·梦娃"的女孩形象早在 2013 年的宣传画中出现,但直到 2014 年 11 月 26 日,《经济日报》在报道《天津:非遗文化传承要

接地气才能"活"起来》中介绍了这个"女孩"的创作灵感,第一次把"梦娃"这个名字推向大众。"梦娃"在微博第一次被提及是在 2014 年 11 月 16 日,用户"文化创意产业网"链接了《经济日报》的这则报道。"文化创意产业网"是一家机构微博,截止到 2016 年 3 月 31 日,其粉丝数量为 18641 人,该条微博转发次数只有 3 次,评论次数 1 次,获赞 3 次,受众反馈并不多。由此可见,单纯依赖报纸等传统纸质媒体或者单纯依赖社交媒体中的非活跃意见领袖,并不能将社会主义核心价值观的相关信息迅速扩散到大众。

"梦娃"被提及超过 200 次的月份出现在 2015 年 2 月、4 月、5 月以及 2016 年 3 月。在 2015 年 2 月的中央电视台网络春节联欢晚会上,三维动画中的"梦娃"形象与主持人在台上互动;2 月 16 日,中宣部宣教局和中国网络电视台联合制作了第一个"中国梦·梦娃"公益广告 45 秒动画视频。[1]"梦娃"公益广告由平面媒体转向多媒体平台,带来了 2015 年 2 月出现的第一次被提及的高峰。由此可见,要在新媒体平台上进行信息传播,必须制作符合新媒体传播特点的内容,将原来只在平面媒体传播的信息进行深层加工,使其多媒体化,才能契合新的传播环境。而 2016 年 3 月出现的高峰,则是由于 2016 年 3 月 2 日到 3 月 16 日十二届全国人民代表大会第四次会议和中国人民政治协商会议第十二届全国委员会第四次会议的召开。两会期间,央视网推出了"梦娃带你看两会"系列,同时其独家报道品牌"网络新闻联播"在新浪微博上开设了"梦娃带你看两会"的专题。可以看出,"梦娃"广告在微博上的推广,当时在很大程度上还是依赖于机构媒体的宣传造势。

再进一步分析新浪微博里个人用户提及"梦娃"的情况,可得到的数据如下:2014 年 11 月没有个人用户提及"梦娃",2014 年 12 月个人用户提及"梦娃"的微博有 1 条;2015 年 1 月没有个人用户提及"梦娃";2015 年 2 月个人用户提及"梦娃"的微博有 214 条;2015 年 3 月有 17 条;

2015年4月有34条；2015年5月有38条；2015年6月有49条；2015年7月有20条；2015年8月有25条；2015年9月有14条；2015年10月有8条；2015年11月有19条；2015年12月有19条；2016年1月有10条；2016年2月有20条；2015年3月有17条。个人用户提及"梦娃"的微博次数以及个人用户提及次数占当月总体被提及次数的比率如图2所示。

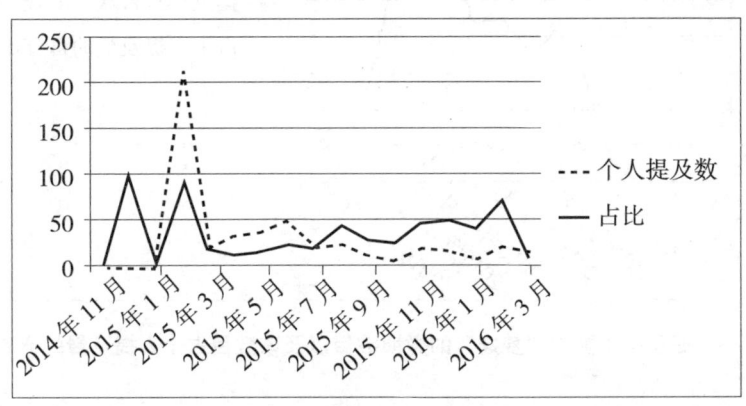

图 2　个人用户提及"梦娃"的微博次数及其占当月总体被提及次数的比率

由图2的数据，可以了解除去官方的宣传，"中国梦·梦娃"公益广告在民间的影响。"梦娃"在2015年2月被个人用户提及最多。从当月微博的具体内容可知，个人用户提及"梦娃"的微博中，96%与春晚有关，其中有94条是与歌手张艺兴与"梦娃"在春晚主持现场的互动有关。而其他月份里，个人用户提及"梦娃"，大多是关于家里的小孩子喜欢看"梦娃"广告。可见"梦娃"公益广告的一大受众群体为孩子及其父母。其中2014年11月至2015年2月，还未有个人用户提及小孩子喜欢"梦娃"。到了2015年3月，有1条微博提及小孩子喜欢看"梦娃"广告；之后的数据为：2015年4月，有10条微博提及；2015年5月，有16条微博提及；2015年6月，有17条微博提及；2015年7月，有9条微博提及；2015年8月，有11条微博提及；2015年9月，有9条微博提及；2015年10月，有5条微博提及；2015年11月，有11条微博提及；2015年12月，有5

条微博提及；2016年1月，有2条微博提及；2016年2月，有8条微博提及；2016年3月，没有微博提及小孩子喜欢"梦娃"。兹将提及小孩子喜欢"梦娃"的微博条目数量和这一数量占当月个人提及量的比率展示如下：

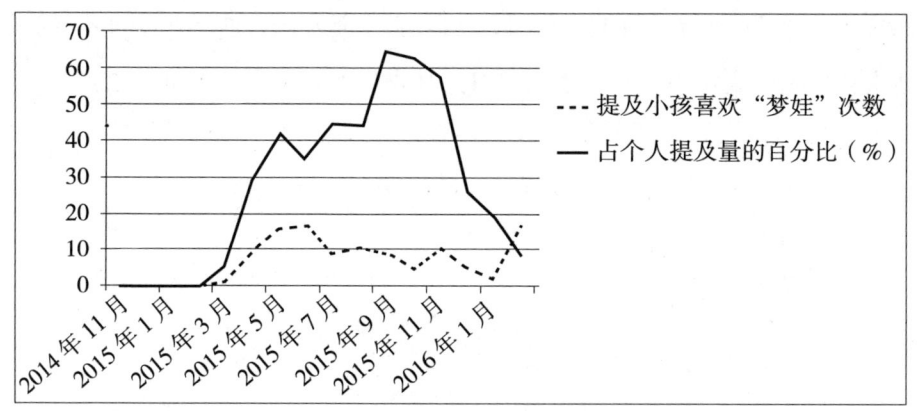

图3　提及小孩喜欢"梦娃"的微博数目以及该数目占个人提及量的比率

二、关于"中国梦·梦娃"社会主义核心价值观系列公益广告的调查

笔者在2016年3月就"中国梦·梦娃"社会主义核心价值观系列公益广告传播进行问卷调查，随机抽样，共发放问卷116份，回收问卷113份，其中有效问卷112份。

（一）"中国梦·梦娃"广告接触

问卷调查中，针对"你是否见过'中国梦·梦娃'广告？"这一问题，112人全部选择了"是"，广告到达率为100%。

针对"你第一次了解到'中国梦·梦娃'广告是通过什么渠道"这一问题，选择互联网的有19人；选择电视的有30人；选择手机的有1人；选择公交、地铁等交通运载工具的有45人；选择建筑围挡、电子展示屏、楼宇电视等公共场所的有17人。没有人是通过广播、报纸、期刊第一次接触到"中国梦·梦娃"广告。各个渠道所占比率如图4所示：

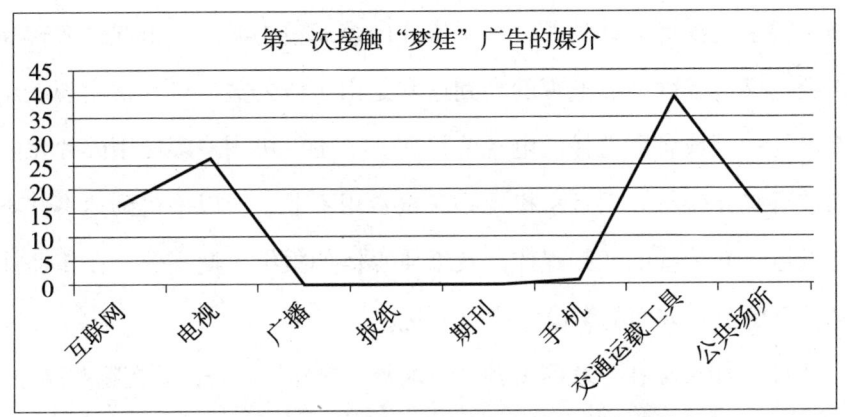

图4　受访对象第一次接触"梦娃"公益广告的渠道比率

因为"中国梦·梦娃"系列公益广告最先为平面绘图，所以有相当高比率的受众最先是在建筑围栏等公共场所见到这一广告。随着动画视频的推出，更多人在交通运载工具、电视、互联网等媒介首次接触到这一广告。针对"你从下面哪个渠道看到过'中国梦·梦娃'广告"这一问题，选择互联网的有107人；选择电视的有83人；选择报纸的有3人；选择期刊的有2人；选择手机的有69人；选择公交、地铁等交通运载工具的有98人；选择建筑围挡、电子展示屏、楼宇电视等公共场所的有110人。广播这一渠道依然无人选择。各个渠道的广告到达率如图5所示：

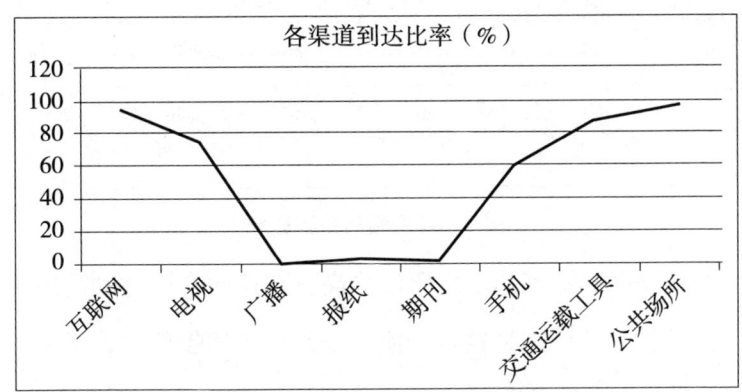

图5　"梦娃"广告在各渠道的到达率

由图 5 数据可见，公交、地铁等交通运载工具以及建筑围挡、电子展示屏、楼宇电视等公共场所，由于媒介内容竞争不激烈，由此带来较高的广告到达率。互联网、电视的高到达率是由于该公益广告常常出现在用户所点击的视频或者所选择的电视节目前。由于手机用户多使用碎片化的时间来进行媒介接触，而且手机视频流量费用不菲，所以手机到达率并不及其他渠道。而传统的音频媒体以及纸质媒体如报纸、期刊等，在传播社会主义核心价值观方面的渠道优势颇不明显。

针对"如果你在互联网看到'中国梦·梦娃'广告，是在哪些网站上"这一问题，在互联网上看过"梦娃"广告的 107 位调查对象选择的结果如下：选择 CNTV 的有 12 人，新华网 28 人，新浪网 68 人，爱奇艺网 32 人，腾讯网 57 人，搜狐网 20 人，PPS 网 13 人，风行网 9 人，乐视网 14 人，酷六网 7 人，凤凰网 8 人。其所占在互联网上看过该广告的总人数的比率如图 6 所示：

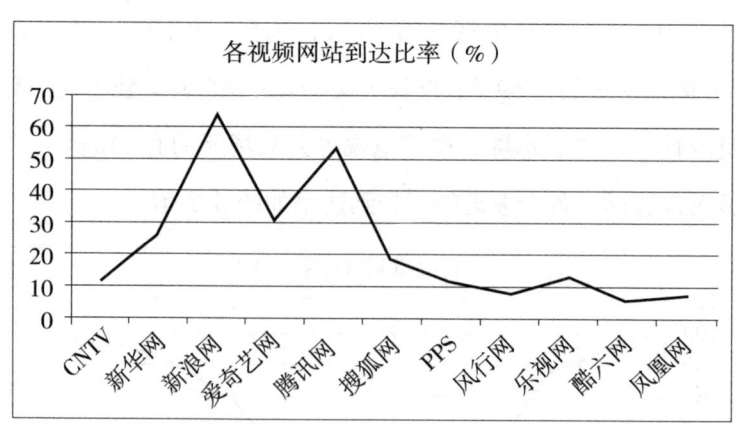

图 6　各视频网站到达率

新浪网和腾讯网的到达率之所以最高，与这两个网站的高用户访问量分不开。在以后的社会主义核心价值观公益广告的投放中，可以集中预算于高用户流量的综合性商业网站。

(二)"中国梦·梦娃"广告记忆

"中国梦·梦娃"公益广告系列的平面媒体版广告有"中国梦,我的梦"这两句广告语。而在动画视频版本,中国网络电视最先推出的是45秒版本,从"国是家、善作魂、勤为本、俭养德、诚立身、孝当先、和为贵"这七个方面诠释社会主义核心价值观。其后又针对这七个主题,分别推出了15秒的小广告,各用两句话,对每个主题进行阐释。

针对"请写下你所记得的'中国梦·梦娃'公益广告词句"这一开放性问题,在回收的112份问卷中,调查对象能默写出来的广告词句及人数统计如图7所示:

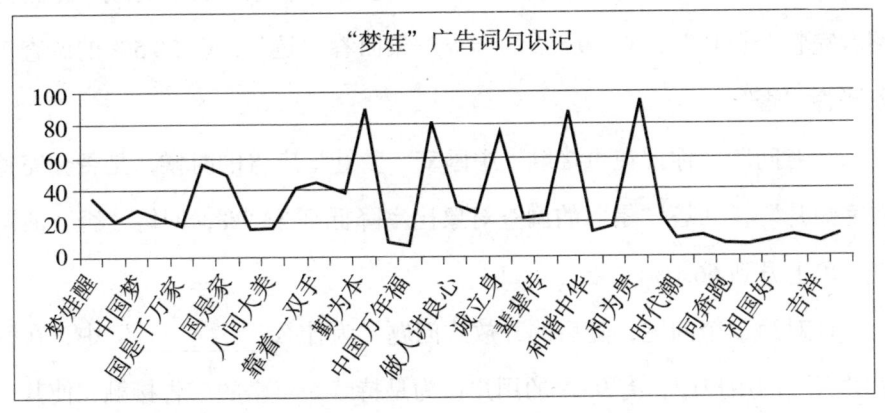

图7 "中国梦·梦娃"广告词句记忆

从图7可以看出,"中国梦·梦娃"广告词句具有较高的记忆率。其中,三个字的广告话语比其他四个字或者六个字的词句更加容易识记。而同样是三个字的词句,在45秒广告中,用大字排版加以强调的内容,比如"勤为本""和为贵"等,比位于屏幕下方的小字内容如"太阳笑""齐努力"等更容易识记。

（三）"中国梦·梦娃"广告创意

针对开放性问题"请列出你印象深刻的'中国梦·梦娃'广告元素"，有63.4%的调查对象回答内容与该广告的色彩方案——红色调、红棉袄、红色剪纸等有关，有75.1%的调查对象对"梦娃"的人物动作印象深刻，其中包括梦娃的七套动作中的某些动作，梦娃光着脚丫奔跑的场景，梦娃缓缓蹲下去托腮的动作等。有41.3%的调查对象对该广告的配音配乐印象深刻。该公益广告凭着对传统元素的灵活运用脱颖而出。

（四）广告吸引

针对问题"你第一次看到'中国梦·梦娃'视频广告的时候，是否完整看完整个短片"，有79.5%的调查对象回答"是"，有20.5%的调查对象回答"否"。

针对问题"你现在再接触'中国梦·梦娃'广告的时候，是否会完整看完短片"，回答"是"的调查对象比率降低到33.9%，回答"否"的调查对象上升到66.1%。

针对第二个问题，随后的开放式问题"为什么_____"中，在回答"否"的用户中，有94%的用户认为是持续一年多的广告接触，使其产生了一定程度的负面情绪，导致广告传播的负面效果。

（五）广告评价

针对问题"你是否喜欢'中国梦·梦娃'公益广告"，选择"非常喜欢"的有21人，选择"喜欢"的有37人，"一般喜欢"的有18人，"一般不喜欢"的有17人，"不喜欢"的有9人，"非常不喜欢"的有10人，各个选项所占调查对象总人数的比率如图8所示：

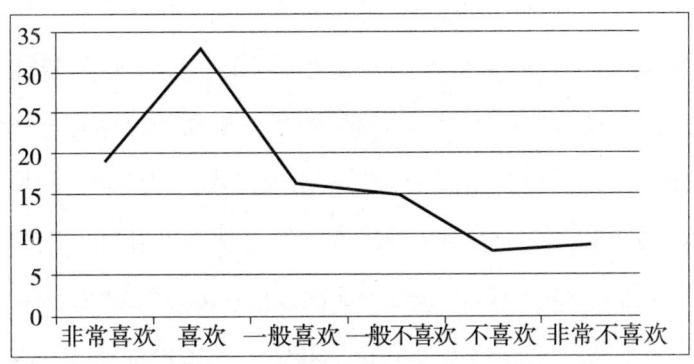

图 8 "中国梦·梦娃"广告评价

由图 8 可见,喜欢"中国梦·梦娃"广告的调查对象占大部分,为 67.9%。

三、新媒体环境下社会主义核心价值观公益广告的传播

基于上文对于"中国梦·梦娃"社会主义核心价值观系列广告的微博传播分析,结合问卷调查的结果,可得出新媒体环境下社会主义核心价值观公益广告传播的经验。

(一)将社会主义核心价值观与当代流行文化巧妙结合,能起到较好的传播效果

第一次明确提到"梦娃"的微信来自于 2014 年 11 月 26 日用户"文化创意产业网"链接了《经济日报》的报道《天津:非遗文化传承要接地气才能"活"起来》。但是,截止到 2016 年 3 月 30 日,该条微博转发次数仅 3 次,评论 1 次,获赞 3 次,受众反馈并不多。由此可见,将传统的纸质媒体内容原封不动地平移到新媒体上,而不是结合新媒体传播特性对信息进行改造,并不能引起大众关注。

2015年2月8日用户"CCTV网络春晚"发表微博："'梦娃'被选为春晚吉祥物，红火的中国梦，跃动的赤子心，萌萌哒的梦娃"。该条微博获得转发6次，评论15次，赞扬87条。最新的评论是把"梦娃"与2016年央视猴年春晚吉祥物"康康"做比较，认为"梦娃"的形象更容易被接受。40分钟以后，"CCTV网络春晚"再次将"梦娃"图片与其他参与春晚的明星照片发布出来，获得194次，评论86次，赞扬194次。2015年2月提及"梦娃"的微博有226条，其中个人用户提及214次，占总提及量的94.7%。个人用户提及"梦娃"的微博中，96%的与春晚有关，其中有94条与张艺兴有关，占了43.9%。由此可见，要提高公益广告形象代言人的认知度，需要结合新闻事件，并且可适度采用"搭便车"的组合推送模式，将其与目标群体的既有偶像相结合，由此提高认知度和认同感。

（二）利用社交媒体的交互性达到精确投放

2015年1月31日，用户"CCTV网络春晚"的一条微博，对手机游戏"梦娃来了"进行推广，说明排名靠前者可获得韩国12人男子流行演唱团队EXO签名相册。这条微博获得反馈并不多，转发7次，评论5次。2015年2月2日，用户"央视微博"也对"梦娃来了"游戏进行推广。但是这条微博没有被转发或评论，只获得点赞1次。

2015年2月3日，微博用户"央视悦动"在凌晨2时和5时连续两次发布了"梦娃来了"的游戏信息，共获得转发20次，评论17次，赞扬44次。当天凌晨6时，同样的信息再次由"CCTV网络春晚"发出，被转发184次，评论43次，赞扬291次。

相较于1月31日和2月2日的微博，同样推广游戏"梦娃来了"，大致相同的内容，所获反馈却出现了较大的差异，原因在于前两次推广，配图只有"梦娃来了"的游戏封面以及二维码，而较后的两次推广将EXO

演唱团成员及其签名相册用九副图片展示出来，对内容进行了包装改造，侧重展示流行明星，并且将其"@"给 EXO 的三大粉丝团"EXO-M""EXO 全球粉丝会""我们都爱 EXO"。

可见，新媒体时代要提高公益广告投放的精确性，需要充分利用网络的互动性，把信息传播到目标群体，可以带来大批喜欢 EXO 的年轻群体。在评论里，有 92% 的用户明确表达了下载"梦娃来了"游戏的意愿，由此产生直接的广告效果，比如用户"八中门口吃过面"评论道："有没有梦娃红包那个二维码的图啊……我这扫不出来啊，礼物有玺子哥的毛笔字啊想要，无价啊"[2]。

（三）利用衍生产品辐射购买执行者和决策者

现有有关"梦娃"的衍生产品包括：内容类产品有 CNTV 网络电视台开发的"梦娃来了"游戏和"梦娃对对联"抽奖；实物类产品有各种商家推出的"梦娃"毛绒玩偶、"梦娃"陶土摆件、"梦娃"生日蛋糕等。

内容类产品开发上，"梦娃来了"游戏中，"梦娃"从出发点到终点"央视网络春晚"大门，在奔向过程中，玩家通过左右摇摆手机，控制梦娃左右移动来避开路障圈羊，由此获得积分。在"梦娃对对联"游戏中，用户进入界面完成 5 个对联，即可抽中至少 3 元人民币的手机话费。在新浪微博中提及这两款游戏的用户有 8 人。

2014 年，"围住神经猫"的流行让人们看到社交网络小游戏在病毒营销中的显著效果。"梦娃来了"这款游戏也借鉴了社交网络的交互性，比如在游戏结束时，用户可选择"任性晒分"，将自己的积分在自己的微信朋友圈展示，由此提高游戏的到达率。但是，该游戏环节的设计上过于单调，导致游戏的可玩性削弱。而且游戏截止时间为 2015 年 3 月 6 日，缺乏了持续开发的可能。

实物类产品中，很多用户发帖询问如何购买"梦娃"玩具，比如用户"law_feimei"在2015年6月16日发帖："有谁知道这个公益广告主角'梦娃'泥人娃娃哪里有售卖？"，用户"我的宝贝是一诺"在2015年6月10日发帖："大宝很爱看中国梦那个广告啦，一边看一边跟着跳，我上网找了一圈也没有卖梦娃的，谁能告诉我哪儿能买到？我想买一个送给宝宝。"用户"天津泥人张彩塑原创"在2015年8月19日发过一条微博"中国梦——我的梦娃，有喜欢的希望大家来定制，价格公道合理"，但是没有获得任何评价或转发。

事实上，利用搜索功能，可以在数分钟内找到"梦娃"产品的潜在客户，再利用微信的"@"功能引起这些潜在客户的注意。但是，泥塑"梦娃"的版权所有者泥人张并没有充分利用新媒体平台进行精确营销。此外，多位微博用户还提到"梦娃"衍生产品质量参差不齐的问题，这涉及到版权管理开发的深层问题，限于篇幅，暂不展开讨论。

对"梦娃"衍生产品的开发，可借鉴迪士尼动漫衍生品的盈利模式，以"梦娃"为主角进行图书、动漫、游戏等内容开发，并且在机场、大型商场等建立"梦娃"专卖店。

（四）找准与时事的契合点

2016年3月2日到3月16日，由于十二届全国人民代表大会第四次会议和中国人民政治协商会议第十二届全国委员会第四次会议召开，央视网推出了"梦娃带你看两会"系列，同时其独家报道品牌"网络新闻联播"在新浪微博上开设了"梦娃带你看两会"的专题，"梦娃"在微博上被提及的数量剧增。

将梦娃形象融入传统新闻报道中，有利于受众理解新闻事件。如"一分钟读懂供给侧结构性改革"这个视频短片中，利用梦娃的卡通形象，以2015年花费达1.5万亿的"海淘热"为入口，向受众解释了习近平总书记提出的"供给侧结构性改革"。

在1分38秒的短视频里，梦娃的形象出现了4次，穿插在短片中，成为一个亲和力强的信息传输中介，结合"囧""经济哥""生活妹""高富帅""白富美""多多滴"等网络流行语言和"植物大战僵尸"的网络流行游戏画面，将"供给侧结构性改革"这个专业词汇转化为易于受众进行解码的信息。[3]

除此以外，还需要及时调整更新传播内容，防止单一符号反复灌输式传播导致广告传播的负效果。

综上所述，"中国梦·梦娃"社会主义核心价值观公益广告是多元媒体环境下公益广告创作、传播的成功代表，其中传统元素与新媒体的结合、利用社交媒体进行有效推广、衍生产品的开发等，都是值得深入研究的提升公益广告传播效果的命题，本文的探讨希望能对后续研究者有一定的启发。

本文为广东省委宣传部委托项目"培育和践行社会主义核心价值观"的阶段性成果之一。

注释：

1　http：//igongyi.cntv.cn/2015/03/04/VIDE 1425451 323679961.shtml.

2　http：//weibo.com/2104059084/C3Qs6v1qq？refer_flag = 1001030103_ &type=comment.

3　一分钟读懂"供给侧结构性改革"——梦娃带你看两会，2016年3月10日23：07，取自：网络新闻联播，http：//news.gmw.cn/2016-03/10/content_19249105.htm。

（原载于《新闻界》2016年第14期）

广州青少年
语言使用与语言态度调查与分析

◎ 徐晖明

（广州大学新闻与传播学院副教授、博士）

摘　要：本研究以462名广州青少年为样本进行城市语言调查，认为广州青少年的语言使用现状可表述为"普通话与粤语并重"；普通话使用比例的快速增加，并未对粤语造成冲击，而原本有不少使用者的其他方言则趋于边缘化；广州青少年在语言态度方面总体上略偏爱粤语，这种偏爱主要来自情感认同维度。研究还发现对普通话的语言态度与性别有关，但在探讨语言态度与性别的关系时，需要排除其中可能包含的与语言态度无关的其他因素，否则会高估性别对于语言态度的影响。

关键词：广州；青少年；语言使用；语言态度

A Study on the Language Use and Language Attitude of Guangzhou Youth and Adolescent

XU Huiming

Abstract: Based on a sampling scale of 462 youth and adolescent, this research discovers that the status of language use of Guangzhou youth and adolescent can be expressed as "both Putonghua and Cantonese are popular". The rapid increase in the proportion of Putonghua users does not reduce the proportion of Cantonese users, while other dialects users tend to decrease distinctly. Mainly due to emotional identity, the Guangzhou youth and adolescent slightly prefer Cantonese in language attitude. We also find significant relationship between language and sex, but language attitude-independent factors should be carefully distinguished and excluded when discussing such problems otherwise the effects of sex on language attitude is likely to be overestimated.

Key words: Guangzhou; youth and adolescent; language use; language attitude

社会语言学于20世纪80年代初传入我国后，经过30多年的发展，取得了长足进展，表现之一就是我国社会语言学界探索出了一种新的研究视角，即城市语言调查，其目的是集中研究城市语言特征及城市语言交际中的问题（徐大明，2006）；在方法方面，它传承了社会语言学的基础理论及研究方法，数据采集具有田野调查的性质，数据分析则是概率统计基础上的定量分析，因而，城市语言调查在研究材料和研究方法方面对社会语言学研究具有重大意义（董洪杰等，2011）。

城市语言调查兴起十多年来，已取得较为丰富的成果。一方面，调查的地域非常广泛，包括北京、天津、上海、南京、西安、郑州、香港、澳门、台湾等很多城市和地区，调查点也普遍具备典型的社会结构特征和地域代表性（徐大明，2006）；另一方面，随着语言学的发展，社会语言学家在考察语言现象时不断引进新的变量（如使用者的语言态度、性别、年龄、社会经济地位等），城市语言调查也及时将这些变量纳入到调查之中，获得了许多宝贵的一手资料，为社会语言学的理论建构提供了实证证据的支持。此外，研究者还针对城市语言调查的方法展开了探讨和反思（郭骏，2013；张斌华，2015）。

近年来，研究者也进行了一系列与粤方言有关的城市语言调查。如《回归前香港、北京、广州的语言态度》（高一虹等，1998）、《港人对广东话及普通话态度的定量与定质研究》（龙惠珠，1998）、《社会建构论框架内对语言态度性别差异的再诠释》（王莉梅，2009）、《广州小学生的语言态度及其身份认同论析》（韩艳梅，2012）、《语言环境对青少年语言态度的影响》（刘莉芳，2013）、《普通话与粤方言的情感评价及地位评价比较——以广州市普通话水平测试考生为例》（杨伟杰等，2013）《广东大学生对普通话和粤语的印象》（张积家，2003）、《广州地区港澳大学生语言态度及语言使用情况调查研究》（刘慧，2013）、《澳门公众服务领域语言态度调查分析》（谢俊英，2015）等。[1] 这些调查针对不同人群、理论视角各异，体现了研究的多元性，对于积累粤方言城市的相关数据资料、形成对于粤方言状况的总体描述有着重要作用。但现有的研究也存在一些明显局限，比如，量化方法的应用尚有不规范之处（如样本量偏少，无统计推论或统计推论的过程不严谨，数据分析方法不科学等），偏重于描述、理论导向不强，等等，影响了研究结果的价值。

本研究是在现有相关研究的基础上，对于广州青少年语言使用与语言态度进行的一次调查研究。本研究一方面借鉴和沿用了现有同类研究的某些思路，以使研究结果具有可比性；另一方面又试图提升量化研究方法的规范性，并强化理论导向，以使城市语言调查能够超越单纯的描述性分析，探索具有潜在理论价值的迹象，最终形成本领域的概念与理论。

一、调查研究方法

本调查以长时间定居在广州的青少年为调查对象，排除因素为来粤旅游者、短期打工者，以及暂时在广州接受教育者（如大专院校学生）等。

对于青少年的年龄范围，本研究参考各种不同的界定标准[2]，确定以29岁为上限、8岁为下限（8岁对应小学三年级，以此为下限是为了保证受访者准确理解和回答问题）；同时，由于青少年的年龄是一个跨度较大的连续变量，为便于考察代际差异，本研究只截取18～29岁年龄段和8～15岁年龄段作为调查对象，其中前者主要是成年非在校人群，后者主要是初中生和小学生。

在抽样时，首先按照行政区的建立时间与经济发展状况，将广州的11个市辖区划分为老城区、新城区和城乡结合部三个区域，在每个区域各随机抽取约200人。其中18～29岁样本为入户访问，8～15岁样本系在三个区域的中小学内进行访问。此外，还在上述三个区域各抽取了一定数量的30岁以上"非青少年"样本，以便于进行代际比较。

问卷调查先于2015年1月进行，后又于6月补充了部分初中生和小学生样本。问卷调查采取"当场填写、当场回收"的方式。对于年龄偏小的受访者，访问员对问卷内容进行适当解释，确保他们在理解题目意思的基础上作出回答。

最终回收的青少年有效问卷为462份。在受访者性别方面，男性224人，女性238人；年龄方面，15岁以下225人，18～29岁237人；出生地方面，广州市263人，广东省内（除广州市）94人，外省105人。此外，还回收了非青少年有效问卷共162份。

二、青少年语言使用现状

描述性数据分析的结果显示，母语[3]为普通话者占36.4%，母语为粤语者占52.8%，母语为其他方言（包括客家话、潮汕话及广东地区的其他方言，如韶关土语等，也包括除广东省外其他地区的方言）者占10.8%。[4]

表 1 广州青少年语言使用情况

	三种	两种			一种			合计
	普/粤/其他	普/粤	普/其他	粤/其他	普	粤	其他	(N=462)
能使用哪种语言	16.1%	46.4%	1.7%	0.2%	22.2%	11.0%	2.3%	100.0%
和家人说哪种语言	1.8%	10.4%	3.1%	0.4%	24.7%	45.8%	13.9%	100.0%
和同学（同事）说哪种语言	1.7%	45.1%	1.3%	0.0%	34.1%	17.6%	0.2%	100.0%

从表1可知，能使用普通话的青少年比例为86.4%（16.1%+46.4%+1.7%+22.2%），能使用粤语的比例为73.7%（16.1%+46.4%+.2%+11.0%）。大部分受访者能同时使用普通话、粤语，比例达到62.5%（16.1%+46.4%）。加上其他方言，能使用两种或两种以上语言的"多语人"占64.4%（16.1%+46.4%+1.7%+0.2%）。

和家人交流时，使用的语言包括普通话的占40.00%，而包括粤语的比例则为58.4%。

在和同学、同事交流时，使用的语言包括普通话的占82.2%，包括粤语的占64.4%。

总体来说，广州青少年的语言使用情况可以概括为：普通话、粤语是主要语言，掌握普通话的比例甚至明显高于掌握粤语的比例，近三分之二的人同时掌握普通话和粤语；但在家庭环境中，使用粤语的比例高于使用普通话的比例；在学习与工作环境中，使用普通话的比例高于使用粤语的比例。

表 2 广州青少年粤语熟练程度

		非常熟练	比较熟练	一般熟练	不太熟练	完全不会
母语	普通话（N=168）	30.4%	13.7%	19.0%	17.3%	19.6%
	粤语（N=244）	83.6%	13.9%	0.8%	1.6%	0.0%
	其他（N=50）	32.0%	14.0%	20.0%	18.0%	16.0%
	合计（N=462）	58.7%	13.9%	9.5%	8.9%	9.1%

尽管粤语常被称为"强势方言"，但也有些人士担忧，在近20年的推广普通话的大背景下，粤语地位正在下降，会说粤语的人数也在减少，

2010年广州亚运会期间出现过"保卫粤语"的激烈呼声。那么，今天广州青少年的粤语程度到底如何？表2的数据在一定程度上回应了这一问题。数据显示，粤语达到"比较熟练"或以上程度的有72.6%，与表1中"能使用粤语"的比例（73.7%）基本一致；另有18.4%为"一般熟练"或"不太熟练"，可视为潜在的粤语使用者；但也有近一成的受访者"完全不会"粤语。

值得注意的是，母语为普通话者以及母语为其他语言者，也有相当一部分人掌握粤语。

三、母语和语言使用的代际差异

如前所述，为了比较的目的，本次调查还另外获取了162个30岁以上的样本，作为与"青少年样本"相对应的"非青少年样本"。大体来说，30岁以上的广州人，出生于20世纪80年代中期或之前；在他们的少儿时期，因务工而涌入广州的外来人口还并不多，广州的推广普通话工作也还未真正起步。[5]由于少儿时期正经历成长过程中的"第一次社会化"和"再次社会化"，他们开始认同某种语言，产生不同的语言态度，形成不同的身份认同（韩艳梅，2012）。因此，他们的语言使用情况也会带有鲜明的时代烙印。

30岁以上样本人群的年龄结构为：30～44岁86人，45～59岁54人，60岁以上22人。由于本文关注的重点是青少年群体，因此，本文将这些"非青少年样本"作为一个整体来看待，不再细分。这样，本文可以对15岁以下、18～29岁、30岁以上这三个年龄组别的语言使用差异进行比较。

很多时候，数据能够显示不同年龄组别之间的语言使用差异，却未必能解释是什么原因导致这种差异。从理论上说，不同年龄组之间的差异既有可能是这些组别之间固有的、不会随着时间而消失的差异（即"代际差异"），也有可能是因每个个体在不同年龄阶段的语言使用情况会有所变化而呈现的差异（即"年龄级差"），对此需要细加辨析（Chambers, 1995；徐大明等，1997）。

在本研究中，由于15岁以下组的社会化过程仍未完成，他们的语言使用情况也仍处于发展变化之中；比如，在他们成长的过程中，尤其是成年后并参与社会分工时，他们可能会继续学习语言，并掌握和使用更多的语言，不排除其语言使用情况逐渐接近上一代；因此，这一组别的"能使用的语言"以及"和同学/同事使用的语言"，并不能确定是属于"年龄级差"还是"代际差异"，其数据仅供参考（表中以括号表示）。不过，对于这三个年龄组别来说，母语是确定不变的，"和家人使用的语言"也是相对稳定的，可以认为，在这些方面的差异是属于代际差异。

而对于30岁以上组和18～29岁组，则可以合理地假定，他们所掌握和使用语言的情况已经相对稳定，该两组之间的差异，也可以视为是语言使用的代际差异。

在表3中，分别列出了30岁以上组、18～29岁组、15岁以下组的母语和使用语言的情况。

表3 广州居民母语与语言使用的代际差异

		30岁以上 (N=162)	18～29岁 (N=237)	15岁以下 (N=225)
母语	普通话	24.7%	29.5%	43.6%
	粤语	46.9%	51.1%	54.7%
	其他	28.4%	19.4%	1.8%
	合计	100.00%	100.00%	100.10%
能使用	普通话	85.78%	90.72%	(82.10%)
	粤语	73.78%	76.79%	(72.22%)
	其他	40.74%	31.65%	(9.33%)
	合计	200.30%	199.16%	(163.65%)

续表

		30岁以上 （N=162）	18~29岁 （N=237）	15岁以下 （N=225）
和家人	普通话	32.10%	32.49%	46.22%
	粤语	54.32%	55.70%	59.11%
	其他	29.01%	27.43%	9.78%
	合计	115.43%	115.62%	115.11%
和同学、同事	普通话	72.22%	84.39%	（79.56%）
	粤语	58.64%	64.56%	（64.00%）
	其他	20.37%	15.61%	（8.89%）
	合计	151.23%	164.56%	（152.45%）

（一）母语

从表3可以看出，以普通话和粤语为母语者，在三个组别中的比例呈代际上升趋势。其中以普通话为母语者比例大幅上升，从30岁以上组的近25%，到18～29岁组的近30%，再跃升至15岁以下组的43.6%。以粤语为母语者比例上升幅度较为缓和，从30岁以上组的46.9%，到18～29岁组的51.1%，再到15岁以下组的54.7%。相应地，以其他方言为母语者则比例大幅下降，由28.4%降至不到1.8%。

此外，广州不同年龄组的市民，其母语比例结构有着极大差异，体现出非常鲜明的代际变化趋势。30岁以上组的母语比例结构是粤语以接近半数的比例而遥遥领先，次则接近占三成比例的其他方言，普通话则居于末位；18～29岁组转变为粤语略过半，普通话占三成，其他不到二成居于末位；再到15岁以下组粤语过半、普通话占四成多、其他方言比例微不足道，形成了明显的以粤语和普通话为主要母语的格局。

这组数据中最引人注目的是普通话母语比例的迅速增加（需要强调的是，粤语母语的比例非但没有因此而减小，反而有小幅增加）；与之相应地，则是以其他方言为母语的比例急剧减少，这是一个不能忽视的重要特点。一个可能的解释是，在改革开放后移居广州的第一代移民，其后代（15岁

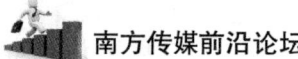

以下组）绝大部分放弃了父辈的母语，转而学习在广州较为强势的普通话或粤语；又由于学习粤语较为困难，大部分选择以普通话为母语；这种情况背后，可能存在着深刻的影响语言使用的社会因素，有待于在今后的研究中继续加以关注。

（二）能使用的语言

能使用的语言，指的是对于某种语言有了相当程度的掌握，能够较为自如地运用于生活、工作、学习中，以完成特定的功能性目标。问卷中此项为多选题，因此列合计的百分比超过100%，该百分比也意味着人均能使用的语言种数。从表3可以看出，在两个年龄组别（30岁以上组、18～29岁组）中人均能使用的语言种数都是约2种，非常接近；两个组别中能使用普通话的比例都很高（分别为85.78%和90.72%），能使用粤语的比例也相当高（分别为73.78%和76.79%），与此同时，能使用其他方言的比例也不低（分别为40.74%和31.65%）。至于15岁以下组，由于他们能使用的语言在未来仍有增加的可能，因此，表中的数据可以视为是下限比例，他们人均能使用的语言达到1.64种。

从代际趋势来看，18～29岁组与30岁以上组相比，能使用普通话和粤语的比例都有所上升（分别上升了4.94%、3.01%），而能使用其他方言的比例则下降了近9.09%。

（三）在不同情境下使用的语言

和家人使用的语言，三个组别的人均种数都保持在约1.15种，30岁以上组及18～29岁组和家人使用的各种语言的比例也很接近，但15岁以下组和家人使用的语言中，普通话比例远高于另两组，粤语比例也略高于另两组，而其他语言比例则明显低于另两组。这一情况，与前述三个组别的母语情况也是相一致的。

和同学、同事使用的语言,18～29岁组与30岁以上组相比,人均使用的语言种数从1.51种上升到1.65种;其中普通话和粤语的使用比例有明显上升(分别上升了12.17%和5.92%),其他方言的使用比例下降(4.76%)。

总之,表3的数据勾勒出了广州居民语言版图的代际变化与现状,粤语总体上保持了强势地位,而普通话呈现快速上升的趋势,粤语与普通话是广州市民使用的主要语言,二者总体上是平衡的;而其他方言则呈现快速下降趋势,可说是处于边缘化的过程中。

四、语言态度及其影响因素

国外的语言态度研究始于20世纪50年代,尤其是美国心理学家华莱士·兰伯特首创的"变语配对法",极大地推动了语言态度研究的发展。我国则于20世纪90年代后,出现了为数不少的涉及语言态度研究的著述。其中有对于语言态度概念的界定和辨析(戴庆厦,1993;游汝杰等,2004),有对于语言态度的功能与作用的论述(刘虹,1993;王远新,2002),有对于语言态度的实证性调查(陈松岑,1991;高一虹等,1998)等,这些成果,从宏观到微观,共同构成了对于语言态度问题的较为丰满的理论阐述。本研究则在借鉴上述成果的基础上,对于广州青少年语言态度作出总体描述,并将年龄、性别等个人特征变量纳入考察,探究语言态度的影响因素。

本研究参考了陈松岑(1999)的研究设计,使用9个项目测量广州青少年对普通话和粤语的语言态度,这些项目包括"好听""亲切""友善""文雅""有权威""有身份""用处多""方便""容易";其中,"好听""亲切""友善"是听话人或说话人的主观感受,属于情感认同维度;"文雅""有

"权威""有身份"属于社会评价维度;"用处多""方便""容易"属实用性维度。受访者根据对每个项目的认同程度打分(共有5个级别的认同程度,分别计为1分到5分),对这9个项目的评价的平均分就是语言态度得分。

表4是对各项目得分的配对样本t检验。受访者对于普通话的语言态度得分为4.015分,对于粤语的语言态度得分为4.155分,其差异也达到统计上的显著性(p=0.007<0.05),可以认为,广州青少年群体总体上略微偏爱粤语。

表4 广州青少年对于普通话与粤语的语言态度

	情感认同			社会地位			实用性			平均
	好听	亲切	友善	有权威	文雅	有身份	用处多	方便	容易	
普通话	4.194	0.044	0.073	0.783	0.953	0.604	0.184	0.174	0.154	0.015
粤语	4.574	0.484	0.373	0.664	0.013	0.744	0.234	0.214	0.134	0.155
相对差异	0.38	0.44	0.30	−0.12	0.06	0.14	0.05	0.04	−0.02	0.14
配对t检验	0.000	0.000	0.000	0.109	0.406	0.053	0.418	0.541	0.821	0.007

具体来说,在9个项目中,共有3个项目的得分差异达到统计上的显著程度,分别为"好听""亲切""友善",这3个项目正好同属于情感认同维度;其他项目则未达统计显著程度。这说明,对于普通话和粤语的语言态度的差异,主要来自于情感层面,广州青少年对于粤语具有更强烈的情感认同。

下面进一步以回归分析考察对于语言态度的影响因素。进入回归的3个预测变量为年龄组别、性别、母语。

表5 广州青少年语言态度影响因素的回归分析

	普通话			粤语		
	非标准化回归系数	标准化回归系数	Sig.	非标准化回归系数	标准化回归系数	Sig.
(常量)	3.961	0	0	3.943		0
年龄为18–29岁组	0.112	0.066	0.150	−0.152	−0.106	0.010
性别为男	−0.259	−0.153	0.001	−0.110	−0.077	0.062

续表

	普通话			粤语		
	非标准化回归系数	标准化回归系数	Sig.	非标准化回归系数	标准化回归系数	Sig.
母语为普通话	0.333	0.188	0			
母语为粤语			0	0.650	0.453	0
调整后 R^2	0.053			0.220		

注：上表4个预测变量都是类别变量，已分别转换为哑变量：年龄以15岁以下组为参照类别，性别以女性为参照类别，母语分别以非普通话、非粤语为参照类别。

表5的回归分析显示了年龄、性别、母语3个因素分别对于语言态度的影响，其结果可以表述为：

性别和普通话母语是影响对普通话语言态度的因素，年龄则不是影响普通话语言态度的因素；男性对普通话的评价低于女性（$\beta=-0.153$，$p=0.001<0.05$）；母语为普通话者的普通话评价高于母语为非普通话者（$\beta=0.188$，$p=0.000<0.05$）；普通话母语对普通话评价的影响大于性别的影响。最后，调整后的 R^2 为0.053，说明该回归方程中预测变量所能解释的比例略偏低。

年龄和粤语母语是影响粤语评价的突出因素；18～29岁组对粤语的评价低于15岁以下组（$\beta=-0.106$，$p=0.010<0.05$），母语为粤语者的粤语评价明显高于母语为非粤语者（$\beta=0.453$，$p=0.000<0.05$）；而性别不是影响粤语评价的因素。调整后的 R^2 为0.220，说明该回归方程中的预测变量所能解释的比例较高。

可见，母语因素对于粤语评价和普通话评价都有显著影响，尤其是粤语母语对于粤语评价的正影响，远高于普通话母语对普通话评价的正影响。

回归分析还显示，广州青少年的性别因素对普通话评价产生影响，但对粤语评价无影响，下文将进一步分析这个问题。

五、性别与语言态度

国内对于语言与性别关系的研究大致始于20世纪70年代，在此后的较长一段时间里，主要关注男性与女性用语在形式特征如语音、词汇、句法结构等方面的差异；近年来，随着研究的深入，学者开始对于语言与性别的关系进行更为全面的探讨，其中也包括语言态度与性别的关系。以其他城市为调查地的一些研究已表明，性别是语言态度的影响因素（倪传斌等，2004；王萍，2008；周薇，2011；薛亚丽，2012），本文则试图对广州青少年群体中性别与语言态度的关系作出细致分析。

表5的回归分析显示，性别是普通话语言态度的影响因素，而不是粤语语言态度的影响因素。表6的独立样本t检验得到了同样的结论（男性与女性对于普通话的语言态度差异达到显著水平，p=0.001<0.05；男性与女性对于粤语的语言态度差异未达到显著水平，p=0.111>0.05）。

表6 性别因素对于广州青少年普通话和粤语语言态度的影响

		情感认同			社会地位			实用性			均值
		好听	亲切	友善	有权威	文雅	有身份	用处多	方便	容易	
普通话	男	3.98	3.88	3.88	3.73	3.78	3.49	4.08	4.08	4.04	3.882
	女	4.39	4.19	4.26	3.82	4.11	3.71	4.26	4.26	4.25	4.139
	相对差异	0.41	0.31	0.38	0.09	0.33	0.22	0.18	0.18	0.21	0.257
	独立样本t检验	0.000	0.001	0.000	0.399	0.001	0.030	0.059	0.071	0.033	0.001
粤语	男	4.53	4.48	4.36	3.69	3.92	3.65	4.11	4.11	4.06	4.100
	女	4.61	4.47	4.39	3.64	4.09	3.81	4.34	4.31	4.20	4.207
	相对差异	0.08	−0.01	0.03	−0.05	0.17	0.16	0.23	0.20	0.14	0.107
	独立样本t检验	0.24	8.88	5.68	4.61	7.07	5.13	1.00	8.02	0.15	1.111

表6还显示了男性与女性对于普通话与粤语的各个具体项目的评分情况。可以看出，不同性别对于普通话语言态度的评分均值存在显著差异（p=0.001<0.05），女性对于普通话的评分（4.139）高于男性（3.882）。在具体项目方面，有6个项目的评分差异达到统计上的显著程度，可认为存在性别差异，它们分别是"好听""亲切""友善""文雅""有身份""容

易"。值得注意的是,女性对于普通话的情感认同(好听、亲切、友善)明显高于男性。

表6的数据还显示,女性对于普通话、粤语几乎所有项目的评分都高于男性(尽管有些并未达到统计上的显著程度),只有对于粤语的"亲切"和"有权威"略微低于男性评分。实际上,女性的语言态度评分高于男性的情况,似乎是个较为普遍的现象,不仅见于普通话与粤语的比较研究中,也见于涉及其他语言的同类研究中(倪传斌等,2004;薛亚丽,2012;杨伟杰,2013)。这种现象也许不应简单地解释为女性具有更为积极的语言态度,还应考虑到是否包含与语言态度无关的心理因素,比如,性别心理的差异(女性更倾向于附和、肯定他人)会不会导致女性更倾向于对各种语言都给出更高的评分?但现有的此类研究设计,通常都未能清晰地辨明、剔除其中掺杂的与语言态度无关的其他因素,可能产生的后果就是高估了性别对于语言态度的影响。为了改变这种情况,有必要在未来的研究中设计出更为精密、合理的方案。

六、结论与讨论

在广州青少年群体中,粤语仍保持着强势语言的地位,与此同时,使用普通话的人数也已非常可观,可以用"普通话与粤语并重"来描述这种广州青少年的语言使用状况。不过,普通话与粤语的应用环境有所差别,在工作与学习环境中以普通话更为普遍,而在家庭环境中则说粤语更为常见。

通过代际比较发现,以粤语为母语者以及粤语使用者的比例一直在呈微弱的代际增长趋势,以普通话为母语者及普通话使用者的比例增长迅速,一度拥有不少使用者的其他方言则生存空间明显缩小(包括母语、学习/

工作语言、家庭语言的选择等）。很显然，普通话的"崛起"并未像有些人士担心的那样"冲击"了粤语，但却极大地"冲击"了在部分广州人群中使用的其他方言。在普通话与粤语成为广州居民的主要语言的同时，其他方言正在被边缘化。

有不少学者都论述过粤语作为强势方言的地位。如方言区的人在承认普通话的同时，对于方言保持不同程度的语言忠诚，而这种语言忠诚在粤语区又更为突出（高一虹等，1998），本研究也印证了这一点。广州青少年在包容和接受普通话时，并没有冷落或抛弃粤语。

在语言态度方面，广州青少年总体上略偏爱粤语，这种偏爱主要来自于对粤语的情感认同维度。而影响语言态度的最重要因素是母语，对于母语的语言态度评分高于非母语的语言态度评分；在以粤语为母语的青少年中，这一点表现得尤为明显。

本研究发现，对普通话的语言态度与性别有关，这与已有的同类研究是一致的。但在研究语言态度与性别关系时，需要辨析并排除评分时所包含的与语言态度无关的其他心理因素，否则会高估性别对于语言态度的影响。

注释：

1 这些论文中分别使用了"广东话""粤方言""粤语""广州话"等不同措辞（其中"粤语"最为常用），实际上都是指代粤方言的代表方言广州话；为保持一致，本研究也沿用"粤语"这个概念来指代广州话。

2 比如，联合国认定15~24岁的人为青年；世界卫生组织认定14~44岁的人为青年；我国的人口统计则认定15~29岁的人为青年。

3 为方便表述，在问卷中我们使用了"母语"概念，主要指的是"第一语言"，即出生以后，最早接触、学习并掌握的语言。在正式调查之前，我们进行了小规模的预调查，测试受访者对于"母语"的理解，方法是让他们自己描述什么是母语，然后对所有受访者的回答进行文本分析。结果表明，大多数人把母语理解为"最早学会的语言"，此外还有"自己家乡的语言""自己最熟悉的语言"等；在现实中，这几种情况通常是高度重叠的。

4 有学者认为，普通话是母语的标准形式，方言是母语的非标准形式，普通话和方言都是母语（彭泽润等，2010），本文暂不讨论此问题。为方便起见，本文将普通话与粤语、其他方言视为不同的母语。

5 中国政府虽然从20世纪50年代就制定了推广普通话的政策，并于20世纪80年代进一步大力推动这项工作，但在广州地区，直到20世纪90年代中后期，推广普通话才开始形成声势，取得较明显的成效。

参考文献：

［1］陈松岑.新加坡华人的语言态度及其对语言能力和语言使用的影响［J］.语言教学与研究，1999（1）：81-95.

［2］戴庆厦.社会语言学教程［M］.北京：中央民族学院出版社，1993.

［3］董洪杰，李琼，高晓华.社会语言学研究的新视角：城市语言调查［J］.西安文理学院学报社会科学版，2011，14（1）：23-26.

［4］高一虹，苏新春，周雷.回归前香港、北京、广州的语言态度［J］.外语教学与研究，1998（2）：23-30.

［5］郭骏.关于城市语言调查的几点思考［J］.语言文字应用，2013（4）：30-39.

［6］韩艳梅.广州小学生的语言态度及其身份认同论析［J］.西南农

业大学学报社会科学版，2012，10（1）：201-205.

[7] 龙惠珠. 港人对广东话及普通话态度的定量与定质研究[J]. 中国语文，1998（1）：66-73.

[8] 刘虹. 语言态度对语言使用和语言变化的影响[J]. 语言文字应用，1993（3）：93-102.

[9] 刘慧. 广州地区港澳大学生语言态度及语言使用情况调查研究[J]. 暨南学报哲学社会科学版，2013，35（3）：148-153.

[10] 刘莉芳. 语言环境对青少年语言态度的影响[J]. 湖北民族学院学报哲学社会科学版，2013（1）：135-138.

[11] 倪传斌，王志刚，王际平，姜孟. 外国留学生的汉语语言态度调查[J]. 语言教学与研究，2004（4）：56-66.

[12] 彭泽润，谭汝为，胡萍. 方言和普通话的语言关系和谐化——广州"保卫粤语"游行引发的思考[J]. 武陵学刊，2010，35（6）：119-124.

[13] 王莉梅. 社会建构论框架内对语言态度性别差异的再诠释[J]. 外语研究，2009（6）：34-38.

[14] 王萍. 南京方言态度差异研究[J]. 语言应用研究，2008（9）：90-92.

[15] 王远新. 中国民族语言学理论与实践[M]. 北京：民族出版社，2002.

[16] 谢俊英. 澳门公众服务领域语言态度调查分析[J]. 语言文字应用，2015（2）：19-28.

[17] 徐大明. 中国社会语言学的新发展[J]. 语言学研究，2006（2）：123-129.

[18] 徐大明，陶红印，谢天蔚. 当代社会语言学[M]. 北京：中国

社会科学出版社，1997.

[19] 薛亚丽. 90 后大学生语言态度的性别差异研究［J］. 长春工程学院学报社会科学版，2012，13（3）：90-94.

[20] 杨伟杰. 普通话与粤方言的情感评价及地位评价比较——以广州市普通话水平测试考生为例［J］. 韩山师范学院学报，2013（5）：92-96.

[21] 游汝杰，邹嘉彦. 社会语言学教程［M］. 上海：复旦大学出版社，2009.

[22] 张斌华. 论城市语言调查的理论和方法——从郭骏的《关于城市语言调查的几点思考》谈起［J］. 集美大学学报哲社版，2015，18（3）：28-35.

[23] 张积家，杨卓华，朱诗敏. 广东大学生对普通话和粤语的印象[J]. 心理学探新，2003（1）:27-35.

[24] 周薇. 语言态度和语言使用的相关性分析——以 2007 年南京城市语言调查为例［J］. 语言教学与研究，2011，23（1）：51-54.

[25] Chambers, J. K. Sociolinguistic theory: language variation and its significance. Oxford: Blackwell, 1995.

（原载于《语言文字应用》2016 年第 3 期）

名人微博的文本特征及其影响力分析
——以新浪微博名人堂广州地区为例

◎ 李祥伟

（广州大学新闻与传播学院副教授、博士）

摘　要：本文以新浪微博名人堂广州地区实名认证的名人用户数据为基本资料，采用多层测评方法筛选出68位名人微博作为研究对象，追踪2013年7月的微博文本，以"临武小贩事件"为个案，探讨名人微博的文本类型特征及其影响。通过对身份类型与文本类型的交叉研究发现：意见领袖的地位突出，影响力大，其中大众文化型和新闻专业型微博的影响力十分突出；媒体人是意见领袖的主体，他们参与的话题更集中，其微博影响力显著高于其他意见领袖。

关键词：名人微博；意见领袖；文本特征；影响力

随着移动互联网技术的发展，以微博、微信、微视频等为代表的微传播成为了主流传播方式。近两年，微博虽然受到微信传播的强烈冲击。但据《中国新媒体发展报告》（2014）显示："微博仍处于稳定发展期，是微传播格局中的强媒体。"作为一种公开互动社会化的媒体，微博具有独特的传播优势，其发展速度已超乎人们的想象。新浪微博自2009年8月正式上线公测起，截止到 2013 年 3 月底，注册用户增长至 5.36 亿，日均活跃用户数 4980 万，其中广东地区注册用户超过 3000 万。至今为止，仍然是国内微博用户量以及用户活动量所占比重最大的信息平台。如此庞大的微博群体显然已成为重要的社会新生态，急剧地改变着中国的传播生态和舆论格局。

一、研究背景

意见领袖（Opinion Leader）是二十世纪四十年代美国传播学者拉扎斯菲尔德等人提出的"两级传播理论"的核心概念，它意味着"观点经常从广播和印刷媒体流向意见领袖，然后再从他们流向不太活跃的人群"，随着媒介技术的发展和"微时代"的来临，"微博意见领袖"这一新的社会群体或阶层崛起，又呈现出不同的特点，成为传播学研究的热点。

微博的活动空间与主题话语具有公共性，呈现出公共领域的特性得到一致认同。国内外对微博意见领袖的研究主要集中在微博意见领袖的判别与角色认定与传统意见领袖相比较的新特征，以及公共事件中的意见领袖影响力等问题的研究。虽然学术界对微博意见领袖的影响力构成要素与角色判定标准有不同的理解，设计不同指标体系进行微博意见领袖的判定研究，如王君泽等人选择了关注用户数量、粉丝数量、是否被验证身份和发布的微博数量等 4 个维度作为标准（2011），王平、谢耕耘选择的是"被转载量、评论量、微博用户的粉丝数及认同值" 4 个指标（2012），周庆山将粉丝数、微博数转发数、评论数、平均转发数和平均评论数 5 项指标作为判别微博意见领袖的标准（2012）。白贵、王秋菊的研究进一步显示"粉丝数、转发评论数与微博影响力呈显著性正相关；而微博数和原创率这 2 个指标与微博影响力成一般性正相关关系"（2013）。总体而言，现有研究中，大多通过数据统计进行量化研究，多从人口统计学的角度探讨意见领袖的特征与类型，而对于意见领袖微博的文本特征与影响力之间的关系研究较少。对不同性质的微博用户如名人、媒介组织、政府机构等，以及分地区、分类别的细化研究等有待进一步展开。

理论上，"意见"一词可以理解为"观点、态度"，其区别于"信息"，是结构化了的"信息"，意见领袖处于"信息"流动的中枢地位。真正的意见领袖在两级传播机制中须进行一种信息的再生产，即意见领袖对接受的信息符码进行自己独特的"解码"并重新"编码"，从内容到形式不同程度地重新"结构"信息，使原有信息更具有传播价值或更易于传播，从而对接受者产生影响。微博意见领袖的信息再生产，具体来讲，包括对信息的选择、分析、评估及其表达的综合能力，可以说是一个人媒介素养的集中呈现。

作为现实中的"名人"（社会精英），他们成为"微博意见领袖"有着天然的优势。新浪名人堂是新浪微博专门为经身份认证名人设置的平台，这些名人在微博中延续着现实中的"精英"角色，吸引大量的粉丝关注，其微博具有较强的传播力，但是否能够成为真正的意见领袖，产生影响力，还需取决于其信息再生产能力，具体体现在微博文本本身。微博文本有何特征？不同文本类型微博的影响力有何不同？身份类型与文本类型微博意见领袖有何关联？考虑到广州发达的信息传播环境，本文以新浪微博名人堂广州地区实名认证的名人用户数据为基本资料，采用多层测评方法筛选出广州地区68位名人微博作为研究对象，追踪2013年7月的微博文本，以"临武小贩事件"为个案，进一步对广州地区微博意见领袖身份类型与文本类型进行交叉分析。

二、微博意见领袖的主体构成与文本类型

经初步统计,截至 2013 年 7 月,新浪微博名人堂广州地区实名认证的个人用户为 2441 个。本文以此为总样本,采用多层测评的方法选择研究样本。具体地来看:① 基本取样:按照"粉丝一万和微博数一千"的筛选标准,对样本总体进行筛选,共得出 698 个基本样本(其中包括营销账号、娱乐帐号甚至僵尸帐号);② 人工筛选与补充:依据人工筛选剔除营销账号、娱乐账号、僵尸帐号(包括由皮皮时光机固定发布的微博账号)以及粉丝数量虽多但评论转发量极少的微博账号。同时,对注册地址模糊(只填写广东)的用户再通过微博实名认证的资料进行人工考察;③ 话题筛选:鉴于微博公共性的特征,结合新浪发布的 2013 年 1～7 月微博话题报告每月的微博话题 TOP10,共有 70 个,按照话题的社会性、关注度、争议性等标准选择公共事务较强的 10 个话题(1 春运,2 雾霾,3 李天一案,4 两会,5 铁道部撤销,6 雅安地震,7 郭美美,8 校长开房,9 厦门 BRT 起火事件,10 临武事件等),进行话题(关键字)搜索,超过 5 个以上的微博列入考察。通过上述过程,最终共得出 68 个的研究样本(具体构成见表 1)。

(一)广州地区微博意见领袖的身份构成

已有的研究表明,2013 年新浪微博使用者性别分布为男性 50.1%,女性 49.9%,渐趋基本平衡,但男性成为微博意见领袖绝对主体,掌握了微博话语权。就本文意见领袖研究样本而言,广州地区微博意见领袖男性占 94%,略高于全国(平均数 92%)。这一个群体整体受教育程度高,专业性强。68 位样本中注明学历状况的为 28 个,其中大多数毕业于清华大学、北京大学、中山大学、暨南大学等名校,未注明学历状况的,根据其所从

事的职业来推测，仍属于高知人群。仅有一位注明是高中学历。

从身份特征来看，媒体人成为主体构成，在68位认证用户中有33位从事媒体及相关行业，占总样本数的48.53%，高于全国，学者（主要集中在高校教授）11位，企业家10位，艺术家（主要是作家、摄影家等）7位，政府人员（都是政协人员）4位，专业人士（2位律师、1位医生）3名等。值得注意的，明星型特别是娱乐明星作为意见领袖在广州地区缺失，广州地区明星型微博名人主要集中在体育明星，粉丝数达至百万的明星如水上芭蕾明星刘鸥（381万）、排球教练郎平（448万）、恒大球员张琳芃（201万）等，但由于论题范围窄、微博数较少、转发量太少等原因未能进入意见领袖之列而纳入考察范围。

表1 意见领袖的身份构成

类型	媒体人	学者	企业家	艺术家	政府人士	专业人士	合计
样本数	33	11	10	7	4	3	68
百分比	48.53	16.18	14.71	10.29	5.88	4.41	100.00

（二）广州地区微博意见领袖的文本类型分析

"临武事件"是2013年7月份新浪微博的热点话题，据《"临武小贩之死"事件微博分析》（新浪微博微报告）显示，参与事件讨论的微博用户遍布全国，其中广东居首，超过万人，这也是本文选择此事件作为个案分析的原因。微博承载事件的整个过程（小贩被城管打死，警察抢尸，政府公布进展，官方媒体表态，获得赔偿），加速事件处理的进度，促进政府机构执政的公平性，呈现出微博强大的舆论引导力与干预现实的行动力。

根据微博主"信息再生产"的特点与能力，本文将微博文本分为文化生产型、新闻生产型与混合型三大类（见表2）。

文化生产型即将原初的信息当做一种文本资源，从更深层的文化层面进行信息再生产,创造出具有时代特征的新文本形态。文化生产型中最常见也最易于传播是大众文化型。新媒体时代的"段子文化"由来已久,作为全民参与的大众文化,承载社会大众情绪与意愿的表达,随着微博的兴起,许多手机短信与网络的段子高手转战微博,微博成为"段子文化"主要集聚地,微博限于"140字"碎片化,去中心化、短阅读的特点,为段子文化的传播提供便利。微博中呈现出的"段子文化"成为微时代的文化表征。社会新闻热点最能反映社会矛盾的信息,最容易形成公共舆论的议题,也最易触动大众心理,通过段子发表意见,反映民情民意,疏导公共舆论。总的来说,大多数大众文化型微博营销目的比较明显,对于社会新闻热点的关注不够。就广州地区而言,大众文化型微博意见领袖的典型代表为"思想聚焦"等。涉及"临武事件"("城管""临武""小贩"等为关键词),发布相关微博17条,其中转发9条,原创8条,其转发的有《城管之歌1》(歌曲《常回家看看》重新填词)、《城管之歌2》(乐府五言诗的改编)、《祖国啊!我只是摆了个小摊》(打油诗)、《卖瓜翁》(白居易古诗《卖炭翁》的改编)、《2013数风流,城管你最牛!》(七言打油诗混搭)等,原创文本(包括改编、仿写与创作)包括仿写的《小贩之歌》(歌曲《从头再来》的重新填词)、《六个人,不同的命运》《还有人性吗!?》《见闻》(配图片)等。从内容看,17条微博反映社会情绪,表达了社会大众对"临武事件"的悲愤与不满,一定程度上促进事件的进展。

新闻生产型可以根据对于信息加工的深度再进一步分为集散型、评论型与专业型。

集散型主要进行信息直接传递,微博成为各类信息观点的跑马场、中转站,博主有一定人气,比较活跃,发布微博数量比较多,多呈现为信息的直接转发。如博主"谭人玮""信力健",2013年7月共发布微博1202条,在"临武事件"中,共发布有20条相关微博,全为直接转发。

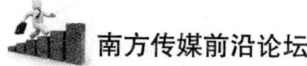

评论型就是对信息有自己明确的观点与态度，思想价值观明确、清晰，往往能够引导舆论，广州地区评论型名人微博呈现出多种样态，如具有专业性特征的"医生哥波子"，主要关注的是医疗改革的相关话题，人气很高，粉丝数达360万之多，具有稳定的微博被转评量；具有区域性特征如"政协委员韩志鹏"，主要关注广州乃至广东区域内"公共政策评估"等问题上，如"村委换届""龙湾工业园项目"等，其粉丝也多以本地粉丝居多；具有深入性特征的如"评论员李铁"连续发布几十条微博阐述自己关于"强奸危害有大小"这一观点的看法。"落魄书生周筱赟"，对"曾成杰案""红十字会课题费"等社会问题方面具有持久的关注度。还有自设议题的"宋祖德"，其微博大都选取当天社会热点话题，"一事一议"，在多个话题中的微博被转评率都较高（平均被转发量达952.25条，平均被评论量398.5条），但是由于其发博数量较少、频率低、影响力有限。在"临武事件"中评论型的典型代表是"染香"，属于草根博主，虽然其微博具有明确的营销目的，但其微博内容关注社会热点，多原创的观点，2013年7月共发布148条微博，原创111条，共发6条涉及"临武事件"的微博，其提出"文明执法是个伪命题"观点，从城管管理角度发表不同于微博圈主流的观点，平均转发率较高。

专业型，一般来讲，微博主能够持续关注，全程跟踪参与社会热点事件，从专业新闻生产的角度进行信息选择（如注意新闻信息背景、平衡报道、后续报道等），微博主抓住新闻事件的关键节点，及时转发，有层次地分析评论，设置议程，引导舆论，促进现实问题的解决。代表为"马志海"。在"临武事件"中，全程跟踪参与，发表的19条相关微博包括事件报道、背景资料（广州/宋代城管发展）、后续报道（临武"瓜农"事件中被免城管官员为法院副院长？法院拒接受人民网采访）、同类新闻话题（又是城管！临武未完 哈尔滨开启！），以及平衡报道（转发一个离职城管的心里话）等内容。微博发布的内容构成，体现了一个媒体人的专业素养。同时，博主观点鲜明,在郴州官方公布事件进展与新闻发布会之间,发布多条微博强烈质疑死因,如"敢再无耻点儿不?意外死亡?倒地,突然死亡""官话之无耻,就在于长期的脱离群众之下,他们已经完全失去了人所应该拥有的正常情感,他们已经站到了人性的对立面"等。其鲜明的态度与观点,引导舆论方向,促进现实问题的解决。

混合型是以上两类的结合,微博内容多个人私事私趣的呈现。代表为"陈朝华"。混合性多属于"谨慎温和型",一般不直接表达自己的观点态度,其意见表达行为通常表现为"转发"或"转发+短评",所转发的内容通常来自于蓝V(微博认证机构)和橙V(微博认证用户)。这样一方面增加了信息的可信度和准确度,另一方面规避了言论责任。

表2 广州地区微博意见领袖代表性文本类型

类型		代表样本	粉丝数与发博数		"临武事件"			
			2013/7-2014/7 粉丝成长数	2013/7 微博数	发微博数	被转发数	被评论数	微博特点
大众文化型		"思想聚焦"	201—846万	1029	17	20255	4061	转发或原创
新闻生产型	集散型	"谭人玮"	4.1—6.7万	1202	20	972	43	直接转发
	评论型	"染香"	10.0—93万	148	6	3802	4	原创评论
	专业型	"马志海"	14.0—16.6万	436	20	4736	914	简评+转发
混合型		"陈朝华"	196—223.6万	151	3	458	69	形式多样

三、意见领袖的微博类型及其影响分析

68个意见领袖7月份微博,特别是"临武事件"的微博文本特征及影响见表3。对样本的个体分析和汇总分析表明:

①意见领袖的地位突出,影响力大。意见领袖发博数量大,人均194.85条;每一意见领袖的话题较集中,但各意见领袖对话题的关注度存在较大差异,在当月的十大话题中,人均涉及1.16个。就"临武事件"而言,68位意见领袖的人均发博数为2.32条。事件的发生地与意见领袖的所

在地差异，导致广州地区意见领袖对这一事件的集体关注度不高，但其微博的人均转发数和评论数却分别高达574.71条和85.37条，在一定程度上佐证了其意见领袖的地位或在微博上的影响力；② 大众文化型和新闻专业型意见领袖微博的影响力十分突出。对各意见领袖微博的逐一分析表明，就微博文本类型而言，信息集散型微博占38.23%，信息评论型微博占22.06%，混合型微博占35.29%，而大众文化型微博和新闻专业型微博分别仅占2.945%和1.47%。与之形成巨大反差的是，其微博的影响力（平均转发数＝转发数／发博数、平均评论数＝评论数／发博数）显著关于其他微博文本。具体地，大众文化型微博的平均转发数和平均评论数分别为1221.19条和198.38条，新闻专业型微博的平均转发数和平均评论数分别为236.80条和45.70条，而信息集散型微博的平均转发数和平均评论数分别为23.00条和1.69条。

表3 意见领袖的微博文本类型及其影响

微博类型	比重	当月人均发博数	人均参与当月话题数	人均发微博数（"临武事件"）	人均转发数（"临武事件"）	人均评论数（"临武事件"）
大众文化型	2.94	598.50	3.50	10.50	12822.50	2083.00
新闻专业型	1.47	436.00	3.00	20.00	4736.00	914.00
信息集散型	38.23	212.38	1.19	2.62	60.27	4.42
信息评论型	22.06	154.07	0.87	0.53	258.87	2.87
混合型	35.29	157.67	1.04	1.71	135.38	23.63
总计	100.00	194.85	1.16	2.32	574.71	85.37

表4 意见领袖的身份类型及其微博影响

身份	人数	当月人均发博数	人均参与当月话题数	人均发微博数（"临武事件"）	人均转发数（"临武事件"）	人均评论数（"临武事件"）
媒体人	33	62.25	0.31	1.26	764.36	151.62
企业家	10	38.98	0.58	1.02	386.63	1.42
学者	11	515.28	3.07	7.64	2630.32	378.05
艺术家	7	138.64	0.79	2.07	788.43	20.07
政府人士	4	55.25	0.33	0.00	0.00	0.00
专业人士	11	108.33	0.50	0.00	0.00	0.00
总计	68	194.85	1.16	2.32	574.71	85.37

样本中媒体人占48.53%，为此，在不同微博类型中的高比例并不令

人意外。交互分析（见表4）表明：① 意见领袖的大众文化型和新闻专业型微博尽管不多，但三分之二为媒体人；② 媒体人参与的话题更集中。媒体人当月发微博数（62.25条）和参与话题数（0.31个）明显低于全部样本的194.85条和1.16个的平均水平；③ 媒体人意见领袖微博的影响力显著高于其他意见领袖。就"临武事件"而言，媒体人人均发博数1.26条，低于样本的平均水平2.32条，更低于学者的7.64条、艺术家（主要为作家）的2.07条。尽管"临武事件"仅是当月十大微博话题之一，但广州地区微博意见领袖中的政府人士和专业人士（占总样本的10.21%）微博竟未发1条。但在反映影响力的指标上，媒体人平均转发数和平均评论数高达605.76条和120.16条，显著地高于学者（344.49条和49.51条）、企业家（380.17条和1.39条）和艺术家（380.62条和9.69条）。显然，媒体人意见领袖的每一条微博不仅其转发数远高于其他意见领袖，其引发的共鸣（评论数）更非其他意见领袖的微博可比拟。显然，媒体人意见领袖的这一突出表现，很可能与其很强的专业素养和专业水平有较大关系。

参考文献：

[1] 希伦·A.洛厄里，梅尔文·L.德弗勒.大众传播效果研究的里程碑[M].刘海龙,译.北京：中国人民大学出版社,2009.

[2] 人民网舆情监测室.2013新浪媒体微博报告.http://www.doc88.com/P-7982048986849.html.

（原载于《新闻与写作》2014年第11期）

社交媒体背景下的美国地方政府传播
——以北卡罗来纳州教堂山市为例

◎ 林渊渊

（广州大学新闻与传播学院副教授）

摘　要：社交媒体具有用户生成内容、信息易于共享、用户网状互联等特点，在当前美国地方政府传播中占据主导地位。同时，作为泛化的社交媒体或社交媒体的延伸，其他互联网应用和传统媒体在美国地方政府传播中仍发挥重要作用。本文以美国北卡罗来纳州教堂山市为个案，分析了社交媒体背景下的美国地方政府传播，发现其具有多平台的沟通渠道、全方位的媒体服务、多种指向性的传播策略等特点，对我国的地方政府传播的发展有启示作用。

关键词：政府传播；地方政府；社交媒体；传播策略

政府传播即政府部门基于施政目的，利用媒体与目标公众或其他部门之间的信息传递与处理，它是地方政府履行自身的管理与服务职能、构建政府形象、维护其行政体系的活动。作为传播学的发源地，美国各级地方政府非常重视自身的传播。近几年来，社交媒体迅速发展，它具有用户生成内容、信息易于共享、用户网状互联等特点，有助于履行2009年美国联邦政府提出的透明性、参与性、合作性的公开三原则,在美国地方政府传播中占据主导地位。同时,其他互联网应用和传统媒体在美国地方政府传播中仍发挥重要作用。它们和社交媒体存在着千丝万缕的关系,在某种意义上是泛化的社交媒体或社交媒体的延伸。地方政府部门利用各种媒体来实施电子政务,强化与公众沟通,塑造高效、公开、透明、以人为本的政府形象。

本文以北卡罗来纳州教堂山市为个案,对社交媒体背景下的美国地方政府传播进行分析。根据美国人口调查局发布的预测数据[1],到2014年,教堂山市人口59376人,在人口规模上,教堂山市属于比较典型的美国建制区;该市2013年的调查结果显示,居民对大部分市政管理与服务措施的满意度在87%以上,对市政府的公众沟通措施的满意度比区域标准高20%[2],2015年,该市被评为美国100个最宜居城市之一。上述种种,反映了教堂山市在美国的建制区中具有良好的代表性,政府传播比较成功,通过它可以了解美国地方政府的媒体传播情况。目前笔者在教堂山市访学,能近距离接触该市的情况,为笔者的研究提供了可行性。

一、教堂山市政府传播的特点

(一)开拓多平台的沟通渠道,全面覆盖各种人群

教堂山市政府使用的传播渠道有:

1. 新型的社交媒体

根据皮尤研究中心网站发布的信息,2015年,美国成人使用互联网的比例为85%,使用Facebook、Printerest、Instagram、Linkedin、Twitter等基于web 2.0的新型社交媒体的比例分别是为72%、31%、28%、25%、

23%[3],这为美国地方政府利用社交媒体传播提供了基础。教堂山市政府拥有帐号的社交媒体类型有7种之多,可用文、图、音、动画、视频等形式分享信息。包括以文字信息为主,兼有发图功能的Facebook和Twitter;大众化视频社区YouTube和专业化视频社区Vimeo;以图片为主的Flickr、Instagram和Pinterest。例如市政府的Twitter帐号"@chapelhillgov"2009年4月启用,目前拥有8300多名关注者,推文几乎每天更新,常一天更新几次。除了"教堂山市"名义下的社交媒体,公交、消防、警察、园林等部门,以及市长本人都有一个或多个公开的社交媒体账号。这样,教堂山市政府拥有至少28个不同类型的社交媒体帐号。社交媒体上的传播内容涵盖本地的市政工作、公共服务、人文风景、历史文化、重要事件、热点话题等方面。

2. 传统的互联网应用

第一,门户网站。教堂山市政府非常注重门户网站建设,其官方网站http://www.townofchapelhill.org 上的内容涵盖了市政有关的一切事项,不但是各种市政服务功能的大本营,也是通向其他媒体应用的枢纽。

第二,电子邮件。电子邮件在教堂山市的公共服务中功不可没。公众可以通过电子邮件订阅各种市政和生活服务的信息。例如各部门的日程安排、公交系统服务的更新、提醒归还图书等。当危机(极端天气、危险犯罪活动)发生时,即使没有在市政网站上订阅,居民的电子邮件仍可从居住小区的邮件组等渠道收到预警信息。

第三,电子杂志。市政府利用网上周刊"Town Week"来发布一周的重要消息,比如禁书周活动(一个展示和讨论禁书的活动)、万圣节志愿者招募、轻轨建设听证会等。

传统的互联网应用和新型的社交媒体很难完全切割,门户网站本身就是各种社交媒体的聚合平台,而通过超文本链接等方式,社交媒体与传统的互联网应用之间存在着千丝万缕的联系。

3. 社会化的传统媒体

第一，电话及短信。2014年12月，市政府建立了公共警报系统，通过手机、电话座机、电子邮件、短信、传真、寻呼机等渠道，向公众发布恶劣天气、火灾、洪水、有毒物质泄漏、暴力犯罪、污水处理等预警信息。此外，当地学校的有关信息（例如家长会、提前放学等），通过电子邮件、手机或座机留言及时通知，公交站公交车到达信息可通过短信实时查询。

第二，电视。教堂山市政府拥有自己的电视频道，可通过时代华纳公司有线电视网或者AT&T U-verse有线电视网络收看。该频道每周一、周四晚上7时到11时30分全程现场直播市政会议，每次会议直播视频均可在市政网站上查询观看。

在这里，电话和短信已不限于传统的人际交流，而成为公共信息的社会共享工具，与社交媒体协同工作；电视也不限于大众传播，而成为政府管理运作的工具，并可通过互联网的运载进入新媒体的通道，辐射到社交媒体上。

从上可见，教堂山市政府囊括了常用的各类媒体平台，形成了全方位的传播网络，为公众与政府之间提供尽可能多的沟通渠道。

（二）秉承以公众为中心的传播理念，提供全方位的媒体服务

教堂山市政府是一个服务型的政府，在各媒体平台传播中以服务公众、透明执政为立足点，给公众提供全方位的服务。不同身份的用户（居民、商户、游客、学生）都能在政府的媒体中迅速找到自己所需要的跟本地有关的各种信息与服务。毫不夸张地说，教堂山市民的日常居家出行都离不开政府的媒体传播。

这些服务有以下几类：

1. 信息发布

生活服务信息。教堂山市政府提供全天候的天气、交通、卫生安全等生活信息服务。例如暴风雨、冰雪、雷电、洪水等极端天气预警，公交车实时到达时间、公交系统变迁、道路变迁、停车设施等交通信息，这些信息都可以做到无遗漏地及时公布。发布渠道包括门户网站、社交媒体、电视、电子邮件、手机短信、座机留言。

市政工作信息。发布包括市政会议、市政项目建设、市政活动等信息。例如市政会议的会前通知、会中实况、议程、会议文件、会议视频及所有决议的详细记录。发布渠道包括门户网站、社交媒体、电视、电子邮件。

警务信息。告知居民附近发生的犯罪活动，对可能存在的危险提供预警。发布途径有门户网站、电子邮件或短信订阅、社区报纸，或者通过邮件组扩散。比如某晚，笔者所在小区邮件组有通知：附近有危险人物（有人持枪抢劫），请居民待在家里不要外出。半个多小时后，又发邮件：警报解除，居民们可以正常生活。

社区建设信息。社区就是特定地理区域的居民通过互相影响共同塑造的独特的文化空间。教堂山市重视社区，经常通过市政府的社交媒体，发布社区的动态信息，推广社区的文化活动，引发居民对共同关心的问题的讨论，构建社区文化。

新闻、话题推广链接。这是教堂山市政府社交媒体上的重要内容。通过 twitter、Facebook 等推广相关地址链接，让关注者可通过这些链接迅速查看政府门户或其他网站上发布的新闻、话题、信息。

2. 事务办理

大部分市政服务都可以在媒体平台上在线获取。例如，通过门户网站，公众可以申请图书馆卡、商业执照、公屋、建房许可，付商业执照款、过期图书款、停车费，报告道路状况、下水道溢出、噪声、涂鸦、手机丢失、流浪动物等，请求检查房屋、租赁设备，查看各种市政文件、记录、流程。

3. 问题反馈

公众不但能在社交媒体上与市长和政府部门进行即时持续性的交互对话，而且可以通过公布在门户网站的电话和电子邮件直接联系具体部门或任何一位公务人员。政府社交媒体、门户网站、电子邮件等提供各类问题的直接反映渠道，并定期举行民意调查，结果在门户网站上公布。例如，使用地图交互工具 wikimapping，公众可以反映市区出行道路的具体问题，如某个路口车辆太多或交通灯故障，这些问题标记在地图上相应位置，非常直观。

4. 数据库

门户网站自身就是一个数据库，市政工作的文件材料、法令法规、历史记录均可以在此查询到。在警察局网页上，可以查询每天的犯罪记录，包括被捕者的姓名、被捕缘由、照片、执行警官。数据库使政府的各项事务都公开可查询，提高了政府工作的透明度。

（三）采用多种指向性的传播策略，扩大政府传播的影响

为了获得获得良好的传播效果，教堂山市政府采用了多种指向性的传播策略，主要有：

1. 单向策略

单向策略是指信息只沿着单一的方向传递，即从政府（传播者）指向公众（受众），传者和受者的身份是固定的。单向策略用于一对一或一对多的传播。教堂山市政府经常利用单向策略来进行信息发布，例如在门户网站上发布新闻，用电子邮件和短信向市民发送信息，在政府频道上直播市政会议。公众通过以上渠道获取信息，但难以就具体内容即时反馈。

2. 交互策略

交互策略是指信息双方向传递，政府和公众作为传者和受者的身份可以互换。交互策略用于一对一的传播，包括弱交互策略及强交互策略。教堂山市政府的门户网站提供了就每一个网页的内容提意见的功能，市政府通过提意见者留下的电子邮件给予答复，但是答复过程比较缓慢，不便于进行持续不断的沟通，这属于弱交互策略；另一方面，市政府的Twitter、Facebook等社交媒体账号为政府与公众之间进行接近实时的持续不断的沟通提供了可能。后者应用了强交互策略。

3. 互联策略

互联策略没有明显的方向性，用于多对多的传播。教堂山市政府在社交媒体上传播信息主要采用互联策略，其特点是难以区分传者和受者，每个用户作为社交网络中的节点存在，节点之间呈网状分布。网络策略下的传播，一方面，通过评论、转发等方式，可以使信息在社交网站上迅速扩散；另一方面，通过引用话题、链接其他帐号、链接网页等，使传播的信息呈现立体化发散形态，内容可不断拓展。例如教堂山市政府2015年10月10日有条推文为"Starting at 10a, @chtransit will follow a few detours today for #WalkForEducation. http: //bit.ly/WalkForEd–TransitDetours … #ChapelHill"，其主要内容是告知公交线路因为"walk for education"的活动改道的消息，但嵌入了1个Twitter用户、2个相关话题、以及1条关于公交改道详细信息的网络链接。该推文一发布，可能被关注者看到并层层转推，在社交媒体上扩散。

二、美国的地方政府传播对我国的启示

在社交媒体背景下，我国的地方政府传播发展迅速，已经具有一定的

规模和影响力。目前我国有 6.68 亿网民，90.8% 的网民使用微信、QQ 等即时通信工具，30.6% 的网民使用微博客，36.7% 的网民使用电子邮件[4]，这使地方政府在社交媒体上建立沟通平台成为可能。当前我国各级政府都拥有门户网站，全国政务微博认证账号达到 28.4 万个，政务微信公众账号 35434 个，涵盖公安、医疗、交通等多个政务民生热点领域[5]。新华网舆情监测分析中心每周发布一周的政务微信影响力排行榜，社交媒体已经成为政府施政的新平台。但是，对比美国，我国地方政府传播仍需要在以下方面改进：

第一，增加传播平台，充分发挥不同媒体的作用。我国大多数的政府媒体使用门户网站、微信公众号、微博作为传播手段，但这还是不够的。考虑到我国不同地域、人群之间存在经济层次、文化层次、媒体接触习惯上的巨大差异，地方政府需要拓展更多的传播平台，如传统媒体、手机短信、电子邮件以及更多的社交媒体工具，政府传播才能覆盖更多的受众。

第二，强化服务性，信息更务实。当前我国许多政府社交媒体、门户网站以政府为中心的宣传目的比较明显，同时公共服务还有很多领域没有覆盖。一方面，宣传调子应该软化，宣传应更具有技巧性，才有利于公众接受；另一方面，应该强化服务公众的传播理念，服务性的项目还需要进一步细化，以更贴近受众需求。

第三，增加互动性和互联性。部分地方政府媒体的信息传播以政府部门单向的发布信息为主，受众能平等参与的事项少，需要增加政府和受众之间的互动；有些信息的形式和内容呈单一、扁平、封闭状态，需要打造可拓展的发散性立体化的信息形态，才能发挥社交媒体的潜力，满足公众的需求。

注释：

1　美国人口调查局.Annual Estimates of the Resident Population for Incorporated Places of 50，000 or More，Ranked by July 1，2014. Population：April 1，2010 to July 1，2014［DB/OL］. http：//factfinder.census.gov/faces/tableservices/jsf/pages/productview.xhtml？ src=bkmk（09/15/2015）.

2　ETC Institute. 2013 DirectionFinder Community Survey Result［EB/OL］. http：//www.townofchapelhill.org/town-hall/news-events/current-issues/community-survey.

3　Maeve Duggan. Mobile Messaging and Social Media 2015［EB/OL］. http：//www.pewinternet.org/2015/08/19/methods-35/（09/14/2015）.

4　中国互联网信息中心.第36次中国互联网络发展状况统计报告［EB/OL］.http：//www.cnnic.cn/hlwfzyj/hlwxzbg/hlwtjbg/201507/P020150723549500667087.pdf.

5　新华网舆情监测分析中心.2015年1-6月全国政务新媒体综合影响力报告［EB/OL］. http：//news.xinhuanet.com/yuqing/2015-08/18/c_128137211.htm.

（原载于《新闻知识》2016年第1期）

新媒体广告人才的校企协同培育模式探讨
——基于广州大学广告学专业的改革与实践

◎ 王 艺

（广州大学新闻与传播学院副教授）

摘 要：在新媒体背景下，传统广告人才培养已无法适应市场需求，广州大学在对比分析国内外广告人才培养模式的基础上，提出了"1+2+3"新媒体广告人才"校企协同"培育模式，学校与企业合作搭建校企实践班，从人才培养方案、专业课程体系、教师队伍建设、差异化教学等方面对新媒体广告人才培育模式进行探索和实践。

关键词：新媒体；广告；校企协同；模式；实践班

一、国内外广告人才培养现状

在新媒体的冲击下，业界的期待与人才培养方面之间的矛盾暴露。广告学专业的前沿性和实用性，一方面使得高校教育、理论培养与新的观念有一定的脱节和滞后，另一方面又强烈地使得广告教育人才培养不得不面临观念转换大的挑战。不管是国内和国外高校，都意识到广告教育"闭门造车"已然实属下策，必须与市场、与社会实现对接和联合。据不完全统计，国内已开设广告学专业的本科专业招生的高校有239所，这些高校所培养出的广告人才主要表现为两种倾向：一种是"工匠型"，即过分注重各种广告技能的培养；另一种是"学院型"，即过多强调理论知识的重要性。近年来，国内外高校一直在探索提高新媒体广告人才培养质量的方式和方法，但还未能探索出一套新的人才培养模式。

在国外，美国、日本、澳大利亚等发达国家与企业合作实行"合作培养计划"，学校与企业界联合创办"实验室"传媒教育培养模式。如奈特基金会，它资助很多美国大学的传媒学院建立各种实验室和技能培训室。2010年由各大学（包括纽约大学、哥伦比亚大学、新学院、普拉特学院以及纽约市立大学）和媒体公司在纽约联合创立了纽约媒体实验室。

新加坡广告学院注重广告人才跨学科和创意思维的培养，所有的课程都以市场为主导；日本的广告学校主要通过社会力量和广告企业来承办；德国广告课程主要围绕学生职业化教育展开，引进国内外广告行业专家为学生授课，如德国汉堡国际传媒艺术与新媒体学院。

相比较国外高校而言，我国的高校为了实现广告教育学理与实践的衔接，也在寻求与外界的合作，在吸取世界广告教育高校的经验时，我国高校也以全球化眼光大胆探索合作模式。但我国的广告教育培养模式与国外有些不同，广告学专业大都设立于新闻学院下，并且高校新闻学院大多处于共建模式，参与共建的既有中央和地方宣传部门，又有中央媒体的党报党刊，还有聘用行业资深人士或行业领导担任新闻传播学院院长。

在国内，各大院校都有制定具有自身特色的人才培养方案，笔者通过对国内广告学专业排名前20的高校（包括北京大学、复旦大学、中国人民大学、中国传媒大学、浙江大学、武汉大学、暨南大学、四川大学、华中科技大学、华东师范大学、山东大学、厦门大学、河北大学、上海师范大学、辽宁大学、吉林大学、上海大学、武汉理工大学、南京师范大学、湖南大学）校企协同侧重点进行对比分析，得出结论如下（如图1所示）。在校企协同过程中，35%的院校侧重实践基地协同，30%的院校侧重产学研协同，20%的院校侧重教材与课程协同开发，15%的院校侧重协同师资。

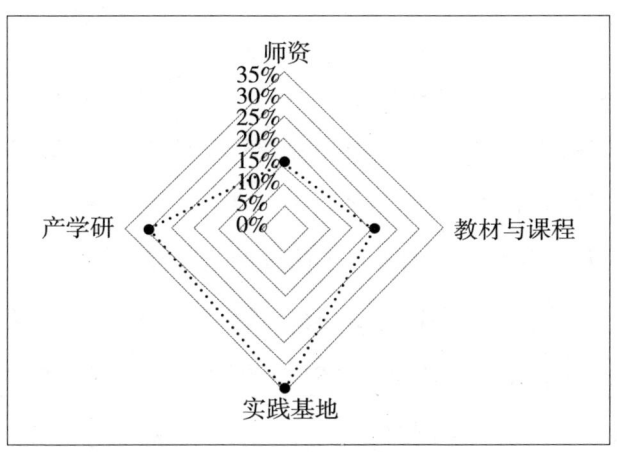

图1　校企协同侧重点情况

通过对国内30余所高校的广告专业人才培养方案进行对比分析，得出3种比较典型的课程设置方式（如表1所示）。各个院校对广告教育侧重点不同，表1反映了三种人才培养模式：一是新闻传播类，该类院校的广告专业大多数设立在新闻传播学院下，主要培养传播型人才；二是广告设计制作类，主要培养艺术设计类广告人才；三是商业类，主要培养管理、营销、策划类广告人才。

表1　高校广告专业课程设置情况

代表高校	学科专业基础平台课程	专业核心课程
中国传媒大学等	传播学、社会调查与研究方法、新闻学、政治学	广告心理学、社会学、广告学、中外广告史、广告类型研究、广告创意表现、媒介经营与管理等。
南京艺术学院等	广告学概论、传播学概论、市场营销学	广告版式设计、平面媒介广告、黑白构成、色彩、素描与素写、广告创意与策划、广告文案写作、创造性思维、广告摄影等。
华南理工大学等	经济学、管理学、市场营销学、广告学的基本原理	广告学原理、摄影与摄像、品牌学概论、公共关系学、市场营销、品牌战略管理、品牌传播学、品牌市场调查、广告策划与创意、中外经典品牌案例（双语）等。

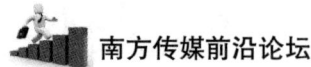

就教学目标而言，国内广告专业大多数都是从创意和策划培养方面展开，如武汉大学注重复合型人才的策划能力；深圳大学注重创意技能的培养；中国人民大学注重新闻类策划和文案的培养；吉林大学注重广告创意策划的培养等。

就教育实践而言，多数高校还仅仅局限于增加新媒体课程与实践层面，如中国传媒大学的《新媒体调查与数据挖掘》课程、武汉大学的《新媒体经营》课程、暨南大学的《新媒体营销》课程、华中科技大学的《新媒体广告设计》课程、深圳大学的《新媒体设计》课程等。

就教学研究而言，大多数都是从教学管理、实践基地建设等方面展开，如徐伟（2012）的"A+S·CDIO 人才培养模式"；张辉（2014）的"1454"模式；王琳（2016）的"案例教学法"；周月友、刘刚（2016）的"双主体"办学模式；刘伟（2016）的"O2O+ 实战教学"模式等。

二、新媒体广告人才教学改革思路

在新媒体引领下的社会，新的学习观念的改变倒逼传统广告教育培养模式改变。融合互联网文化，将新的学习观念和方式与传统广告教育培养模式良好嫁接，实现教与学的"双向同步"是当前广告教育所面临的巨大挑战。在此背景下，学校通过整合行业资源，提出"校企协同"广告人才培育模式，在教学中将理论课程与实践并重，通过系统的课程打实学生的理论知识，在实践教学中强化学生分析问题、解决问题的能力和创新能力。

在理论教学中，一是优化课程体系，引入新媒体相关课程；二是鼓励学校教师分批次到广告公司、媒体广告部门等挂职锻炼，积极参加广告实践活动；三是引入行业导师定期开展教学、专题讲座、研讨论坛等活动。

在实践教学中，一是学校与企业共同搭建工作坊、集训营，为学生的实践活动提供平台；二是积极鼓励学生参与赛事，注重理论与广告学科竞赛相结合，查漏补缺，提高自我能力；三是企业为学生引进广告实例，提高学生动手能力；四是大力支持学生创业，校内导师与行业导师为创业者提供指导。

三、广州大学新媒体广告人才"校企协同"培养模式探索与实践

新媒体环境下的文化寓意呼吁广告教育者更加要以科技先导为引领，以实践操作为平台，以学科融合为基础，以科研机构为支撑的时代性、前沿性的教育模式，给广告教育不断地注入新的传媒动态元素，既有技术层面的技能认知，又有文化层面的观念更新。广州大学针对目前培养目标差异化显著等现实挑战，按照教育部"强化校企协同育人，创新应用型人才培养模式"的工作任务，2014年，广州大学广告学专业在全国调研和一年探索的基础上，提出了"1+2+3"新媒体广告人才校企协同培养模式。

（一）修订人才培养模式

培养方案是进行学生培养工作的主要依据，也是评估学生培养质量和学位授予水平的准绳。目前较为普遍的三种校企协同育人培养模式是工学结合模式、"订单式"培养模式、"7+1"实习基地模式。工学结合模式是在学校学习和在企业工作交替进行的人才培养模式；"订单式"培养模式是学校和企业签订契约，订购用人的人才培养方式；"7+1"实习基地模式是指学生前7个学期在学校学习理论知识，第8个学期进入校外合作企业实习。以上三种模式虽各有特色，但都缺乏协同创新。

广州大学为了从根本上提高广告学专业的培养质量，规范培养环节，

学校多次组织不同学科的专家进行研讨，反复论证，提出了"1+2+3"新媒体广告人才校企协同培养模式（如图2所示），即1个新媒体导师，2项新媒体技能，3家新媒体集训营。从师资、实践、课程与教材开发三个方面进行校企协同，其核心点为引入行业精英导师、创新实践环节、研发实战课程与教材，在整体上对广告学专业的培养方案做了梳理，在教学方式、实践环节、毕业要求等方面进行调整。与传统培养模式不同的是，该模式是以攻关项目为纽带，建立共享平台，共同开发企业实际的科研项目，并选拔优秀在校生配合企业开发和创新。

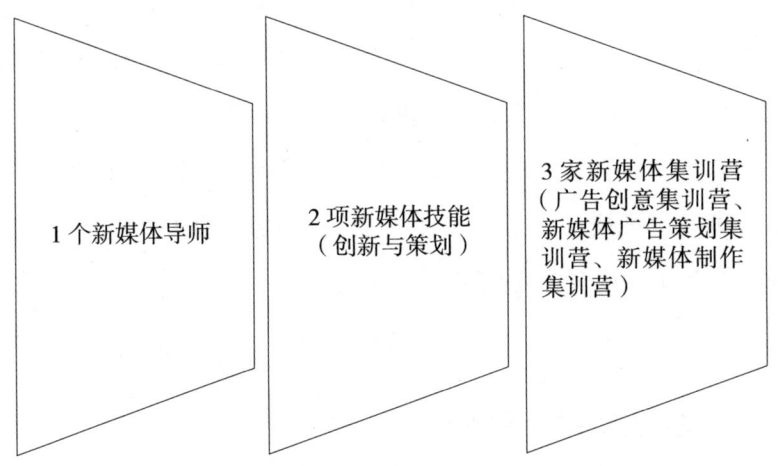

图2 "1+2+3"新媒体广告人才校企协同培养模式

（二）调整专业课程体系

"新媒体营销教育在中国的广告本科教育中还处于起步阶段，仅有不足一半的高校开设了此类课程。而在未开设此类课程的高校中，仅有不足40%的高校明确表示将在未来一年内开设此类课程。"[1]就当前形势分析，我国广告课程体系存在以下两方面的问题：一是数字营销课程未进入广告专业主干课程体系，二是学生缺少数字营销传播方面的实践平台和实践机会。

为了更好地向新媒体背景下的广告业转型，广州大学根据广告行业的发展趋势，主动调整广告专业课程，校企共同制定教学计划、实训标准等。学生的基础理论课和专业理论课由学校负责，企业创办校企实践班，负责学生实习培训。

校企预将广告人才的培养分为三个阶段。第1～4学期全面培养学生的专业理论功底。具体包括四大内容：一是广告学、传播学、管理学、市场营销学等基础科目；二是传统媒体、新媒体广告艺术设计、电脑图文设计等技术科目；三是广告调查、广告策划、广告专业英语、企业形象与策划等实务科目；四是广告心理学、公共关系等相关科目。第5～7学期，根据学生兴趣和优势，选择策划、设计、营销等专业方向深入研究，加入为期一年半的企业创办的校企实践班学习，在不影响专业课的前提下利用课余时间，在校外导师的管理下学习专业知识和实习。第八学期由校内导师和行业导师根据学生实习经验，共同指导学生完成毕业设计或毕业论文。

与此同时，学校与新媒体广告公司协同研发一套实战性强的集训课程，共建6～8门新媒体课程，其中包括2～4门微信课程，目前已经就《色彩创意》《造型创意》《新媒体营销》等课程与合作企业达成初步意向。

（三）搭建"校企协同"平台

2015年以来，广州大学已与广州市广告行业协会及20家新媒体广告主流公司签订校企协同育人合作协议，组建了3家新媒体广告集训营，共建6家校企育人基地（广州电视台移动频道、广州有轨电车股份公司、广州尚思传媒广告公司、广州中播广告有限公司、广州传石广告公司、广州尚道广告公司），引进一大批师生共同参与校企合作项目，包括广州蓝色海洋互动营销公司、广州华扬联众、广州汤臣杰逊网络科技公司、广州舜飞科技-BiddingX、广州市漫娱网络有限公司、广州氪氪互动有限公司、广州华扬联众数字技术有限公司项目等。同时，校企协同还孵化、扶持了一

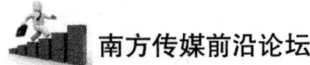

家学生创业公司——广州市茵子化妆品公司,其中行业导师指导学生进行产品调研、产品定位、市场策划、渠道推广,扶持学生创业,为学生创业提供行业团队的智慧支持,目前该企业产品已经打入华南市场和上海市场。

广告学专业是一门具有较强实践性的学科,在课程设置中有必要单独设置企业教学活动。为了积极将课程与企业实践有效对接,加强与企业的合作,广州大学在合作期间邀请企业资深广告专家到学校举行一系列活动,例如广告讲座、创意讲座、学生提案、策划训练等。与企业的合作增加了学生的社会实践培训机会,一方面可以在实际的广告项目中拓展学生对广告专业的认识,另一方面可以提高毕业生的就业率。

(四)实施差异化教学

传统的广告人才教学方式以教师课堂授课为主,鼓励学生参与学校统一组织的实习和社会实践活动,而全新广告人才教学方式是充分利用校企合作共建共产的集训营和实践基地,充分发挥校外广告企业培养学生实践能力的作用。

广州大学在校内开展多种多样的专业实践技能比赛,如设计大赛、摄影大赛、校园宣传片创作等。这些比赛成本低、学生参与度高,既能弥补校内器材不足的缺陷,又能让学生更好地将理论与实践结合。此外,学校从企业引进实例,在校内模拟组建广告公司,参照广告公司建立模拟部门,要求学生以从业人员的身份,完成前期调研策划、中期设计制作、后期品牌营销等工作,培养学生的团队精神和动手能力。

在学校和企业相结合的基础上进行理论和实践的授业,学校积极鼓励并要求学生参加学术活动与社会考察,培养理论创新能力。譬如参加校内外的本专业方向相同或相近的课程教学,参与与广告学专业相关的各种学术会议。在校内教师和行业导师的指导下积极参与项目讨论与研究，同时校内教师和行业导师也要积极鼓励和支持学生自主提出的具有创新价值的创业需求，充分调动学生探索创新的积极性，激发他们的创新潜能。

（五）引培并举"双师"队伍

"双师"教师队伍是校外实习基地发挥其功能的必备条件，教师丰富的实践教学经验和熟练的动手操作能力是提高实习指导水平、快速提升学生实践技能的保证。[2]目前我国广告专业师资队伍存在以下主要问题：一是专业教师缺乏数字营销传播课程教学的主动性与营销传播方面的实践性，二是专业教师知识结构未能根据广告业的发展做出及时的调整。[3]

学生的专业实践能力提升需要有广告背景或者经历的教师加以指导，因此，广州大学提出了校企"双导师"制。一是鼓励校内理论教师到企业去挂职锻炼，参与具体的广告项目；二是选聘企业中的专家担任学校兼职教师，与企业联手培养实训实践指导教师；三是引进具有丰富理论基础和实践经验的高职称教师或专家充实广告专业队伍。理论基础深厚的教师主要进行专业课和选修课的教学，而实践经验丰富的行业导师则定期给学生授课，将广告领域的前沿动态、技能技巧及时地传授给学生。同时，校内导师要主动参与企业项目，建立良好的双方支援系统，互利获取企业对学校设备设施及实习耗材的支持和帮助。

四、"校企协同"培育模式总结与反思

广州大学通过两年多的项目探索构建的新媒体广告人才"1+2+3"培养模式大幅提升了学生的创意策划能力，一大批学生在国内广告创意比赛中获奖，但仍有一些方面有待完善，解决以下问题势在必行。

第一，资优生选拔流程、新媒体导师辅导制度问题。从广告学6个班级中选择30人作为样本，每人配一名新媒体行业导师，行业导师在每年暑假分配给学生具体的广告项目，指导学生实践。项目完成情况计入学生学分。

第二，校企实践班学生积极性问题。校企实践班可以将广告艺术大赛作为一种实践机制引入课堂，以广告艺术大赛为核心设置课程，积极鼓励学生参赛，获奖的学生可获得学校和企业的奖励。另外，将企业项目引入课堂实践，对于优秀设计方案给予肯定并推向市场，积极鼓励学生自主创业，此举有助于提高学生主动学习的积极性，从而更好地适应新媒体时代广告人才的需求模式。

第三，新媒体课堂行业师资引进问题。就客观情况而言，学校对专业授课老师有较高的学历要求（硕士），但目前行业新媒体师资大多数属于本科学历。为应对师资缺口问题，学校可以聘用一批高学历的新媒体师资团队，让新教师到一线广告企业"取经"，使他们尽快完成行业转化。

第四，建立的3家广告集训营的运作、资金来源、集训流程问题。高校和企业之间权责划分不明确会导致企业的合作积极性不高，企业的目的是希望用最小的付出创造出利润的最大值，学校的目的是为学生提供历练的机会，帮学生顺利就业。因此可以设立校企合作管理机构，对校企合作中的权责细分，校内导师按照学生的兴趣和特长把学生推送到相关合作企业具体岗位实习，企业与学校签订培养协议，根据个人特点和企业需求，为学生定制培养计划并承担一部分费用，包括培养经费、食宿等，而作为回报，企业拥有聘用该广告人的优先权。

注释：

1 初广志，李晨宇.中国新媒体营销教育：挑战及对策——基于广告学专业教师的调查［J］.现代传播，2013（3）:139-142.

2 李群.基于校企合作的"双师型"教师培养策略研究［J］.山东师范大学，2013（5）:21-29.

3 郑秀英，周志刚."双师型"教师：职教教师专业化的发展目标［J］.中国职业技术教育，2010（27）：75-78.

参考文献：

［1］潘锡杨，库建清.政产学研协同创新——区域创新发展的新范式［J］.科技管理研究，2014（21）：70-75.

［2］秦红.地方本科院校培养应用型人才的实践与思考［J］.高等工程教育研究，2016（2）：91-94.

［3］王兴芬等.顶层设计突破难点创新人才培养模式——北京信息科技大学实施"卓越计划"的探索与实践［J］.中国大学教学，2015（04）:5.

［4］陈砚池.广告设计专业"职场化"实践教学模式探究［J］.教育与职业，2015（11）:86-88.

［5］王素君，吕文浩，刘阳等.校企协同育人的机制和模式研究［J］.现代教育管理，2015（2）：57-60.

［6］初广志，李晨宇.中国的新媒体营销教育：挑战及对策——基于广告学专业教师的调查［J］.现代传播，2013（3）:139-142.

［7］李群.基于校企合作的"双师型"教师培养策略研究［J］.山东师范大学学报，2013（5）:21-29.

［8］郑秀英，周志刚."双师型"教师：职教教师专业化的发展目标［J］.

中国职业技术教育，2010（27）:75-78.

[9] 刘捷.在本科教育中嵌入企业资源的新尝试[J].实验技术与管理，2015，32（40）:189-192.

[10] 赵涛，李国强.独立学院校企合作人才培养模式探索与实践[J].实验室科学，2012，15（3）:1-2.

[11] 孙明江.基于"嵌入式"校企合作办学模式探索与研究[J].长春理工大学学报，2013，8（1）:45-46.

[12] 徐明成.校企合作机制创新研究[J].教育与职业，2014（21）:29-31.

[13] 王振洪.校企利益共同体的价值取向及其实现路径[J].中国高教研究，2014（2）：78-80.

[14] 赵雪梅，费玄淑，张竹云.我国高职校企协同发展研究[J].新闻世界，2012（10）：207-208.

[15] 王志国.合作·博弈·协同：校企协同创新机制研究[J].黑龙江高教研究，2016（05）:49-51.

[16] 贾广敏.校企协同创新高职实践教学体系探索[J].中国职业技术教育，2016（14）:76-79.

[17] 印桂生，纪雅楠，董宇欣，张文博.协同创新引领下校企人才培养模式探究[J].教育教学论坛，2016（16）：59-60.

媒介使用与大学生对社会主义核心价值观的认同

◎ 李 鲤

（广州大学新闻与传播学院副教授、博士）

摘　要：通过实证考察大学生群体对社会主义核心价值观的认知及认同状况，本文发现，大学生对社会主义核心价值观的认知程度有待提升，网络媒体和学校教育在这一过程中发挥了重要作用；大学生对社会主义核心价值观的整体认同处于"比较认同"状态，但对不同层面价值目标的认同程度并不均衡；网络媒体对社会层面价值取向的认同产生显著作用，学校教育、传统媒体对国家层面价值目标的认同产生显著作用。建立媒介与大学生群体之间的互动关系，将社会主义核心价值观与大学生的实际生活相融合，使不同媒介渠道的传播互为补充，方能整体推进社会主义核心价值观的认同建构。

关键词：媒介使用；大学生；社会主义核心价值观；认同

项目来源：本文受理论粤军项目"培育和践行社会主义核心价值观"和广东省教育厅项目"新媒体使用与都市受众主观阶层认同研究"（2013WYM_0067）资助。

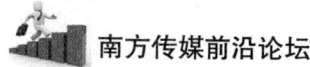

社会认同是"一个社会成员共同拥有的信仰、价值和行动取向的集中体现,是增强社会凝聚力的必要条件"[1]。借鉴价值认同论者的理解,人类的一切认同归根到底都可以概括为价值认同。对于全面转型时期的中国社会而言,建构社会共有的价值认同意义重大。党的十八大报告明确指出,"倡导富强、民主、文明、和谐,倡导自由、平等、公正、法治,倡导爱国、敬业、诚信、友善,积极培育社会主义核心价值观"。大学生作为国家建设和文化传承的生力军,培育这一群体对国家主导哲学信仰的认同感尤其重要。那么,青年大学生对社会主义核心价值观的认知、认同状况如何?不同媒介的使用情况对这一认知、认同行为又有着怎样的影响?本研究围绕上述问题,进行实证关照和系统分析。

一、研究缘起

近年来,我国学术界对社会主义核心价值观认同问题的研究,主要围绕如下两个方面展开:一是社会认同与核心价值的关系,二是构建核心价值认同的机制与路径。[2] 相关研究取得了重要的研究成果,也为我们从不同群体入手,研究社会主义核心价值观的认同问题奠定了基础。

有关大学生群体核心价值观认同的研究,特别是针对十八大最新凝练的核心价值观认同状况的研究,以理论探讨居多,集中在大学生对社会主义核心价值观认同的现实表现、影响因素与强化路径等方面。相关实证研究较少,重在强调人口统计学变量、个体心理状况以及成长环境差异而导致的认同差异,如性别、年级、学校层次、学科类型、城乡生源等在大学生对社会主义核心价值观认知方面的不同作用[3];或者从认知认同、情感认同、行为认同等不同层面分析大学生社会主义核心价值观的认同差距,分析其认同问题[4]。

尚未见到从媒介使用的角度,探讨大学生对社会主义核心价值观的认同及其影响因素的针对性研究。事实上，目前媒介系统中的社会主义核心价值观信息的覆盖度和密集度都较高，但实际传播效果却不甚理想。从信息传播的角度来讲，大学生的媒介接触和使用行为会直接影响其对国家观念的认知与认同，且这一影响不仅体现在个体层面，还体现在集体层面。[5]因此，本研究从媒介使用与信息传播效果的角度，实证考察不同媒介渠道的使用情况对大学生有关社会主义核心价值观认知／认同的影响，以期为核心价值观的有效传播提点建言。

二、研究设计

本研究使用的数据来源于2016年6月进行的《媒介使用与大学生社会主义核心价值观认同》的网络问卷随机调查。调查对象包括广州大学城10所高校中的中山大学、华南理工大学、华南师范大学、广东工业大学、广东外语外贸大学和广州大学的816名在校大学生。问卷在结构上分为三个部分：① 关于社会主义核心价值观认知情况的调查；② 关于社会主义核心价值观认同情况的调查；③ 关于媒介使用对社会主义核心价值观认知／认同影响的调查。对于有效回收的问卷资料，本研究使用SPSS16.0统计软件进行分析。

三、研究发现

（一）大学生对社会主义核心价值观的认知

对社会主义核心价值观的认知行为，是认同发生的必要前提。关于大学生对社会主义核心价值观认知情况的调查，本研究将认知情况分解为"了解程度"和"关心程度"两个类别，采用李克特（LIKERT）五分量表法，分值从"1"至"5"分别代表"不了解(关心)""不太了解(关心)""一般""比较了解(关心)""了解(关心)"。结果(见表1)显示,当前大学生对社会主义核心价值观的了解、关心程度处于"一般了解"(均值为3.09,标准差为1.10)、"一般关心"和"比较关心"之间的状态(均值为3.31,标准差为0.97),关心的程度略高于了解的程度。总体而言,大学生对社会主义核心价值观的认知情况并不理想,虽然有所关心,但知晓程度偏低。

表1 大学生对社会主义核心价值观的认知情况

	均值	标准差	样本量
您对社会主义核心价值观了解吗	3.09	1.10	816
您对社会主义核心价值观关心吗	3.31	0.97	816

调查表明(见图1),大学生获取社会主义核心价值观信息的媒介渠道较为多元。其中,最为主要的是网络媒体,包括电脑、手机等接入互联网络的终端平台(占比为72.3%);其次是学校教育(48.6.0%)和报纸、杂志等纸质媒体(40.7%);再次是电视媒体(31.3%)、户外的宣传标语(25.2%)以及广播媒体(13.5%);同学、朋友(9.9%)、家人或长辈(4.1%)等人际传播的占比较低。此外,也有大学生通过社会实践及其他途径了解社会主义核心价值观的相关信息,但比例很小。

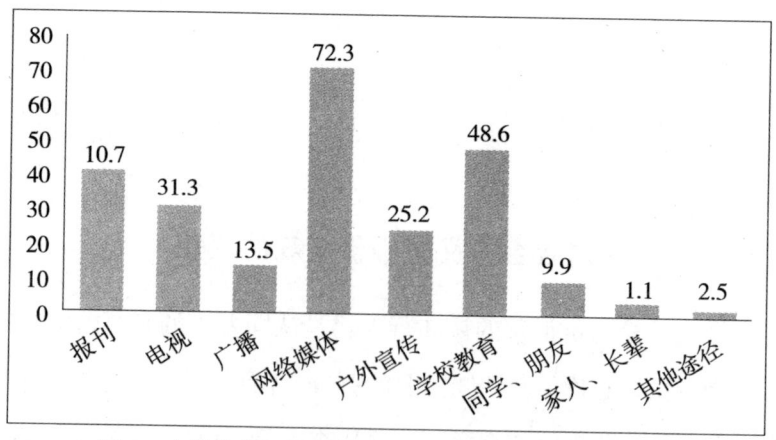

图1 大学生获取社会主义核心价值观信息的媒介渠道

（二）大学生对社会主义核心价值观的认同

2013年12月23日，中共中央办公厅印发的《关于培育和践行社会主义核心价值观的意见》中，对社会主义核心价值观做了更进一步的阐释，指出"富强、民主、文明、和谐是国家层面的价值目标，自由、平等、公正、法治是社会层面的价值取向，爱国、敬业、诚信、友善是公民个人层面的价值准则"。

据此，本研究相应地从国家发展、社会权力、公民伦理三个层次考察大学生对社会主义核心价值观的认同情况。调查问卷中，将12个价值观表述的词语作为目标维度，分别用2～3个描述性的语句对其进行指标界定和操作化表述，让受访者对其赞同程度进行评价，取值区间为1—5，选项为"不同意""不太同意""一般""比较同意""同意"，以测量大学生对社会主义核心价值观不同层面价值目标的认同情况。

表2 大学生对社会主义核心价值观不同层面价值目标的认同情况

目标层面	目标维度	均值	标准差
国家层面价值目标	富强	4.22	1.11
	民主	4.28	0.99
	文明	4.50	0.97
	和谐	4.08	1.01
	均值	4.27	1.02
社会层面价值取向	自由	3.78	0.90
	平等	3.92	1.10
	公正	4.04	0.95
	法治	3.90	1.04
	均值	3.91	0.99
个人层面价值准则	爱国	3.98	0.98
	敬业	3.78	1.13
	诚信	4.35	0.96
	友善	4.11	1.10
	均值	4.06	1.04

结果显示（见表2），大学生对国家层面价值目标认同度最高，介于"比较认同"与"认同"之间（均值为4.27，标准差为1.02）；其次是对个人

层面价值标准的认同,呈现"比较认同"状态(均值为4.06,标准差为1.04);最后是社会层面价值取向的认同,介于"比较认同"和"一般认同"之间(均值为3.91,标准差为0.99)。可见,虽然社会主义核心价值观三个层面是一个相辅相成、有机联系的统一体,但大学生对不同层面价值目标的认同程度并不均衡。

具体而言,从国家层面价值目标的不同维度来看,大学生认同度大小依次为"文明""民主""富强""和谐";从社会层面价值取向的各维度来看,大学生认同度大小依次为"公正""平等""法治""自由";从个人层面价值准则的各维度来看,大学生认同度大小依次为"诚信""友善""爱国""敬业"。

(三)媒介使用对大学生社会主义核心价值观认同的影响

为了便于比较与分析,本研究将大学生获取社会主义核心价值观信息的媒介渠道归纳为以下三种形态:传统媒体(报刊、电视、广播、户外宣传)、网络媒体(电脑网络、手机网络)以及学校教育。因人际传播和其他媒介渠道对大学生获取核心价值观信息作用并不显著,因此本研究并未将其纳入分析。

表3 媒介使用对大学生有关社会主义核心价值观认同的影响

	传统媒体		网络媒体		学校教育	
	接触	不接触	接触	不接触	接触	不接触
	均值(标准差)		均值(标准差)		均值(标准差)	
您对核心价值观了解吗	3.07(0.84)	3.01(0.90)	3.16(0.72)	2.77(0.89)	3.35(0.67)	2.83(0.91)
国家层面价值目标的认同	4.30(0.74)	3.77(0.90)	3.89(0.89)	3.74(0.77)	4.18(0.67)	3.78(0.78)
社会层面价值取向的认同	3.87(0.78)	3.93(1.01)	4.01(0.82)	3.41(0.98)	3.93(0.91)	3.67(0.88)
个人层面价值准则的认同	3.77(0.87)	3.67(0.76)	4.01(1.05)	3.91(0.77)	4.08(0.89)	3.96(0.77)

通过比较传统媒体、网络媒体、学校教育三种媒介渠道的信息传播对大学生有关社会主义核心价值观认知与认同的影响（结果见表3），本研究发现，首先，是否接触并使用相关媒介，对大学生社会主义核心价值观的认知产生影响。如在是/否使用网络媒体（均值分别为3.16、2.77，标准差分别为0.72、0.89）并获取社会主义核心价值观信息的大学生之间，以及是/否通过学校教育（均值分别为3.35、2.83，标准差分别为0.67、0.91）获取社会主义核心价值观信息的大学生之间，对社会主义核心价值观的认知程度均表现出显著差异；而是/否通过传统媒体（均值分别为3.07、3.01，标准差分别为0.84、0.90）获取社会主义核心价值观信息的大学生之间，在对社会主义核心价值观的认知方面差异相对不显著。

其次，接触与使用的媒介形态类型，对大学生社会主义核心价值观的认知程度发挥作用。通过学校教育（均值分别为3.35，标准差为0.67）和使用网络媒体（均值分别为3.16，标准差为0.72）获取社会主义核心价值观信息的大学生，对价值观的认知程度高于使用传统媒体（均值分别为3.07，标准差分别为0.84）的大学生。

再次，是否接触并使用相关媒介，对大学生社会主义核心价值观的认同产生影响。是/否使用传统媒体获取社会主义核心价值观信息的大学生之间（均值分别为4.30、3.77，标准差分别为0.74、0.90），以及是/否通过学校教育获取社会主义核心价值观信息的大学生之间（均值分别为4.18、3.78，标准差分别为0.67、0.78），在对国家层面价值准则的认同上存在显著差异；是/否使用网络媒体获取社会主义核心价值观信息的大学生之间（均值分别为4.01、3.41，标准差分别为0.82、0.98），在对社会层面价值取向的认同上存在显著差异。

最后，接触与使用的媒介形态类型，在大学生对社会主义核心价值观不同层面价值目标的认同方面发挥作用。在对国家层面价值目标的认同方

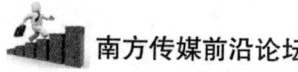

面，通过传统媒体获取社会主义核心价值观信息的大学生（均值为4.30，标准差为0.74），依次高于通过学校教育（均值为4.18，标准差为0.67）和网络媒体（均值为3.89，标准差为0.89）获取社会主义核心价值观信息的大学生；在对社会层面价值取向的认同方面，通过网络媒体获取社会主义核心价值观信息的大学生（均值为4.01，标准差为0.82），依次高于通过学校教育（均值为3.93，标准差为0.91）和传统媒体（均值为3.87，标准差为0.78）获取社会主义核心价值观信息的大学生；在对个人层面价值准则的认同方面，通过学校教育获取社会主义核心价值观信息的大学生（均值为4.08，标准差为0.89），依次高于通过网络媒体（均值为4.01，标准差为1.05）和传统媒体（均值为3.77，标准差为0.87）获取社会主义核心价值观信息的大学生。

四、结论与讨论

（一）大学生对社会主义核心价值观的认知程度有待提升，网络媒体和学校教育在这一过程中发挥重要作用

本研究发现，目前大学生群体对社会主义核心价值观的认知水平并不理想。一方面，伴随现代社会沿着技术、资本以及文化转向的高速流动与发展，90后的大学生群体"思想政治观念呈现双重性和冲突性，并未形成自身完整的思想政治观念"[6]。大学生在信仰和价值观层面的混乱，客观上给社会主义核心价值观的传播带来了困境。另一方面，大学生获取社会主义核心价值观信息的渠道又是比较多元的。其中，网络媒体和学校教育是其获取相关信息的主渠道，接下来是报刊、电视、户外宣传以及广播等传统媒体。这一结果提示我们，建立媒介与大学生群体之间的有效互动关系，

是提升社会主义核心价值观认知度的必要前提。

以网络媒介为例,其符号多元、双向互动的传播特性,能够克服社会主义核心价值观信息传播内容僵化、模式单一的问题。但在具体的传播过程中,还需要特别注意将抽象的概念加以转化,使其与大学生的日常生活相融合。因为"人们对自己周围的环境——只要它对人起作用——是根据其实际功用,而不是根据它的客观本质来把握和判断的"[7]。比如"和谐""平等""公正""法治"等作为社会主义核心价值观的要义,若仅照本宣科地宣传,既显得过于抽象,也缺乏对其进行评判的细化标准,难以作为大学生日常的行为准则加以参照。因此,媒体在传播时应思考如何有效建立抽象价值观念与大学生群体(个人)具体生活之间的关联,调动大学生对社会主义核心价值观的认知热情。

(二)"社会层面价值取向"的认同培育尚待进一步加强

社会主义核心价值观包含国家发展、社会权力、公民伦理三个层面的价值目标。本研究显示,大学生对社会主义核心价值观的整体认同处于"比较认同"状态,但对不同层面价值目标的认同程度并不均衡。其中,对国家层面价值目标的认同度较高,其次是对个人层面价值准则的认同,而对社会层面价值取向的认同相对较弱。这在某种程度上表明,大学生作为中国未来发展的中坚力量,能够在学业发展的关键阶段,建立对国家、社会和个体价值的正确判断;但大学生却对社会主义核心价值观不同层次价值目标之间关系的认同相对略弱,特别是对社会层面价值取向的认同偏低。因此,在三个层面价值目标信息传播的过程中,除了对12个价值维度进行内涵解读和实践阐释以外,还需要将其作为一个整体,阐释彼此之间相辅相成、互为依托的关系,将三个层面的认同传播加以同步推进。

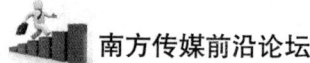

此外，在传播实践中，需要将"社会层面价值取向"的认同培育作为当前社会主义核心价值观认同建设的重点。大学生社会阅历较少，还不能够合理判断当前社会中存在的诸如不平等问题、公正缺失现象，以及法治不健全引发的种种困境和矛盾。因此在涉及有关社会主义核心价值观信息传播的过程中，有待媒体和学校从精神文明、人类发展的视角，引导大学生合理认知中国当前的发展阶段；同时主动触及当前社会发展、制度建设方面的问题，特别是关乎教育、医疗、住房、养老等与人们生活紧密相关的议题，进行针对性传播和合理性引导。

（三）不同媒介渠道互为补充，多维度整体推进社会主义核心价值观的认同建构

当下，网络媒体特别是依托科技进步而飞速发展的移动互联媒体，正在改变并重塑着人们的生活。90后大学生作为伴随网络发展而成长起来的一代，是网络新媒体的主要使用人群，网络媒体也成为其获取社会主义核心价值观信息的首选渠道。从研究中可以看出，在核心价值观认同方面，网络媒体对大学生关于社会主义核心价值观的社会层面价值取向的认同产生显著作用；与此同时，学校教育、传统媒体对大学生关于社会主义核心价值观的国家层面价值目标的认同产生显著作用。

这提示我们，在混合媒体时代，我们一方面需要打造社会主义核心价值观的网络传播阵地；另一方面也应结合不同媒体的传播特性，有针对性地发挥传统媒体以及学校教育在培育不同层面价值认同中的作用，有侧重地实施核心价值观的认同教育，使不同的媒介渠道互为补充。此间，特别要结合大学生群体的心理特征和实际状态，改进传播内容和形式，打造生动有趣又贴近生活的社会主义核心价值观宣传作品，多维度整体推进社会主义核心价值观的认同建构。

注释：

1　李友梅：《重塑转型时期的社会认同》，《社会学研究》，2007年第2期。

2　郭华：《近年来社会主义核心价值观认同研究综述》，《厦门特区党校学报》，2014年第4期。

3　郭建群：《大学生社会主义核心价值观认同建构的调查与思考》，《高教论坛》，2016年第1期。

4　朱志明，陈虹，朱百里：《大学生对社会主义核心价值观体系认同度调查及对策》，《中国青年研究》，2010年第4期。

5　廖圣清，景杨，张帅：《大学生的媒介使用、社会接触和国家印象：以刻板印象为研究视角》，《新闻与传播研究》，2011年第1期。

6　邢鹏飞：《当前大学生思想政治素质实证研究》，《江西师范大学学报哲学社会科学版》，2014年第1期。

7　［匈］卢卡契著，徐恒醇译：《审美特性》，中国社会科学出版社，1986年版，第11页。

（原载于《新闻与写作》2016年第12期）

壮族新创文字活力调查研究
——以广西壮族自治区南宁市为例

◎ 魏 琳

（广州大学新闻与传播学院讲师、博士）

摘 要：本文是对壮族新创文字活力调查的研究报告。以广西壮族自治区南宁市为例，对社会各阶层人群进行了问卷调查和相关访谈，记录了新创壮文在各个领域的活力度，并分析了新创壮文活力度低的原因，提出了解决办法。

关键词：壮族；新创文字；活力；调查

一、概况

（一）调查地背景

壮族是我国55个少数民族中人口最多的一个民族，主要分布在广西壮族自治区。全国有壮族1518万人，其中居住在广西的占全国壮族人口的91.4%。还有些壮族分布在云南文山壮族苗族自治州和广东连山壮族瑶族自治县，其他地区也有少量分布。

壮族是没有文字的民族。历史上一直使用方块壮字，使用范围很小。解放后，党和国家根据壮族人民的意愿，在大量调查研究壮语方言的基础上，帮助壮族人民创制了拼音壮文。这是新中国成立后由中央人民政府批准创制并通过的第一种少数民族文字。壮语属于汉藏语系壮侗语族壮泰语支，说壮语的人口有1380多万[1]。壮语区内，以那坡、德保、天等、隆安几县北缘经南宁至灵山一线为界，分为北部方言和南部方言，北部方言使用人口900多万，南部方言使用人口400多万[2]两个方言在语法方面，除某些虚词和附加成分稍有不同外，在结构上没有什么差别[3]。北部方言人口众多，地区宽广，语言一致性大。可按语音的一些特点划分为桂北、柳江、红水河、邕北、右江、桂边、邱北七种土语；南部方言也可划分为邕南、左江、德靖、砚广、文麻五种土语。其中的文麻土语差别比较大，但人口最少（近年来又划分出一个广东连山土语区）。

此次的调查点南宁市位于广西西南部，是广西壮族自治区首府，毗邻粤港澳，背靠大西南，面向东南亚，是连接东南沿海与西南内陆的重要枢纽，也是西部重要的省会城市，是全区政治、经济、文化、科技、教育、金融、信息的中心。2004年起，"中国－东盟博览会"永久落户南宁，并每年举办一次，使南宁成为中国对外开放的前沿城市之一。

南宁古称邕州，是一座历史悠久的边陲古城，具有深厚的文化积淀，是一个以壮族为主的多民族和睦相处的现代化城市，居住着壮、苗、瑶等36个少数民族，南宁市下辖青秀区、兴宁区、江南区、良庆区、邕宁区、西乡塘区、横县、隆安县、武鸣县、马山县、上林县、宾阳县，其中市区即六城区面积6476平方公里，城市建城区面积170多万平方公里。南宁市有广西大学、广西医科大学、广西师范学院、广西财经学院、广西民族大学等多所高校。截至2008年底，南宁市总人口691.69万，南宁民族众多。人口以壮族为多，占总人口比例为57.14%。汉族占42.21%，还有瑶族、苗族。

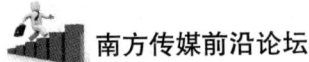

南宁城区人通用南宁白话（粤语方言之一），郊区部分使用平话（汉语方言之一），壮族使用壮语（分别属于南壮方言邕南土语和北壮方言邕北土语）。整个南宁市最通行的是南宁白话以及混杂粤语元素的普通话。

（二）问卷结构及调查方法

本项调查的调查对象为南宁市区的壮族常住人口，调查方式以入户问卷调查为主，辅以个别访谈。问卷由六部分51个单选或多选题组成。

对新创壮文活力指标体系的调研包括10个参项：① 行政活力；② 立法活力；③ 司法活力；④ 教育活力；⑤ 出版活力；⑥ 媒体活力；⑦ 文艺活力；⑧ 宗教活力；⑨ 经济活力；⑩ 信息活力。

调查采用封闭式问卷，即问题和指标是既定的，被试只需在给定的范围内作出选择或补充。调查采用一对一方式，即调查员逐题询问，被试回答，再由调查员圈选或填写。问卷完成后，由调查员检查各自负责的问卷，发现问题及时与被试联系，确保问卷有效性。个别访谈分别包括学校教师、学生、社区群众、地方门官员、地方语言专家、高校教师等几个群体对象。

（三）抽样的原则及样本的分布

本项调查在南宁市区不同地点抽取50个调查对象。调查对象的分布是：学生15人，教师8人，社区群众17人，地方官员10人。

在调查过程中，作者仔细留意并记录了被试的语言使用情况，以对比问卷中的数据。如遇到问卷中没有涉及但十分重要的问题，调查员会进一步询问被试，然后在问卷的空白处注明，以保证调查信息的完整性和可靠性。

（四）本报告的形成通过以下方法：

文献法。搜集、整理和分析国内外相关文献，掌握与本课题有关的研究成果；

问卷法。通过问卷调查，了解新创壮文活力的具体表现状况，对其进行科学评估；

访谈法。通过访谈，了解调查地不同群体对新创壮文的态度及实际行为倾向；

个案研究法。利用个案进行深度描述和分析，把握新创壮文活力现状及存在问题。

本调查同时还对壮族地区的不同群体（政府工作人员、教师、学生、普通群众等）进行专题访谈，了解和分析人们对新创壮文的态度及其成因。

本报告可以在一定程度上丰富和充实我国的民族语言理论研究，提供少数民族语言文字活力研究的典型个案和本土经验；所获调查材料及数据可为有关部门制定、调整和改进广西壮族地区的民族语言文字政策和民族教育政策提供科学依据和有效对策；有利于在全球化与本土化、国家一体化与民族文化多元化背景下保存和发展壮族语言文字，构建壮族地区和谐的语言文化环境。

二、语言使用情况

表 1 被试的基本情况（1）（N=50）

背景	性别		年龄				出生地	
	男	女	15～20岁	21～30岁	31～45岁	46岁以上	本地	外地
样本	28	22	2	23	25	0	19	31
比例	56%	44%	4%	46%	50%	0	38%	62%

表 2 被试的基本情况（2）（N=50）

背景	受教育程度				职业分布			
	小学	初中	高中	大专以上	学生	公务员	教师	群众
样本	0	0	7	43	15	10	8	17
比例	0	0	14%	86%	30%	20%	16%	34%

① 小时候最先学会的话（按被试自报的语言变体排序）。壮语：22人；汉语方言：8人；普通话：7人；壮语/汉语方言：9人；普通话/汉语方言：3人；壮语/普通话/汉语方言：1人。总计50人。

② 现在掌握的语言变体（按被试自报的语言变体排序）。壮语/普通话/汉语方言：27人；普通话/汉语方言：17人；壮语/普通话：4人；普通话：2人。总计50人。

③ 语言掌握的程度：

表3 "听"的程度（N=50）

	人数（人）			比例（%）		
	壮语	汉语方言	普通话	壮语	汉语方言	普通话
完全能听懂	31	50	50	62%	100%	100%
基本能听懂	2	0	0	4%	0	0
能听懂日常用语	3	0	0	6%	0	0
基本听不懂	14	0	0	28%	0	0

表4 "说"的程度（N=50）

	人数（人）			比例（%）		
	壮语	汉语方言	普通话	壮语	汉语方言	普通话
能熟练交谈	31	44	50	62%	88%	100%
基本能交谈	1	0	0	2%	0	0
会说日常用语	0	0	0	0	0	0
基本不会说	18	6	0	36%	12%	0

三、新创壮文活力调查情况

（一）行政活力

新创文字的行政活力包括是否使用新创壮文的公文、档案、信函等语言产品，是否有政府的新创文字推行机构设施和语言工作人员。在南宁市（包括自治区直属单位）各个行政部门中，没有将新创壮文用于政府内公文、通知和信件的，也没有用于政府对外的书面通讯，但在一些涉及自治区民族语文工作部门和学术团体中,其单位公章的文章一般都有壮汉双文对照。如"广西壮族自治区少数民族语言文字工作委员会""广西三月三杂志社""广西学校壮汉双语教学研究会",其他部门的公章只有汉文而无壮文。

在专业机构和工作人员方面,广西拥有两家专门推行壮文的机构,一是广西壮族自治区少数民族语言文字工作委员会,二是广西壮族自治区教育厅民族教育处(壮文推行办公室),前者负责社会领域中的壮文推行工作,后者负责学校教育中壮文的使用。这两家单位都有公务员编制,都有专职的工作人员,有明确的工作规章制度和工作职责范围。此外,南宁市少数民族语言文字工作委员(隶属于南宁市民委)也是专门的民族文字机构,这表明自治区政府对民族语文工作还是比较重视的。

南宁市新创壮文的行政活力处于"偶尔使用"的状态。

(二)立法活力

新创文字的行政活力包括法律、法规等语言文字产品,是否有相应的政府立法机构以及工作人员(人大代表和人大常委)。

广西壮族自治区人民代表大会迄今为止尚未出台相关推行壮文及实施奖惩的相关法律,只是由区民语委或教育厅发布过一些壮文推行的工作计划或某一方面的行政性措施,但目前除检查公章和单位牌匾外,其他的基本不执行。

南宁市新创壮文的立法活力处于"基本不用"的状态。

(三)司法活力

新创文字的司法活力包括法律文书、诉讼程序等语言文字产品,是否有相应的司法机构以及司法人员。

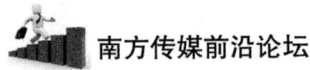

调查表明，在广西壮族自治区和南宁市的法院中，相关判决书及有关法律文书没有使用新创壮文的，但在解释和处理案件时会有使用壮语的现象，有关司法机构工作人员也没有使用新创壮文进行书面公务。

南宁市新创壮文的司法活力处于"没有使用"的状态。

（四）教育活力

新创文字的教育活力包括教材、课本，教学班级、教师和学生。

新创壮文在教育领域的活力为：截至2008年，南宁市（城区）有6所中小学，425名中小学生参加壮文学习，有专门的教材，由自治区教育厅统一发放。

南宁市新创壮文的教育活力处于"经常使用"的状态，但由于是试点教学，没有在全校大面积推广。

（五）出版活力

新创文字的出版活力包括图书、报纸、杂志、录音制品、录像制品等语言产品，出版社、报社、杂志社、图书馆、书店以及出版界专业人员。

在南宁市，广西民族出版社出版壮文书籍，广西区民语委还出版有《三月三》和《广西民族报》。

南宁市新创壮文的出版活力处于"经常使用"的状态。

广西民族出版社自恢复以来已出版壮文图书近300种，发行近1000万册，其中有14种图书获全国优秀图书奖、广西优秀图书奖。《广西民族报》（壮文版）已出版1772期，在区内外总共发行500多万份；《三月三》（壮文版）已出版125期，向国内外发行40多册。（壮文图书和报刊的出版形成了宣传、使用壮文的前沿阵地。在宣传国家有关政策法规，介绍民族工作和壮文推行使用情况交流，帮助人们学用壮文、推动壮文工作发展，以及繁荣和发展壮族文化、传播科普知识等方面发挥了重要作用。）

而在音像制品中，近年来，也有很多壮语音乐涌现。

（六）媒体活力

新创文字的媒体活力包括广播、电视节目，电台、电视台、收音机、电视机以及媒体界专业人员。

目前南宁市的新创壮文使用媒体分别为广西电视台的共同频道和卫视频道，分别有 5 分钟壮语新闻和 10 分钟《壮语报道》。广西人民广播电台教育广播有 30 分钟的壮语广播。

南宁市新创壮文的媒体活力处于"偶尔使用"的状态。

（七）文艺活力

新创文字的文艺活力包括文学、戏剧、曲艺、电影、电视剧、广播剧，电影院、剧院、文化馆，文艺界从业人员。

新创壮文在文艺领域的活力分别为：在文学和戏剧方面经常使用新创壮文，在电影和电视剧方面偶尔使用新创壮文，而在曲艺和广播剧方面则没有使用新创壮文。

壮文文学创作不断发展。壮文版《三月三》《广西民族报》是培养壮文文学新人的最主要阵地，每期都刊发有壮文小说、散文、诗歌（民歌）等，其中的不少作品翻译成汉文，曾被《人民文学》《民族文学》《民族作家》等刊用，一些作品还获得省级以上奖励。最近几年自治区民语委开办的"壮文写作培训班"使壮文写作爱好者队伍不断壮大，创作水平也不断提高，很好的促进了壮文创作的发展。第一部壮文长篇小说"Cietmoq"（《节日》）已由广西民族出版社出版。

（八）宗教活力

新创文字的宗教活力包括经书、布道、典礼，宗教场所，教职人员、信徒。

南宁市新创壮文的宗教活力处于"没有使用"的状态。

（九）经济活力

新创文字的经济活力包括文字说明、合同、契约、广告、工厂、企业、服务行业，管理人员、职工、服务人员。

新创壮文在经济领域的活力为零。在南宁市的工厂、企业、服务行业中，涉及产品的文字说明、广告或合同、契约等均没有使用新创壮文。

（十）信息活力

新创文字的信息活力包括信息产品、邮局、通信网点、电话机、计算机、互联网，信息开发者、互联网和多媒体用户。

新创壮文在信息领域的活力分别为：有少数人使用新创壮文在互联网上交流，在互联网和电话信息媒介上，偶尔使用新创壮文；在书面邮件和手机上，均为偶尔使用新创壮文。

四、总结

在南宁市区的新创壮文使用活力调研中，我们发现，新创壮文的各项活力都是非常微弱的，在很多领域更是为零。而由于民族文化的融合，壮族地区使用汉语文的规模已经同其他省市、经济发达省份达到同样的水平。在南宁市街头，我们看到，除了各单位牌匾上用壮汉两种文字外，其他地方几乎找不到壮文书写。

尽管如此，在南宁市的调查中，我们发现，现在能说壮语的人占了62%[5]，这个比例跟母语为壮语的人是相同的，这说明，母语为壮语的人从未丢弃自己的语言，这种语言情感上的忠实度是出人意料的。

我们知道，当今世界上许多少数民族的教育都是跨语言、跨文化的教育。在扫盲教育和学校教育中使用何种语言文字进行教学,历来都是行政机构、学校组织、教师、家长和专家学者最难做出的选择之一。由于少数民族大多居住在不发达地区,不仅各种资源匮乏,而且还存在着语言与文化障碍,其成员接受教育又需要比主流民族成员接受教育花费更多的时间、克服更多的困难和经受更多的考验,很容易形成恶性循环:经济发展越滞后,受教育水平越低;文盲率越高,越被边缘化,经济发展越滞后。壮族教育究竟应该怎样进行?是不是必须用本民族语言文字进行教学?结果怎样?这些问题都是教育人类学和多元文化教育研究中最富挑战性的课题。

我们认为,要想保持新创壮文的活力,提高新创壮文的使用度,必须要解决一些问题。

(一)社会认识模糊

一种观点认为壮族已经"汉化",都会讲汉语,而且全国正推行普通话和汉语,没有必要推行使用壮语文。另一种观点过高估计壮文的功能和价值,对学习汉语文不够重视。

(二)民族语文工作管理机构不健全

广西民语委机关从1980年恢复至今,"三定"方案仍没有确定。壮文"一报一刊"社改为财政全额拨款公益性事业单位的问题尚未明确,这严重制约着广西民语委各项工作的正常开展。部分市、县(区)一级的民族语文工作机构目前归属不统一,级别也不明确,开展工作时,各方面关系不好理顺,容易陷入被动。

(三)业务经费严重不足

没有专项壮文经费,而壮文工作主要在贫困地区开展,这些地区财政都相当困难，除了保证民语部门的工资和基本的办公费用，几乎没有任何业务经费，很难开展业务工作。

（四）专业人才面临断层

一是壮汉双语文教学师资严重不足，而且流失严重；二是从事管理和研究的专门人才短缺，现有的研究人员几乎都是20世纪60年代出生，人才青黄不接，断层严重。这与这些年来报读广西壮文学校生源不足、广西民族学院和中央民族大学等高校培养相关专业学生有限有很大的关系。

（五）民族语文立法工作进展缓慢

自治区党委做出恢复推行使用壮文的决定时，便重视和加强对这项工作的领导，同时制定一系列政策，采取许多切实可行的措施。2006年9月，自治区党委、自治区人民政府印发《关于进一步加强民族工作，加快少数民族和民族地区经济社会发展的意见》（桂发200626号）为开展推行使用壮语文工作提供了有力的政策保障。但一些政策和规定涉及的领域不多，一些地方和部门也执行不力。目前，广西尚未制定并出台《广西民族语文工作条例》或《壮语文工作条例》，壮语文工作缺乏具体的法律保障，比起兄弟省区来显得进展缓慢。

另外，一个最现实的问题是：许多情况下，壮族人想学会汉语，以便能够通过高考升学并找到更好的工作。尽管拼音壮文简单易学，但是学会壮文并不是学习的最终目的。如果把汉语学习作为教学的总体目标之一，那么学了拼音壮文的壮族孩子还要花额外的时间学习汉语。阅读汉语所需的技能跟拼音壮文阅读技能差别极大，以至于掌握了的东西能作为学生学习别的东西的开端。为了学习汉语，他们只能另起炉灶，从笔顺、笔划和偏旁、部首开始，死记硬背汉字的字形字义。[6]

针对以上问题，我们建议：坚持壮汉双语教学；加快构建壮文人才的培养体系，建设高素质的推行壮文的师资队伍；进一步做好壮文图书、报刊、教材的编辑、出版、发行工作；拓宽壮语文的应用领域，在壮族地区优先使用掌握壮文的干部；尽快制定有关推行使用壮文的法律、法规，使壮文推行工作具有法律保证。[7]

另外，我们在访谈中得知了这样一个好消息：广西壮族自治区少数民族语言文字工作委员会于2010年7月26日召集各位专家学者，召开了壮语文水平等级考试研讨会，经过充分的讨论研究，一致认为壮语文水平等级考试可行，不但可以扩大壮语文的社会影响，促进民间学习和使用壮语文，还可以促进壮语文的规范化建设，并能改善现在的壮语文教和学现状，提高教学质量，为学校相关专业录取学生、为相关部门录用人员提供参考。

注释：

1　陈海伦，李连进：《广西语言文字使用问题调查与研究》，广西教育出版社，2005年版，第4页。

2　陈海伦，李连进：《广西语言文字使用问题调查与研究》，广西教育出版社，2005年版，第4页。

3　民族研究所壮语小组编，《壮语简志》，民族出版社，1980年版，第78页。

4　《关于壮语文使用状况的汇报》，广西壮族自治区民族语言文字委员会提供，2009年6月。

5　见本文表4数据。

6　Maragaret MilliKe，《三种壮文的比较》，载《广西民族研究》1999年第2期。

7 韦永强,蓝明生:《试论新世纪的壮文推行使用工作》,载《中国民族教育》2001年第2期。

参考文献:

[1]陈海伦,李连进.广西语言文字使用问题调查与研究[M].南宁:广西教育出版社,2005.

[2]黄行.中国少数民族语言活力研究[M].北京:中央民族大学出版社,2000.

[3]郑作广.广西小学壮汉双语教学研究[M].南宁:广西师范大学出版社,2004.

被置换的政治主体与微博政治
——微博内的广东"乌坎事件"

◎ 熊 琦

(广州大学新闻与传播学院讲师、博士)

摘 要：2011 年 9 月 21 日至 11 月 21 日，广东省汕尾陆丰市东海镇乌坎村村民因土地纠纷爆发"群体性事件"（以下简称"乌坎事件"），新浪微博内的网友对此事件持续关注，由此引发了强大的社会舆论。本文试图梳理出微博网络中的"乌坎事件"发展脉络，并将其置于更广大的历史政治环境中加以考察，以此分析当下"去政治化"的条件下微博关于"乌坎事件"言论立场的政治性表达，从而更深入地认识微博舆论背后的复杂意识形态机制以及政治性诉求。"乌坎事件"以乌坎村民的土地问题为事件中的核心要件，然而，随着事态的进展，新浪微博内言论关注焦点却落在了乌坎村民选举事宜之上。本文认为这种焦点转移无疑是对"乌坎事件"土地问题背后复杂性的遮蔽和化约。

关键词："乌坎事件"；新浪微博；去政治化；土地问题；乌坎选举

2011 年 9 月 21 日、22 日，以及 11 月 21 日，广东省汕尾陆丰市东海镇乌坎村村民因土地问题先后与当地政府发生冲突，双方矛盾延续数月有余。这起事件曾通过微博（以下主要指新浪微博）引发广大网民的持续关注，社会反响强烈[1]，且至今，引发该事件的相关问题并未得到根本解决。广东近来爆发的社会冲突频繁，相关消息均在微博中频有出现，如潮州古巷事件、增城事件、惠东平海事件等，而微博舆论持续大量关注整个冲突事态的发展，"乌坎事件"应算首例。

"乌坎事件"原本大致情况为：乌坎村早年集体土地低价转让，如今土地升值，村民欲寻求利益补偿，上访未果，遂与政府发生冲突[2]。也就是说，乌坎的矛盾本是起于该村集体土地流转与其利益分配问题。然而，微博有关"乌坎事件"的主导性言论最终从它的根本性问题，即土地问题转向了乌坎选举。在微博有关"乌坎事件"主导性言论的焦点转移过程中，自由派舆论领袖是焦点转移的舆论推手，他们与传统媒体及传统媒体所开的微博形成了非常紧密的互动。这使人不禁要问，微博言论在对"乌坎事件"的关注过程中到底发生着怎样的变化？"乌坎事件"言论的主要焦点何以从土地问题最终转换为乌坎选举？是谁在推动微博言论的焦点转移？他们到底有着怎样的政治指向？

一直以来，媒体与社会运动都保持着密切的关系。美国社会学家查尔斯·蒂利告诉我们，"自18世纪社会运动兴起，报纸、杂志、小册子及其他印刷传媒就在传播社会运动的消息，它们宣告即将开始的行动，评价这些行动，并对这些行动的成败得失予以报道"[3]。但在传播与社会保护运动关系一题的研究中，大部分研究分析角度都囿于媒体中心主义和技术决定论，或是从危机传播路径出发，局限于功能主义视角，从而缺乏对传播主体的反思，国家也常在研究中以协调者的角色出现，故易陷入将国家与社会预设为先在二元对立的自由主义框架内，更广泛的历史社会条件往往被忽略，社会权力关系中的复杂性也随之被化约。为超越这些研究范式，本研究试图在历史政治经济的背景之下，通过具体的微博文本分析来回答上述问题。

一、研究对象及其背景

由于微博转发次数代表微博最少被阅读次数，因而微博转发次数将成为笔者收集微博文本考虑的一项重要指标。此外，笔者发现新浪微博认证用户有关"乌坎事件"的微博贴较非认证用户微博贴的转发次数通常要多出许多，因此，本文援引分析的微博文本主要来自新浪认证用户原创或转发的微博，且转发次数均为300次以上。而这些新浪微博认证用户大部分亦是现实生活中的"意见领袖"，主要由媒体机构和个人两部分组成，媒体机构包括国内媒体和境外媒体，而个人认证用户身份多为学者、媒体工作者、律师、商人、社会工作者等。

自2011年9月21日至2012年4月1日，新浪微博共有内容含"乌坎"字数样且与"乌坎事件"相关的认证用户微博贴共21455条，其中转发300次以上的微博文本，笔者共收集到317条。317条微博可大致分为两种类型：一为事态描述的信息贴，二为观点表达的评论贴。媒体机构的微博贴均为事态描述的信息贴，其中媒体机构的微博94条；余者皆为个人所发微博，而个人的微博贴既有事态描述的信息贴，亦有观点表达的评论贴。然而在这些个人微博中，除3条微博归左翼意见领袖外，其他均属于自由主义意见领袖。

对于自由主义意见领袖的区分，笔者是按其言论表达的主要意识形态来进行判定的。自由主义原本面向复杂，但本文所涉及的微博"自由主义"意见领袖（或称"自由派"意见领袖），其言论背后的意识形态较为简单，他们基本都推崇抽象的民主论、自由论、人性论和"普世价值"，对现存的国家体制持否定态度。而网络的左翼意见领袖则较为复杂，他们既包括毛主义左派、新左派，也涵盖一些国家主义、中间派马克思主义者和自由主义左派。

但从以上搜集到的微博文本来看，"自由派"意见领袖的言论构成了微博乌坎事件的主导性言论。是以，除所收集到的转发次数为300次以上的317微博贴外，根据行文的需要，这些微博意见领袖的其他微博文本将成为本文主要援引、分析的对象。

二、"去政治"的操作与微博舆论

因土地问题而引发的社会冲突在目下的中国屡有发生，这与中国激进的城市化政策关联密切。英国著名学者卡尔·波兰尼曾指出，现代社会难免会被一种双重运动所支配，即市场的不断扩张与其相伴相生的反向运动，这种反向运动能起到保护社会的作用[4]。中国改革开放最前沿的广东近来各种社会保护运动频繁发生恰为这一观点提供了例证，而具体到"乌坎事件"而言，这一社会运动恰是乡村社会机体在面临城市化过程中资本下乡的一次本能预警和自我保护。

然而自20世纪70年代结束后，革命时代终结，20世纪的政治核心已朝着市场化、国家化和全球化的方向发展。在"不争论"的口号之下，中国融入到整个全球资本主义体系中，将经济发展作为发展的重心，因而在发展的过程中出现的各种社会矛盾悉被视为发展必须付出的代价。换言之，在这一"去政治化"[5]的条件下，由新自由主义推行的政治与经济分离的激进市场化带来的社会矛盾所激发出来的社会运动，便因这样的解释框架而丧失了它的合法性。从这个层面来看，不难理解当下失地农民的政治性诉求往往最终被淹没在权力操控之中的事情屡有发生之必然。

2011年9月21日，在乌坎村民为索回集体土地与当地政府发生第一次冲突之后，国内媒体几乎噤声一片，仅有广东省省委《南方日报》分别于9月21日和9月25日对其有所报道。然而其报道的叙述亦是有意将这起乌坎村民索回土地的社会运动定性为一起普通司法案件，却未能阐明暴力冲突背后的利益冲突和政治关系。

而在2011年11月21日，乌坎村再次发生大规模群众集体上访事件，相关信息和图片又悉被转入微博。此时，境外媒体纷纷介入报道此事。而随着对乌坎情况模糊性的转述不断增多，微博内反抗性力量不断高涨，但这些反抗性力量构成复杂，它既有现存秩序反对政治的右翼言论、海外霸权的主导，亦有左翼批判性力量和乌坎村民的参与。但在12月之前，微博大致只形成两种言论力量的隐密对垒，而这之后关于乌坎事件的言论开始分化，逐渐形成右翼言论主导整个微博舆论之局面。2011年12月前，以微博意见领袖为代表的微博信息言论，无论左翼还是"自由派"，他们的言论交集之指向，均为乌坎所属当地政府对群众合理利益诉求压制的不公正；而媒体微博为代表的信息和言论，则主要站在政府角度，以危机公关中的协调者的角色来发布乌坎的相关信息，进而达到"去政治化"的效果。

12月10日，新浪微博内传出庄烈宏、薛锦波、张建城、洪锐潮、曾昭亮5位乌坎村民被刑拘的消息。翌日又传出消息：薛锦波被刑拘后于12月11日在监狱猝死，官方公布死因为心源性猝死。此日，新浪屏蔽了带"陆丰""乌坎"字样的微博，一些与乌坎相关的微博亦被删，直到12月18日才恢复正常。这一系列事件更加巩固、强化各方言论指向性交集所达成的共识，也使各方批判性力量形成结盟关系。[6]

在官方媒体与政府以"去政治化"的方式对外界的关注进行回应之时，现存秩序的反对政治、海外霸权以及批判性力量都会借此走到台前。

此时港台媒体，如TVB电视台、《星岛日报》《经济日报》《明报》《亚洲周刊》《中国时报》以及《自由时报》，海外媒体如英国广播公司

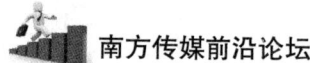

（BBC）、《金融时报》《每日电讯报》，美国《纽约时报》《华尔街日报》，法国法新社、日本NHK电视，德国《图片报》等外国媒体早已纷纷介入此事的报道中来了[7]。

由于各方批判、反对力量形成结盟关系，迫使乌坎当地党政机关不得不对外界的质疑进行回应。

值得注意的是，在广东当地党政机关逐渐被迫释放一些信息以安抚舆论不满情绪之时，微博内的左翼及右翼言论对这种姿态、举措表示出了肯定，但左翼与右翼意见领袖的很大不同在于，前者几乎对乌坎事件不予以评论或者说不再予以评论，态度非常谨慎收敛。而微博内的右翼言论却并非如此，他们分别从不同面向对"乌坎事件"展开评价和判断。

三、"自由派"的政治主张和政治策略

（一）政治主张："民主""政改"、拜物教和土地私有化

1. "民主""政改"、拜物教

在对"乌坎事件"的读解过程中，微博内的右翼意见领袖对"乌坎事件"的评价和阐发焦点主要集中于"民主"和土地私化。如时评作家"幽壹"称："海陆丰人用实际行动告诉世界，中国民众的'民主素养'并不差。哪怕是向来被视为民风彪悍的海陆丰，民众也一样可以做到有理有节、合法理性地公开表达诉求。这个事实驳斥了'中国普通民众素质太差，不适合民主'的荒谬说法。"

无论是微博作者所批评的中国民众不适合民主论，还是作者的中国民众适合民主论，二者都共享着一个前提，那便是中国从未有过"民主"，换言之，在作者的民主辞典里至少没有"人民民主"这一社会民主面向，

传播学

或者说中国从未出现过作者眼中的"民主"。那么作者眼中的民主到底为何？他的另一条微博给出了答案。

@幽壹："【学习伊朗如何？】你们总说西方民主如何如何，你们总说要建立符合中国国情的民主制度。那么，学习一下非西方的伊朗式的伊斯兰民主如何？——伊朗的总统是选民直选的，16周岁的公民就有投票权。伊朗的最高立法机构议会，也是由选民直接选举产生的。伊朗还实行多党制。为什么他们敢直选？你们却不敢？"[8]

意指当政者的"你们"既便不学西式民主，也应学学"非西方式的伊斯兰民主"，因为"伊朗的总统和最高立法机构议会，也是由选民直接选举产生的"。显然，作者先有将西方民主——"直选"视为一种普世民主的立论假设，然后通过西方与非西方国家都推行这样的民主制度来互证这一立论假设，并借此质询当政者。

而持有相同观点的经济学家韩志国更是希望"乌坎事件"成为中国政治改革的转折点[9]：

韩志国甚至将乌坎村与小岗村相比[10]，"从民生到民权"正暗示中国应从经济体制改革走向政治体制改革。在韩志国看来，中国是一个"地道的集权国家"[11]，而他所说的政改虽然暧昧不明，但从他对台湾大选的推崇便可明了他所说的"政改"实现的政治形式恰指一人一票的选举制度。[12]

从以上微博中的逻辑不难看出，媒体人"幽壹"和经济学家韩志国其实已将形式民主的推行、政治体制变革视为解决乌坎矛盾的唯一办法。

然而，一人一票的选举制度，只是政治民主的一种形式，它的实施并不必然带来各种复杂社会矛盾的解决。这种将民主简化为选举或"选主"的民主人士被斥为"思想的懒汉"。对于民主的理解一直存在着各种争论。这里需厘清它的两个不同面向，"即作为政治体制的民主与作为社会形式的民主，前者包括普选权、个人权利的保护、言论自由、多元主义等，而后者的核心是平等，主要体现为社会保障，公共物品向全体社会成员的开放，再分配等。"[13] 在 19 至 20 世纪之前，民主的两个面向是重合的。但在这之后，民主的政治体制与社会形式却持续分化，宪政民主与剧烈的社会冲突形成两个极端。新的社会等级制遂成为大规模的阶级斗争和革命的根源，亦是民族国家间冲突的根源之一，因此如何实现社会妥协和阶级调和成为民主实践的重要内容；而解决不了经济结构的民主，也便谈不上社会民主，更谈不上社会主义的民主。[14]

就"乌坎事件"而言，它本是激进城市化、市场化之下的土地关系变迁与土地社会占有之间的矛盾所致。而自由主义观点一直试图将国家与社会对立来看，在这一观念的推动之下，国家权力逐渐退出乡村。从相关媒体和微博所获材料来看，乌坎村民的组织性力量是通过村集体这一社会主义资源而获得的。在"乌坎事件"发展过程中，村民组成抗争的共同体因有村集体的召唤而并未被政府权力分化，且通过村集体的召唤达到了高度的团结。正如《乌坎三日》里林祖恋在接受他人采访时所说，"乌坎村民为了集体的利益，（具有）高度的团结、高度的协调、高度的组织性和遵守法律的自觉性"[15]。

从以上材料不难看出，一人一票选举制度与村民的真正诉求风马牛不相及，而欲通过一人一票选举制度来解决乌坎问题已将资本下乡国家权力后退所带来的土地问题复杂性极度化约，因而太不具备说服力，而且此举对现存的社会结构不仅无丝毫触动，反而可能会促使赢利型经济或者说乡村寡头政治的形成，更有可能使这样的矛盾再度重演，继而会以民主的名义导致反民主的恶果。从乌坎的具体现实来看，乌坎选举一年后，其根本问题并没有得到改观，这恰是上述情况的有力证明。

微博内右翼舆论领袖如此脱离现实社会条件所产生的认识，与现实建构起来的无疑是一种想象关系,而意识形态表述的正是个人与现实之间的想象关系[16],因而它难以摆脱制度拜物教的本质。

2. 土地私有化

另一部分微博右翼意见领袖则热衷于土地私有化,认为"乌坎事件"的冲突爆发是土地未被私有化所致,只要土地私有,一切矛盾都解决了。这方面言论以媒体人"王小山"和自由派学者"雷颐"的微博言论较典型,转发量最多[17]。值得说明的是,二人对三农问题并无任何研究。

在"三农"理论界,土地私有化的呼声一直不绝,争论亦颇多。农民史学者秦晖教授认为,土地问题的实质不是集体所有或个体私有的问题。因为农民并无结社权,那么土地归农户还是归官办集体,实际上就是土地归农民还是归官府之别。而以所谓"社会保障不能私有"为理由反对地权归农,是一种颠倒权利与义务的说法。[18]在秦看来,地权不归农民以保障其基本生存,其实只是官员可滥用权剥压农民地权辩护的借口[19]。

三农学者温铁军则有不同的看法,他认为,目前,不论是印度、孟加拉、泰国、菲律宾,还是墨西哥、巴西等发展中国家都面临的共同困境,那就是在工业化进程中无法获得外部积累和向外部移成本,只能从内部、主要是农业获得积累,内部消化制度成本。因此,在这样的困境之下,倘若任由土地私有化和自由买卖,其结果非但不能快速低成本地实现工业化和农业现代化,反而会使农村凋敝,小农破产;城市乱象,农民工难就业,其实现的不是城市化而是城市贫民窟化[20]。贺雪峰则从土地调整的角度否定了土地私有的可行性。在他看来,中国耕地有限,7%的耕地要养活22%的人口,而九亿农民不可能全被城市化,因而土地成为他们赖以生存的命根;而今天农村人口流动性大,如若土地私有化,任何土地的调整都无法进行,因而只需农民有稳定的土地使用权即可;他认为真正需要土地所有权的往往并非是真正耕田种地的农民,而是已经脱离农业进入城市的农村人，他们或在城市生活、工作，若可占有土地，则可将其租给耕者获取租金，或是闲置等待升值，所以土地不能尽其所用[21]。

其实，中国的城市化进程之所以暂未出现其他发展中国家那样的贫民窟，正是因为中国农村吐纳剩余人口的能力，而这能力又要归因于耕者有其田。由此，从以上观点亦可明白，为什么有学者要强调"重新讨论中国小农经济的过去、现在与未来，重建城乡的互哺、互动的关系"[22]。而土地私有化带来的只会是小农经济的解体和城乡的进一步分裂。

正是由于城市化、资本下乡、乡村的内卷化、赢利型经纪的出现等一系列复杂因素才导致了当下乡村土地问题出现，社会冲突频繁。从这里可清楚地看到，试图用土地私有化一劳永逸地解决乌坎式的社会冲突和矛盾的说法难有说服力。而值得注意的是，这些三农问题的专业化认知并未被纳入到整个"乌坎事件"的微博讨论中来，故而不可避免形成言论一边倒的局面。

从上亦可看出，微博右翼舆论领袖对学界关于三农问题的专业认知是断裂的。这种认知的断裂也使其深陷于新自由主义主流意识形态框架之内，而无法具备更开阔广大的视野，以至于一些右翼舆论领袖将现在的国家与社会对立的框架，通过各种修辞直接套现成想象中的现实，进而使乌坎的官民矛盾不断加深，以此，逼迫国家权力不断后退。薛锦波死后，微博右翼舆论领袖对其死因的质疑，并将其召唤成为"民主"而牺牲的领袖；林祖恋被推上舆论前台后，微博主导性言论通过各种修辞对其进行"奇里斯马"的塑造或许能说明这一点。

（二）"自由派"的政治策略：不确定事实的强化与被强化的官民对立

薛锦波意外死亡之后，广东检方通报薛为心源性猝死。然而，这一死亡原因使乌坎村民抱有相当的怀疑,微博内也有部分右翼舆论领袖认定薛被迫害致死。于是各种猜测遂在微博被不断转发。首先,自由派舆论通过渲染薛锦波之死,将国家政府塑造成"日本人""无人性""人鬼不分"的恶者形象,进而唤起人们的历史记忆,使其将这些历史带来的仇恨投射在国家身上,由此不断刺激舆论。"自由派"舆论通过这些话语不断建构出国家与社会的尖锐对立,造成其对政府的压力,使其就范于他们的政治主张;另一方面,他们又通过将林祖恋"奇里斯马"的形象塑造成他们所谓的"民主"化身,通过对薛锦波之死的解读将其作为抽象"民主"必付的代价,从而使乌坎村为收回集体土地的抗争被偷换成了为了抽象"民主"的抗争。而自由派媒体人"笑蜀"更是把乌坎喻为"中国必须闯过去的一个坎"[23],认为乌坎矛盾升级是因为政府将村民维权敌对化所致,并提出要将类似乌坎这样的抗争常态化。其实这里将村民的抗争解释为"维权"依然是将乌坎矛盾置于国家与社会二元对立的框架中来实现的,它很难解释为什么运动中的村民会不断征用"人民""国家属于人民"这样的社会主义政治资源。现实中政府与村民的矛盾并非敌对化的矛盾,这是因为政府的人民性是它的合法性之本质所在。而微博中的主导性舆论将政府与村民矛盾表现为绝对敌对化矛盾,是国家与社会这一二元对立话语的解释框架在现实中的部分真实性被当成了整体真实性所致。正由于此,矛盾双方只会敌对化,并不断加剧矛盾,矛盾的焦点也开始转移,从而也为其他政治性力量的进入留下缝隙。

譬如,异常活跃的外媒微博就将视线投向了乌坎村的选举[24],甚至将"乌坎事件"视为全球性现象[25],让人形构出"乌坎事件"与"茉莉花革命"中的突尼斯、埃及、利比亚之间的遥相呼应。而"茉莉花革命"所诉求的政治理念正是前文所述的抽象形式的民主。

12月24日,"财经网"发微博称,"乌坎事件,法律缺席:土地被村干部出卖,但未提起诉论,而是上访,上访无果游行示威";在这条微博的叙述中,"土地被村干部出卖"已被视为贪亏腐败的全部事实,换言之,土地流转中存在的贪腐问题责任都由村干部承担。矛盾焦点已然集中于村干部身上。

然而此后,"头条新闻"转发了一条广东省委副书记朱明国言论的微博,称朱明国表示,"许多群体事件开始很简单,乌坎村村民诉求早一点解决,用得着闹这么大吗?干部要设身处地为底层民众着想……"[26]。其实,朱明国在讲话中也强调了政府官员贪腐和官僚主义的问题,他说:"现在一些国家干部哪有想过农民没地吃什么,没地我照吃好粮,不种地照吃好粮,不养猪照吃好肉,甚至不用上街,当着官有人送。他哪里想老百姓之艰难?"[27]但这里,媒体选择性地将朱明国的讲话简化,从而欲达到将"乌坎事件"背后的复杂性简化,并进一步强化土地流转中村干部负有全部责任之目的,村干部成了事件的替罪羊。土地问题的解决随之被偷换,取而代之的便是"新启蒙熊伟"在其微博中转述乌坎村临时理事会理事长杨色茂(受省工作组邀请)的发言中所提到的:"……依法对乌坎村第五届换届选举作出整体无效的处理……"[28]到这里呈现出的微博舆论和各路媒体关注焦点的转换便可看得比较清楚了。

《人民日报》亦于12月22日发表了题为《"乌坎转机"提示我们什么》的"人民时评",俨然要在"乌坎转机"吸取经验[29],这一社论亦可视为中央对广东当地党政对乌坎的处理方式的认可。《人民日报》随后又于12月26日发表《暴力革命不能解决社会发展问题》[30],此篇社论既是对"自由派"维权常态化解释框架的否定,也是对现有体制的肯定,因而它很大程度上是对海外霸权性力量与自身意识形态冲突导致其政治权威遭受挑战的回应。但由于它同时取消了对社会运动产生根源的必要反思,因而仍是一种"去政治化"操作。

传播学

在此篇社论发表的当日，胡耀邦史料信息网、经济观察报联合主办了有关"乌坎事件"处理模式的专家研讨会。任剑涛、胡德平等"自由派"学者悉数参加，会议就广东政府对"乌坎事件"的处理给予高度评价。此举亦通过自由派学者对政府举措的肯定，以专家的权威来引导舆论，继而在社会全面质疑"广东模式"的节点，肯定广东模式在社会危机发生之下的自我调节能力及其"优越性"。人民网后来也于2012年1月6日发布舆情观测，其文称，"乌坎事件"的处理获舆论一致好评[31]。

而2011年12月28日自称乌坎村民的"WK吴广霖"在微博上称："乌K村明天正式废除两委，过两天将成立新的党支部，林爷爷（林祖恋）将成为副书记，由省委任命。"[32]12月30日，"头条新闻"发微博转广东省工作组对乌坎村的调查通报，称"已查实原乌坎村书记、村主任等人侵占村集体资产违纪行为，土地转让过程中存在受贿等违纪情况。乌坎村涉及征收土地、出卖土地重大事项，未按规定召开村民代表大会或村民大会决策。村民所反映问题是存在的"[33]。而后，在12月31日，"南方都市报"又称"有村干部存在利用公款送礼、重复领取社保、用公款买私家小车等问题，以及在出让集体土地中收受好处费"[34]。由此，村干部贪污行贿的形象在媒体微博上得到呼应，这也为林祖恋新任乌坎村总支书记并负责领村委会重新选举工作做好铺垫。2012年1月15日，"广东政法"发微博称"民选代表林祖恋任乌坎村总支书记"[35]。

2012年2月4日，温家宝总理走访广东，在与基层人民座谈时，温家宝强调了"没有程序民主，就没有实质民主"[36]，这无疑为广东当地党政转移矛盾和视线又添一股强大的推力，也可视为对自由主义舆论领袖在微博号召进行乌坎选举政治主张的公许，这也表明微博右翼舆论领袖的对事件的解释框架与政府的解释框架形成了某种重叠。

此后，微博内关于"乌坎事件"的主导性言论与国内媒体、广东当地政府、中央均已达成共识,即认为"乌坎事件"因"乌坎选举"已获圆满解决,相关矛盾也因选举而会被化解。在笔者看来,这种共识并非偶然。因为此事发生正处十八大召开在即的关口,政府急欲平息此事。再则,"广东模式"这一被新自由主义意识形态所主导的发展模式近来倍受质疑,因而尽快平息乌坎村的大规模社会运动能防止社会矛盾频发的广东其他地区不至于效仿,以此为打消对"广东模式"质疑争得话语权力,也为十八大前一些政府官员的政绩能被中央肯定添加筹码。而右翼舆论领袖在微博上的政治诉求正是在这样的夹缝里得以实现的。

四、结论:被置换的政治主体与政治合谋

从新浪微博言论一直持续关注"乌坎事件"的发展过程来看,微博网络目下已成为政治性表达的重要平台,在整个"乌坎事件"的过程中,它也与乌坎村民的诉求行动保持了一定的互动关系,这一点从一些自称乌坎村民的网友在新浪微博发布的"乌坎事件"相关消息和图片便可一目了然。应该说,从一定程度上讲,在整个"乌坎事件"的过程中,微博起到了某种政治性论辩的作用,它使社会运动的诉求部分地进入了国家政治生活之中,也在一定程度上试图使公共决策摆脱在权力机制和少数人利益之下的自发运转,而欲在与政府的相互辩论之中形成公共决策。

然而我们也必须看到,随着事态的发展,微博主导性言论多在国家与社会二元对立的框架中来解释"乌坎事件",它们将国家压制性特征的部分真实性想象为整体真实性,社会中的资本、土地、村集体与国家的互动关系全然被遮蔽,这一内在逻辑无疑导致他们把对现状的不满简单地投射于"国家",进而倒向形成不受国家干预的"真空"社会的想象建构,也为此后微博主导性言论将"乌坎村民自治""乌坎选举"不断强化以呼应

"土地私有"的呼声埋下伏笔。此处其实也暗含着将政治与经济分离的意图，因为主张"一个自发调节的市场必须把社会制度性分离为经济和政治两个领域"[37]。从前文统计来看，该部分言论在微博内影响力非常强大，几乎构成微博主导性言论的全部，持这一言论的亦多为微博右翼舆论领袖。这也是导致此后微博言论焦点转移的主要原因。

自由派的意见领袖凭借着他们自己雄厚的社会资本和文化资本，占领了微博关于"乌坎事件"的舆论高地。而海外霸权性力量亦通过对乌坎的新自由主义式的解读呼应着这些言论，与其形成同盟，这一结盟亦是中国融入全球资本主义体系的后果。他们并没有给出进一步就乌坎问题进行政治论辩的空间和可能性，而是在不断制造政府与村民的尖锐对立中，逼迫国家权力不断后退，而这又客观上更加巩固了"去政治化"的政治条件。换言之，政府在其逼迫下，必然会因惧怕社会的不稳定而默许微博右翼意见领袖的政治主张。因而在他们操控的主导性言论的推动下，微博中"乌坎事件"的最终焦点落在乌坎村选举事宜之上而将初始引发冲突的集体土地流失和腐败问题的复杂性完全遮蔽。从与广东省委及广东当地媒体信息不透明的对峙，到对当地党政态度转变的强大影响，再到最后微博主导性言论与当地党政，及内地海外媒体趋同性地将乌坎选举视为"乌坎事件"处理"圆满"的"阶段性成果"有关，在鼎沸的声浪中，乌坎"土地问题"背后的复杂性最终在各路主导性言论达成的共识之下被深埋在"去政治化"的幽暗深处。

因此，当这一社会保护运动的政治诉求被置于国家与社会二元对立的框架来解释、解决之时，它的针对性便大大减弱。在这一条件下，政府会丧失促其进行自我反醒的动力，依然会以各种避重就轻的方式来遮掩矛盾，进而与这一解释框架达成共谋关系，以此将矛盾背后的复杂性简化。最终"乌坎事件"的焦点导向了乌坎选举，政府及微博内的主导性言论一致表示这一结果是对"乌坎事件"的圆满处理。政府以及微博内的主导性言论

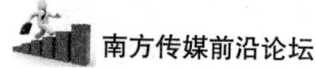

通过这种置换农民政治主体的方式实现了他们自己的政治。二者形成的共谋关系，不仅遮蔽了"乌坎事件"中存在的更大的腐败问题和产生这些问题背后政治经济的不民主，且也否定了对于这些问题背后复杂原因以及采取何种改善措施所展开的公共讨论和政治性论辩的可能性。换言之，它用代表市民社会的城市主体遮蔽了乡村社会这一巨大的社会存在，随之带来的便是政府的合法性危机，因为中国政府的合法性恰是内在于人民民主这一合法性之中的。这也说明，尽管微博被冠以社会化媒体之名，但要实现它的公共性，必须通过不断的言论斗争来实现，不然很难不沦为貌似公共性实则封建性的非透明场所。

其实从媒体的角度来看，真正需要的是通过媒体提供的平台，激发起关于社会现象的政治性辩论，展现出不同的政治价值，并从这些政治价值的相互良性论辩中，得出尽可能最大限度接近合乎现实的社会图景。从"乌坎事件"所引发的微博舆论震荡不难看出，微博在某种程度上已成为一个各方政治论辩的场所，这无疑也是政治与微博自主传播方式结合的结果。然而我们也必需看到微博所具有的"阶级性"以及它在各方权力的交错纠缠中所形成的"封建化"特征。而城乡的分裂和乡村机体的瓦解，使"人民"这一政治性主体最终沦为被沉默的"群体"。他们在媒体里集体被失语，他们成为各种政治势力的政治想象，他们主体性的被置换才是暴力的最终根源。

时至今日，乌坎的土地问题依然未然得到根本解决，而之前关注这起事件并将自己的政治诉求嫁接到这起社会运动之上的政府、媒体和公共知识分子们已然没有了当初的热情，乌坎的意义对于他们而言，仅是他们自己政治诉求的一个载体而已。

注释：

1　参见北京大学公民社会研究中心发布的 2011 年年度公民社会十大事件，"乌坎事件"位居榜首，《北大发布 2011 公民社会十大事件：乌坎排第一》，载《新京报》2012 年 2 月 28 日，http：//news.xinhuanet.com/local/2012-02/18/c_122719689.htm。

2　参见姜北树：《乌坎纪行：一半是海洋，一半是围墙》，共识网，http：//www.21ccom.net/articles/gsbh/article_2012061261750.html；唐逸如：《当民主理想照进乌坎现实——独家对话乌坎村支书林祖恋》，http：//www.guancha.cn/tang-yi-ru/2013_04_02_135874.shtml；萧武，唐逸如：《乌坎民主选举一年半 村委会难解土地与利益纠缠》，http：//www.guancha.cn/politics/2013_04_03_135761.shtml。

3　查尔斯·蒂利：《社会运动：1768—2004》，胡位钧译，上海：上海人民出版社，2009 年，第 116 页。

4　卡尔·波兰尼：《大转型：我们时代的政治与经济起源》，冯刚、刘阳译，杭州：浙江人民出版，2007 年，第 136 页。

5　"所谓'去政治化'就是指如下现象：对构成政治活动的前提和基础的主全之自由和能动性的否定，对特定历史条件下的政治主体的价值、组织构造和领导权的解构，对构成特定政治的博弈关系的全面取消或将这种博弈关系置于一种非政治的虚构关系之中。从根本上说，'政治化'是政治的一种特定形式，它没有也不可能取消政治关系。"载汪晖：《去政治化的政治：短 20 世纪的终结与 90 年代》，北京：三联书店，2008 年，第 39-40 页。

6　如左翼舆论领袖北大教授孔庆东于 12 月 16 日转发了一条关于乌坎的传闻："据香港传媒报道，当局派出近千名军警，出动数百军警闯村，欲捉拿维权首领，平定局势，但遭村民鸣锣聚众，以砖头石块击退，警方则发射催泪弹及水炮；村民昨设路障阻警方入村，警方则封村并断水断电断粮，逼村民就范；村民哀叹当局'要逼死人'，吁外界关注救援。"新浪微博，@孔庆东，2011-12-16，10：13，转发（17035），评论（2512）；'自由派'意见领袖"王小山"则抛出强烈的价值判断："关注乌坎。用重兵围困一个村子，你们意欲何为？为政者不能安民，居然诉诸武力，是彻底无能、无智、无耻的表现，下场注定可叹、可悲、可鄙。历史会记得，耻辱柱已经竖起，等待刻下你们的名字……三思而返，还来得及。"新浪微博，@王小山，2011-12-18，10：13，转发（14419），评论（3291）。

  7　参见《乌坎事件：境外境内媒体天上地下》，共识网，http：//www.21ccom.net/plus/view.php？aid=52223。

  8　参见新浪微博，@幽壹，2012-03-04，23：57。

  9　参见华尔街中文网12月22日在其微博上发贴称："周三，中国官员看来至少暂时平息了乌坎村的抗议活动。他们做出了一系列不寻常的让步，其中包括认可村里选出的管理委员会。"

  10　参见"【中国农村发展史上的第二个里程碑】1978年，18位农民以'托孤'方式立下生死状，在土地承包责任书上按下红手印，创造了'小岗精神'。2011年，乌坎村1万多农民以血肉之躯维护自身权益，中国农村发展史上第一个民间自治组织终获承认。从民生到民权，从小岗村到乌坎村，推动历史前行的永远是人民。"新浪微博，@韩志国，2011-12-23，12：12，转发（7579），评论（709）。

  11　参见新浪微博，@韩志国，2011-12-12，12：27，转发（596），评论（134）。

  12　参见"【台湾大选的三重启示】1、文明程度的提高是渐进过程。我们在新闻里看到都是打打闹闹，但这次大选表明台湾的民主已渐入佳境。2、中华民族的素质绝对适合民主制度，以民众素质低为借口拖延民主是制度陷阱。3、只有民主制度才能够真正体察民意关注民生，在舆论监督和一人一票的制度下，谎言都会现形。"新浪微博，@韩志国，2012-01-07，12：27，转发（596），评论（134）。"只有……才"句式的充分条件恰恰强调了台湾一人一票民主制度是韩氏认可的"真正体察民意关注民生"的唯一制度设计。

13　汪晖：《"代表性的断裂"：反思未来民主的进程》，21世纪网，http://www.21cbh.com/HTML/2011-1-1/0MMDAwMDIxNDA0MQ.html。

14　汪晖：《"代表性的断裂"：反思未来民主的进程》，21世纪网，http://www.21cbh.com/HTML/2011-1-1/0MMDAwMDIxNDA0MQ.html。

15　此话引自艾晓明所拍纪录片《乌坎三日》。

16　阿尔都塞：《哲学与政治：阿尔都塞读本》，陈越编，长春：吉林人民出版社，2004年，第353页。

17　"乌坎村的事说到底是土地所有权问题，相当于私人土地你给强行代理，还代人买卖，卖低了人不满意，卖高了人有理由怀疑更高。私人土地自己决定自己负责，多简单点事，用得着你操心？你有多大本事啊，土地也管，媒体也管，文艺也管，经济也管……这种上帝视角不改，你的麻烦永远缠身。"新浪微博，@王小山，2011-12-22，09：52，转发（695）评论（244）；"乌坎问题再一次说明两点：一，如果土地不私有化，不承认农民对土地的所有权，农村就不可能有真正的安定。二，没有法治，就不可能有真正的安定。执政者一定要事件发展到如此程度才承认村民的合理要求，结果是村民、政治、社会都会付出了巨大的成本。一言以蔽之，私人产权和法治的确立，是良性社会的基础。"新浪微博，@雷颐，2011-12-22，07：46，转发（1368）评论（305）。

18　秦晖：《强调农民地权，限制"圈地运动"》，《绿叶》2008年第11期，第61-68页。

19　秦晖：《强调农民地权，限制"圈地运动"》，《绿叶》2008年第11期，第61-68页。

20　温铁军：《新农村建设的重点与土地私有化的理论逻辑——缓解三农问题的道路之辨》，《绿叶》2008年第11期，第58页。

21　贺雪峰：《浪漫主义想象误导土地制度改革》，三农发展研究网，http://www.3nongren.com/wenku/yantao/201110/999.htm。

22　吕新雨：《新乡土主义还是贫民窟》，《开放时代》2010年第4期，第115页。

23　参见新浪微博，@笑蜀，2011-12-21，13：46，转发（3405）评论（725）。

24　华尔街中文网12月22日在其微博上发贴称："周三，中国官员看来至少暂时平息了乌坎村的抗议活动。他们做出了一系列不寻常的让步，其中包括认可村里选出的管理委员会。"

25　参见"美国驻华大使馆"在其微博上贴出美国《时代》杂志评出年度人物的描述："它并不是某一个，而是一群人；同时这一群人并不属于某个国家，他们遍布全球。这个群体就是抗议者（protester）。"新浪微博，@美国驻华大使馆，2011-12-23，13：28，转发（343），评论（147）。

26　参见新浪微博，@头条新闻，2011-12-27，08：14，转发（718），评论（518）。

27　参见：http://news.ifeng.com/mainland/detail_2011_12/27/11585666_0.shtml。

28　参见新浪微博，@新启蒙熊伟，2011-12-28，11：31，转发（980），评论（272）。

29　"如果能及时抓住利益诉求点，事发前认真倾听、公正评判、果断解决，就不会小事拖大、层层升级，演变成群体性冲突，乌坎事件也就会呈现不同走向。……'乌坎转机'告诉我们，要减少社会矛盾的触点、降低燃点,必须将社会管理摆在更重要的位置,解决好群众利益问题。"《人民日报》,2011年12月22日,第09版:视点。

30　参见网易,http://war.163.com/11/1226/09/7M6KHGH100011MTO.html。

31　参见《人民网舆情研究:汕尾书记讲话获好评我》,http://yuqing.people.com.cn/GB/16788483.html。

32　参见新浪微博,@WK吴广霖,2011-12-28,00:49,转发(685),评论(397)。

33　参见新浪微博,@头条新闻,2011-12-30,22:20,转发(885),评论(415)。

34　参见新浪微博,@南方都市报,2011-12-31,08:06,转发(885),评论(415)。

35　参见新浪微博,@广东政法,2012-01-15,15:29,转发(830),评论(231)。

36　"村民自治是村民委员会组织法规定的,一定要保障农民的选举权利,做好村民自治和村委会村民直选。这要有严格的法律法规和健全的制度,同时要有公开、公正和透明的程序。因为没有程序的民主,就没有实质的民主。"http://news.sina.com.cn/c/2012-02-06/005923885205.shtml。

37　卡尔·波兰尼:《大转折:我们时代的政治与经济起源》,冯刚、刘阳译,杭州:浙江人民出版,第61页。

(原载于《新闻大学》2013年第5期)

影视艺术

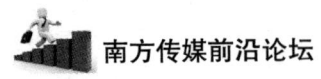南方传媒前沿论坛

癫狂与梦的逻辑
——解读《太阳照常升起》的叙事策略 *

◎ 李学武

（暨南大学艺术学院常务副院长、教授、博士）

2007年9月21日，继《鬼子来了》之后，时隔7年，姜文终于推出新片《太阳照常升起》（以下简称《太阳》），票房业绩却平平，因为对它的观赏是一场没有工具书和标准答案的"填字游戏"。观众须不停填补姜文在叙事中留下的断点和缺席的意义：鱼鞋、鸟、石头屋子究竟象征什么？梁老师为什么自杀？"子"的爸爸又是谁？

也许对于任何个人色彩浓重的作品来说，观众一思索，作者就发笑。穷追猛打个别细节会误入歧途，因其可能只是作者对私人生活的自由联想。在笔者看来，寻找那些看似怪诞的情节背后的叙事逻辑方是关键。

影片分为四个部分，如果把它按时间顺序铺平，它是个毫不出奇的故事：1958年冬天，两个女人骑着白骆驼来到西部。其中孔镱珊饰演的印尼归侨沿着路标，在"尽头"找到恋人唐叔；而由周韵饰演的"疯妈"在"非尽头"只寻到了恋人沾染着别的女人气息的遗物。当那对印尼归侨举行盛大婚礼时，疯妈在疾驶而过的火车上产子。18年后，1976年春，疯妈被一个梦唤醒深埋的往事，种种疯狂的举动让儿子不知所措。到秋天时她清

醒过来，却消失在水中。这年夏天，东部城市中，当年的新郎唐叔和梁老师在同一所学校任教，梁老师貌似大众情人，而唐叔才是真正和林医生有私情的人。在一场"摸屁股"的狂欢平息之后，梁老师出人意料地上吊自杀，唐叔被下放到了疯妈消失的地方。秋天，他每天带着一帮孩子上山打猎，疯妈的儿子却恋上了他的老婆。于是，一声枪响，故事结束。

如果说"分段叙事"在昆廷·塔兰蒂诺的作品初入中国时尚属试验；那么，在十多年后的今天，它更像是对"故事苍白""叙事能力不足"的无效掩饰。所喜《太阳》每一段的叙事逻辑、视角和抒情方式均不相同。第一段落的叙事是癫狂的，类似于一个强迫性神经病患者的逻辑；第二段落模拟一个梦——不仅在象征层面上可称为梦，而且它的叙事完全参照梦的浓缩、移置、二度润饰等机制；第三段落是常态叙事；第四段落是时间上的故事开头，也是叙事的逻辑起点，前面的癫狂与梦都由这一段落中男性对女性的征服引起。此时抒情压过了叙事，对于男性生殖能力的礼赞使它貌似一场白日梦。其实，春、夏、秋三个段落像是对最后盛大的抒情场景的铺垫。因为在滑入后现代的今天，抒情早被当作自恋来鄙视，没有前面铺设下的悬念，观众根本就无法接受对男性生殖力的夸颂。

一、疯癫叙事

影片的第一段落几乎依照弗洛伊德理论的口径而定制：疯妈致病的原因是鱼鞋被鸟叼走——鱼似女阴，鸟如男根，早在半坡氏族时期，鱼鸟纹样便代表性爱。鱼鸟一去不复返，提醒了她长达18年的性匮乏。"人们若没有满足自己里比多的可能，就容易患神经病"[1]——这种匮乏甚至不能表述，因她的男人虽为"最可爱的人"，却生性风流，和异国的喀秋莎长眠于边境。他无法被追认为烈士，她的思念就不再合法。

不能被满足的欲望必然体现为某种强迫性症候，疯妈持续不断地爬树，或挖坑，这固然可以视为对原始创伤记忆的复现——复现18年前产子之后，站在高塔之上，对一个不知所终的男人无望的告白。但在诗意复沓的背后，若借助精神分析的语汇，我们很容易发现这是象征性的性行为。弗洛伊德甚至做出这样的结论：大多数的强迫性动作都是变了样子的手淫，而手淫则可视为各种性幻想的唯一的基本动作。[2]

如果说，症候乃是两种相反的互相冲突的倾向之间调和的结果[3]，那么，对于疯妈来说，被压抑的是性，而那压制的主动倾向却比较复杂：一方面是当年的政治伦理，另一方面是她潜意识中对"被抛弃"的痛恨。是以她要儿子来念父亲遗留下来的信（在第四段落影片才揭示那些信不是写给母亲的，而是给不同的异国女人），却又在儿子道白"就喊我阿辽沙吧"的时候掌掴他。最终，疯妈以一种行为平衡了两种矛盾的倾向：焚毁那些代表背叛与伤害的信件，在水边建起一座形似子宫的卵石小屋。在那里一切破碎的都能复原：算盘、镜子、瓷器——只是禁不起任何侵扰，一声喷嚏足以毁灭幻觉。

能逃入疾病之中也是一种幸福，疯癫是无害地解决个人欲望与社会规范的矛盾的一种方式。她不能公开地怀念一个与敌国女人通奸的"好色之徒"，不能表达生理匮乏，但能诉述病苦。因此症候去除、疯妈"不疯"之时，就是她消失之际。她穿上"阿辽沙"遗留的带有三个弹孔的军装，消失在水中。

在这一段落中，房祖名所饰演的儿子是隐含叙事者，也是疯妈自给自足的幻想世界的感知者，并被动地扮演精神医生的角色，听取疯妈对他的诉说。"在特定时刻了解一组事件，主要依赖于感知者的时空位置。"[4]因疯妈坚定地将儿子排斥于自己的时空之外，作者对往事的披露非常节制，信息被延宕压制。我们只约略知道阿辽沙曾霸道地带走疯妈，阿辽沙的官越来越大,枪越来越短,阿辽沙死了,此后叙事便出现断点,直到第四段落才接续上。事实上这一段落最终被叙述者只有一个,就是阿辽沙。

表面看来,子对母做了一次不成功的治疗,实际上精神分析,或曰"原因治疗"——"丢开疾病的表现形式,寻求突破点以根除病因"[5],本身就如同侦探类型片的叙事套路——透过犯罪现场的蛛丝马迹,复现犯罪事实。随着冷战结束,世界趋同,电影全球化市场的到来,好莱坞类型片面临叙事困境:主人公找不到敌手了。于是精神病患者开始粉墨登场,并带来新的叙事契机:破解一个疯子的潜意识是最有趣的猜谜游戏,症候和其来源(its whence)、趋势或原因(its whither or why)之间错综复杂的关系提供了极大的制造悬念的空间。

二、梦的机制

我们早已熟悉那个说法:好莱坞类型片是梦。然而,《太阳》一片中的第二段落,不仅在象征或隐喻的层面是梦,而且直接采用梦的机制来叙事。通常认为,梦采取如下四种机制把潜意识转换为梦境:压缩(condensation)、移置(displacement)、视像化(visual images)和润饰(secondary elaboration)。

很明显,做梦者是黄秋生所饰演的梁老师,而且,这是一个典型的性梦,只不过,由于超我所充当的梦的"审查官"的作用,性行为总是被打断或移置到他人身上。在这种性梦中,做梦者总是扮演大众欲望的客体,是以,段落开头便是一筐象征男根的胡萝卜,一群只着上衣的女炊事员,以芭蕾动作缓缓向后伸展大腿。随着潜意识欲望越发强烈,幻觉的经验开始剥去伪装,直接的性对象出现:林医生要他帮忙拧"湿淋淋"的衣服,因包扎了绷带而一直竖起的手指无疑代表某种生理现象。随后,他试图在梦中进行直接的性行为：看电影时摸女人屁股。超我"审查官"终于忍耐不住，出手干预，于是惩罚出现：他因别人的行为受罚，被42支明晃晃的手电筒一路追赶，撞破林医生和唐叔的"好事"，并和她一起被挂在屋檐下。

接下来，整个段落中最有趣的一幕出现了。我们知道，梦最基本的功能还不是满足欲望，而是保护睡眠，把足以使人惊醒的心理刺激以幻觉的方式满足。倒吊在屋檐下，追赶者的脚步声正在逼近……这种心理刺激足以使任何一个做梦者惊醒。为了使睡眠延续下去，梦给出逃脱的逻辑：林医生劝说梁老师跳下去，因下面是草地。而说话间，她已经到了地面上。让人惊异的是，观众并没有听到任何落地的声音。这一幕像是一个小BUG（错误），但无意中挑明梦的幻觉身份。

潜意识欲望想要得到满足，然而超我"审查官"不允许，于是梁老师跳下去就摔断了腿，并很快跳转到病房。这无疑又是梦的润饰作用使然，把梦的各个幻觉的片断合成一个连贯的整体，甚至貌似富有逻辑性。

如果说惩罚也是欲望的一种满足——"检察官"的欲望，那么，这一段落中最奇妙的当属林医生指证摸屁股犯人一场。它巧妙地把惩罚和欲望结合：色情动作在缉拿流氓犯的法官面前上演，色情话语被作为证词传播。这种悖论性的存在恰如福柯所言：越是性压抑的年代，性的话语越是不断地增多。"法律本身便鼓动着人们去谈性，谈得越多越好；权力机构下决心要听到人们谈它，并且要使人们以清晰的言语和长期积累的无穷无尽的细节来谈性。"[6]

现在我们不得不谈到姜文饰演的唐叔，在这个梦中唯一得到性满足的人是他：小号和高跟鞋正是他和林医生的偷情暗号，而摸屁股事件进行时他们正在鱼水之欢。林医生一方面像个18岁的少女一样暗恋梁老师，另一方面却和唐叔偷欢。这在生活中不合逻辑，但恰恰符合梦的"移置"机制：把隐念的重点由一个元素移到另一个元素上去。梁老师恰似一个在梦中寻找厕所的人，他找到了，但却因为种种原因而不能得以畅快，只能郁闷地看着别人释放。

分析至此，梁老师的自杀已经不难理解：它结束的不是生命，而是梦。下垂的、软绵绵的身体恰似被压抑而不能勃起的器官，对着下面停尸床上圆滚滚、象征屁股的南瓜、茄子等瓜果，它无力地宣告欲望之不可能满足，即便在梦中。

不过，本段落虽然呈现为梁老师的梦，但是，它毕竟是整个影片的一部分。结合其他段落，也许我们应当这样理解：被移置性满足的不是梁老师，而是唐叔，那些女人的欲望始终指向唐叔，梁老师不过在梦中饰演了他，唐叔才是真正的被述体。

三、抒情掩盖下的叙事圈套

《太阳》的最后篇章，是一个可称为恢宏的抒情段落。太阳映照群山之中的"尽头"标牌，分别三年的男女紧紧拥抱，男人举枪指向天空（象征性的性行为）。而平行段落中，年轻时的疯妈翻看消失的恋人阿辽沙留下的遗物。随之又是一个平行蒙太奇段落，一方面是狂喜的婚礼，一方面是火车上的艰难产子。婴儿降生在开满鲜花的铁轨上，"他一笑天就亮了"。这是一个故事的两个版本，正如配乐的旋律是新疆谣曲《吉尔拉》不同的变奏，一个缓慢忧伤，一个激烈狂喜。

这一抒情段落是整部影片的叙事起点和写作重心，犹如音乐中的华彩乐章。它产生激情、诗意，前面用变形手法完成的段落无非是对它的铺垫和形象化注释，且与它形成对比性的张力。有趣的是，笔者第一次在影院观看《太阳》时产生错觉：唐叔和阿辽沙就是同一个人，他制作死亡假相，目的只是另娶他人。的确，唐叔和阿辽沙同样"枪法很准"、艳遇频繁，同样被女人认为能制造"死而复生"的奇迹。他的遗物中那本车尔尼雪夫斯基的《怎么办》讲述的又是一个假死的故事,与之形成互文关系。然而,再看影片,矛盾出现:唐叔1955年才回国参加建设,而阿辽沙参加过1950—1953年间的抗美援朝战争。这是影片叙事上的一个圈套,利用人的习惯性心理——习惯于在事件和事件之间加上逻辑关系——来制造错觉。不过,从象征层面上来讲,唐叔和阿辽沙依然是同一类型的人,或者说是同属不断征服的男性生殖力的能指。

如果把唐叔和阿辽沙等同,一些象征性的细节就有了多重解释。若把电影视为梦,梦本来就擅长压缩:"两种完全不同的隐念,常混合而成一个显梦……一个明显的元素同时代表若干个隐念的元素,而一个隐念又可化为若干个明显的元素。"7

影片开头,疯妈再度梦见开满鲜花的铁轨,然而,初始情境中躺着婴儿的地方,现在是一双鱼鞋。若把鞋子视为婴儿的化身——"鞋子"本来就和"孩子"谐音,鱼鞋被鸟叼走,除解释为性的匮乏外,还可理解为"杀子"。事实上影片宣传海报之一,就是在太阳的映衬下,唐叔拿枪指着儿子。在男女关系外,它同时表述着弑父与杀子。回过头再看那些癫狂或抒情的段落,对男性生殖力的颂赞中常隐含着焦虑。毕竟生殖力是一个逐年递减的东西,"一代人来,一代人去,太阳照常升起",永远有旺盛精力的年轻人挑战父辈的权威。而中国电影在讲述了十数年的"弑父"故事后终于出现了"杀子"的惩罚。

让笔者好奇的是:不知姜文的焦虑中是否有对创作力匮乏的隐忧,毕竟,这是他七年磨一剑的作品。而弗洛伊德论及"焦虑"时也说,焦虑性情感中的原始创伤记忆是出生经验。我们都知道,一部作品的诞生也是一种"出生"。

注释：

＊本文为全国艺术学科"十五"规划 2005 年度课题《中国当代视听文本的文艺文化研究》的阶段性成果。

1　弗洛伊德：《精神分析引论》，高觉敷译，北京：商务印书馆，1984 年 11 月第 1 版，第 274 页。

2　同上，第 244 页。

3　同上，第 238 页。

4　爱玛·卡法勒诺斯：《似知未知：叙事里的信息延宕和压制的认识论效果》，载戴卫·赫尔曼主编《新叙事学》，马海良译，北京：北京大学出版社，2002 年 5 月第 1 版，第 4 页。

5　同1，第 351 页。

6　米歇尔·福柯：《性史》，姬旭升译，西宁：青海人民出版社，1999 年 1 月第 1 版，第 14 页。

7　同1，第 131 页。

（原载于《当代电影》2008 年第 6 期）

喧嚣中的回归
——中央电视台纪录频道的经验与启示*

◎ 李 燕

（广东广播电视台高级编辑、博士）

电视纪录片作为一种以影视手段记录和表现人类社会和自然世界的历史及现状的综合性影视艺术表现形态，具有审美愉悦、抒发情感、教育大众、传播知识、表达文化、传承文明等多种功能。正是鉴于电视纪录片所具有的强大功能，国家从发展文化产业、满足人民群众精神文化生活需要、提高文化软实力的立场出发，专门制定了《关于加快纪录片产业发展的若干意见》，明确提出促进纪录片产业发展的目标。由于当前我国纪录片行业意识相对落后、节目制作和播出机制不灵活、复合型人才队伍储备不足、节目策划和制作营销能力有待提高等多方面的问题，我国纪录片行业在节目形态、优秀作品数量、经济和社会效益、跨文化传播等各面都存在一系列问题。

CCTV-9中央电视台纪录频道（以下简称"央视纪录频道"）自2011年元旦开播以来，取得了巨大的经济和社会效益。2012年5月间，纪录片《舌尖上的中国》创造了比原央视一套同时段电视剧栏目收视高出约30%的收视"奇迹"，使得这部纪录片在全国范围内迅速走红，新浪微博上"舌尖"

被转发了3.5万多次,评论突破10000条。《舌尖上的中国》的叫好又叫座,使关于央视纪录频道和中国电视纪录片的讨论陡然升温,并进入大众的议程设置视野,成为2012年春夏之交影响国家和民众精神生活的文化大事。从这个角度出发,分析央视纪录频道的成功,可以得出许多值得借鉴的经验和启示。

一、频道定位准确

20世纪70年代,美国市场营销专家里斯和特劳特合作提出了影响深远的定位理论。所谓定位,是指商品如何在预期客户的头脑里独树一帜。[1] 即意味着通过准确定位,能够令企业和产品与众不同,形成核心竞争力;能够在受众中鲜明地建立品牌。央视纪录频道的成功就突出地显示在对定位理论的成功实践上,具体包括频道目标、受众对象、节目内容、广告标准等多方面。

第一,目标受众的定位。传媒市场是由众多有差异的受众组成的,具有不同的地理位置特征、不同的阅读习惯等。这些差异性受众形成单独的市场群体,客观上要求传播者为不同受众设计满足其差异需求的传播策略,从而形成与众不同的、具有区分性的细分受众群体。电视纪录片作为一个传统意义上的窄众节目形态,具有分众传播的属性,需要明确定位节目受众的数量、类型、收视习惯,这样才能在注意力经济短缺的时代,避免陷入到与新闻节目、娱乐节目等其他电视节目形态的收视率竞争之中。央视纪录频道将其目标受众人群界定在文化素质较高的中高端受众和处于知识谱系成长阶段的青少年人群,可以通过受众质量而非受众数量来规避风险。

第二,频道的目标定位。央视纪录频道以"全球眼光、世界价值、国际表达"的频道定位为目标。这样的频道目标定位既符合央视作为国家核

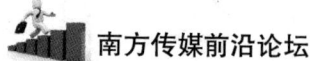

心主流媒体的地位，也体现出央视纪录频道的未来发展方向和被赋予的历史使命，即实现跨地域视野下的文化交流与传播。

第三，节目形态和内容的定位。频道以自然探索、历史人文、社会纪录、文献档案四大类为主。这样的节目内容与目标受众定位一致，与其他频道相比既可以实现明显的差异化竞争，又可以培养目标受众对节目乃至频道的忠诚度，从而形成自己特有的品牌，并进而在商品广告等方面有更大的选择权和自主性。

第四，频道的广告定位。在最初开播的时段里，央视纪录频道的节目编排里是没有广告的，在通过"高质量、高水平、高标准"的节目赢得口碑之后，开播一年广告收入就超过2亿。与频道目标定位、受众定位、节目内容定位重质不重量的原则一脉相承，央视纪录频道的广告定位也是通过与具有高品质、高美誉度的高端商业产品品牌的结盟来实现的。

二、回归电视固有功能

拉斯韦尔提出了大众传播的四种主要社会功能（后由社会学家赖特进行了补充）：环境监测功能、社会整合功能、文化传递功能、娱乐功能。[2] 电视纪录片作为大众传播的主要形式之一，无疑具有以上功能。在我国，电视媒体经历了以强调社会整合和教化功能为主，向以强调娱乐功能为主的转变。尤其是新时期以来，出于收视率和经济效益的考量，八卦、穿越、戏说等娱乐因素在电视媒体上大行其事，不少电视频道的反智化、娱乐化、庸俗化倾向愈演愈烈，这对于未成年人成长、社会协调、文明传承等已经造成了不良的影响，已经引起了行业主管部门和部分有识之士的担忧。央视纪录频道的做大做强，通过尽量客观的对现实生活的再现，突破庸俗化媒体所营造的拟态环境的虚幻镜像，最大程度地还原真实，从而标志着电视媒体在环境监测、社会整合、文化传递等正功能方面的强势回归，这对于社会大众通过电视媒体了解客观外部世界，有极其重要的作用。

三、成功实践制播分离原则

2009年8月，国家广电总局下发《关于认真做好广播电视制播分离改革的意见》（广发200966号），明确提出在新闻类、时政访谈类、监督调查类节目之外，在影视剧、影视动画、体育、科技、娱乐等不具有政治性、新闻敏感性的大众娱乐类和社会服务类节目中进行制播分离改革。央视纪录频道通过制播分离方面的成功实践，"坚持以发展为主题，以改革为动力，以体制机制创新为重点，深化文化体制改革，一手抓公益性文化事业，一手抓经营性文化产业，不断增强我国文化的实力和竞争力"[3]。

第一，构建起多元化的节目制作渠道。《关于加快纪录片产业发展的若干意见》提出，要"认真贯彻中央关于积极稳妥推进电台电视台制播分离改革的精神，重点培育一批电视纪录片制作经营主体，发展专业化的电视纪录片生产"。通过市场这只无形的手，央视纪录频道主动退出电视纪录片的制作领域，通过借助一个包括中央电视台台属公司（包括中央电视台新影制作中心、中央电视台科教节目制作中心等）、省市级电视台的制作力量、社会制作机构和独立制作人、境外纪录片公司等在内的多元化节目制作渠道，并通过优秀的播出平台建设、统一的购片价格、公道的成本核算体系、平等的合作地位，确保在制作方内部实现公开平等、有序竞争，从而保证电视纪录片的数量和较高的制作水平。

第二，提供了一个普适性的播出平台。打造和构建央视纪录频道这样一个建立在国家主流核心媒体层面上的播出平台，其意义不仅是空间范畴上的，更是制度和行业文化范畴上的。首先，从空间范畴上讲，"传播平

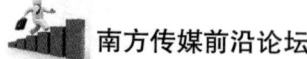

台空间局促,制约了纪录片发展"[4]。在央视纪录频道开播之前,中国电视纪录片缺少一个覆盖全国的专属频道,唯一的 CCTV-10 也是多种节目杂糅的频道。而在省级卫视频道中,只有上海纪实频道、重庆科教频道、中国教育电视台第三频道(CETV-3)、湖南金鹰纪实频道等屈指可数的几家,同时它们又都只是覆盖本地的地面频道。电视纪录片播出平台的限制则导致了节目制作水准不高、收视率较低、节目播出时段限制、运营主体模糊、产业链条不完整、盈利模式单一等一系列问题,这些都导致了当前我国多数省市电视台纪录片频道在节目质量、时长和经济社会效应、从业人员数量和质量等各方面滑坡。央视纪录频道正是在平台建设方面为国内优秀的电视纪录片资源提供了一个面向国内外的高端平台,为更多专家、从业者、爱好者投入电视纪录片拍摄和制作提供有效途径。

其次,从制度和行业文化范畴上来讲,当前国内纪录片领域的行业标准尚属真空,节目选题、形态、时长、包装、定价等各种纪录片生产和流通要素均不明确。通过央视纪录频道建设,初步建立起囊括"全球视野、世界眼光、中国价值、国际表达"的选题标准、高清制作标清播出的技术标准、以质定价、高于平均的价格标准等参照系数在内、能与国际接轨的纪录片标准体系,而这样一个建立在全国范围内电视纪录片标准体系的建立,将极大改善当前我国电视纪录片在"走出去"过程的谈判筹码。

第三,实现节目制作和播出之间的良性互动。"制作和播出是电视节目生产流程的不同过程。将制作和播出进行分离,不是简单地把它们割裂,二是希望通过这种形式,能够实现资源的有效配置,形成制作和播出的良性互动。"[5]而这种制作和播出的良性互动突出地呈现在体制上的创新,即组建生产和营销主体,形成创意、生产、销售、传播的完整产业链,将各种有利因素整合成为一个有利于电视纪录片发展的社会媒体生态系统,从而在节目制作时兼顾播出需要,根据播出需要进行定量制作,最终形成节目制作和播出之间的动态平衡和各取所需，避免由于目前节目制作能力过剩所导致的生产力浪费。

四、搭建起成功的跨文化传播平台

根据 2011 年党的十七届六中全会决定大力发展社会主义先进文化，扩大中华文化国际影响力，形成与我国国际地位相称的文化软实力的决策部署，央视纪录频道肩负着宣传国家形象、实现跨文化传播的责任。具有明显差异的文化观念和表征体系的人们所进行的相互交流被称为跨文化传播。[6]双向而非单向，这是跨文化传播的根本要义。就"引进来"和"走出去"关系而言，二者是一体两面，既要重视引进，更要重视输出，要坚持引进与出口相结合，坚持以进带出，更好地促进国产纪录片出口，从而实现进出之间的动态平衡。因此，央视纪录频道通过紧抓"引进来"和"走出去"两大战略，在不同地域环境、不同国家和文明之间实现有效交流与对话，从而在提振国家文化软实力、塑造积极正面的国家形象方面发挥重要作用。

第一，强化了"引进来"的维度与力度。首先，在具体节目层面，通过版权购买等方式，引进大量国外优秀电视纪录片，如《黄石公园》《永恒的国家公园》《迁徙的鸟》《微观世界》《天启——第二次世界大战》《花豹女王》等节目，让国内观众从直观层面了解国外的历史、人文、地理、自然。其次，在人才队伍建设方面，通过聘请国际纪录片大师——法国电影人雅克·贝汉为纪录频道的荣誉国际顾问等柔性人才引进机制，使中国电视纪录片人才队伍建设走上国际化、年轻化的良性培养机制上来，通过专门的人才队伍建设，系统打造并培养包括纪录片策划创作人才、摄制人才、经营管理人才等类型人才在内的综合性人才队伍，重点培养既懂创作生产又懂市场运营并能与国际接轨的复合型人才。再次，在节目编排方面，仿照美国国家地理频道等专业纪录片频道通用的节目编播方式，在具体节目的编排过程中，按特定时段特定受众的收视习惯把纪录片播放类型和内容进行分类，没有主持人，没有栏目，完全靠节目的内容来吸引观众。

第二，加大了"走出去"的步伐。"传播力决定影响力。"[7]要通过央视纪录频道扩大中华文化的国际影响力，其前提就在于要提高电视纪录片的传播力，即提高传播内容的可达性和有效性。

首先，央视纪录频道首先在硬件资源上，充分利用CCTV-9的频道资源，利用这样一个主要观众是在中国的外国人和喜欢外语的人的现成频道资源，从开播伊始就实行国内版（中文）和国际版（英文）分版播出，三颗卫星多语种覆盖，积极推进上星频道在境外落地，实现六大平台欧亚美落地，以中文节目配英文字幕或同期英文解说的方式，方便域外观众欣赏的电视节目。此外，还积极参加境外高水平影视节展，扩大国产纪录片与国外同行的沟通和交流。

其次，加大电视纪录片叙事方式的普适性。"从叙事学的角度讲，不妨把情节视为电影文本叙事策略的一个组成部分，它是叙事主体（作者－隐含作者－叙述人）为了表达某种叙事意图，围绕某一个或某几个叙事主题，试图达到某个叙事目的而建构的话语。"[8]央视纪录频道所选择播出的国内纪录片，基本改变以往中国电视纪录片中正襟危坐讲道理的节目形态，通过对西方电视纪录片讲故事叙事方式的接入，实现有故事、有情节、有吸引力，从而实现在跨文化语境下的不同地区和文化背景下电视纪录片受众的无差别接受。这突出地体现在电视纪录片《舌尖上的中国》的热播上，通过挖掘隐藏在日常饮食背后的一个个故事，使关于食物的器物文化具有了满是人情和人性的温情故事，通过对人和食材关系的微妙理解，通过人在劳动中所产生的智慧思考以及味觉审美，《舌尖上的中国》实现了在不同地域、不同文化受众中的共鸣，这从该片在戛纳电影节上国外受众的热烈反响中可看出。

同时，改善节目资源的整合力度。通过拍摄资本的输出、有价值选题的共享、人才资源的国际化配置、播出频道资源全球化的协调，改变以往在中外合作电视纪录片合作拍摄过程中中方主导性不足的倾向，从而在版权等衍生产业链条方面享有更大的话语权。

CCTV-9中央电视台纪录频道对于社会大众通过电视媒体了解客观外部世界、提高文化品味具有极其重要的作用，尤其能引发人们重新思索人与自然、人与社会、人与人等久违的哲学命题，这无疑是救治当下社会思想迷失症的一剂良药。从这一点来看，央视纪录频道不仅对中国纪录片行业和中国电视事业具有里程碑意义，更重要的是它所传递的文化知识和人文素养将成为一束光，在经济高速发展、精神普遍缺失的时代，重新照亮理性，而这种理性是电视原本就应具备的，只是不知何时我们丢失了，它的回归值得庆幸。

注释：

* 本文受到 2011 年度国家广电总局"广播影视人才队伍建设研究"立项课题资助（GD1145）。

1　里斯·特劳斯：《定位》，王恩冕、王少蔚译，北京：中国财政经济出版社，2002 年 2 月第 1 版，第 3 页。

2　黄晓钟、杨晓宏、冯钢：《传播学关键术语释读》，成都：四川大学出版社，2005 年 8 月第 1 版，第 176 页。

3　参见国家"十一五"时期文化发展规划纲要。

4　张同道：《中国纪录片为何缺少平台》，2010 年 7 月 23 日《人民日报》。

5　纪朝阳:《电视制播分离如何推进》,载《声屏世界》2007年第8期。

6　黄晓钟,杨晓宏,冯钢:《传播学关键术语释读》,成都:四川大学出版社,2005年8月第1版,第170页。

7　王太华:《星光灿烂花满园——中国广播影视在改革进程中发展繁荣》,载《求是》2009年第4期。

8　热拉尔·热奈特:《叙事话语新叙事话语》,北京:中国社会科学出版社,1990年版。

（原载于《中国广播电视学刊》2012年第10期）

作为次要情节（B故事）的爱情关系

◎ 姚 睿

（中国电影资料馆馆员、博士）

摘　要：电影中的次要情节（B故事）是"关系型"故事，它为角色提供展现兴趣爱好、梦想与欲望的空间。将"爱情"视作一组人物关系而不是电影类型、风格或题材，对其量化和归类便具备了可行性。在当代电影中，爱情故事是最重要的次要情节（B故事），它与主线情节（A故事）交相辉映，能适时为主线情节锦上添花。在"欢喜冤家、日久生情""一见钟情、曲终人散"与"咫尺天涯"三类爱情A故事以及其他类型电影的A故事中，爱情次要情节（B故事）呈现出不同的形态、模式与功能。

关键词：主线情节；A故事；次要情节；B故事；爱情关系

太阳底下无新事，故事早已被讲完。"相似"的是主线情节，变化的是细节。相似的原因，一方面是由于人的七情六欲和喜怒哀乐总是相似的；另一方面，类型电影的叙事模式与情感结构相对稳定，这就会令电影故事的主线情节（A故事）有似曾相识之感。但在主线情节（A故事）相似的营构下，似而不同的次要情节（B故事）却为故事带来变化、刺激与惊喜。

一、次要情节概念与"爱情电影"归类的方法论思索

亚里士多德在《诗学》中曾经提出：故事是对生活的摹仿，情节是整一性的戏剧冲突；悲剧倾向于表现比一般人好的人，喜剧倾向于表现比一般人差的人。这些规律贯穿几千年的叙事历史，在当代电影中仍然顽强地发挥着作用。根据亚里士多德的描述，一部叙事作品中有多少段事件，就会有多少段戏剧冲突；有多少组人物，就有多少条行动线索。在一部剧中，"比一般人好的人""比一般人差的人"与"一般人"会同时出现，但谁是故事的主人公，将决定故事的最终意义；或者说，故事的终极意义决定了谁是主人公。于是，故事生产者在诸多线索中最后留下的主线情节与主要人物，是呈现叙事系统终极意义的关键。

现代电影的叙事系统应具备多重情节维度，将人物的前史故事（背景故事）、主线情节、次要情节等诸多线索有机整合成完整的叙事系统。故事的主线情节由主要人物的贯穿行动构成。在主线情节之外，次要情节用层次丰富的织体与细节来展现主人公的内心世界和精神世界。布莱克·斯耐德则在《救猫咪——电影编剧宝典》中将主线情节称作"A 故事"，次要情节称作"B 故事"。琳达·西格（Linda Seger）在《编剧点金术——剧本写作和修改指南》一书中比较了主线情节与次要情节的特点："主线情节通常是动作性故事，次要情节通常是关系型故事；主线情节关注电影的内容，而次要情节则关注细节。"[1]可以说，主线情节（A 故事）是主人公遇到的外部事件及其采取的贯穿行动，次要情节（B 故事）是围绕着外部事件呈现出的人物侧写。

次要情节往往是电影最迷人的部分，也是这部电影脱颖而出、与众不同的关键。如果说主线情节是人物的实体目标，那么次要情节就是人物的精神目标。昆丁·塔伦蒂诺导演常通过次要情节刻画人物的理想。《低俗

小说》（Plup Fiction，1994年，美国）中的黑人杀手在餐厅发表感言的气势，竟将劫匪夫妇震慑至泄气而退；而在《无耻混蛋》（Inglourious Basterds，2009年，美国）、《八恶人》（The Hatefual Eight，2015年，美国）等片中则通过主人公的独白对"二战"和南北战争等现实维度进行探索。这些次要情节与对白即使删掉也不会影响主线情节的讲述，但却会削弱故事的维度与深度，使得故事丧失生机。次要情节往往展现出主人公的兴趣爱好、信仰与梦想，这些信仰或爱好会成为他逃出生天的方法，虽然会占用主要情节的时间，但却能令主线的发展难以预料，产生令人意外的惊喜。《肖申克的救赎》（The Shawshank Redemption，1994年，美国）中的《圣经》不仅表达了主人公对信仰的怀疑与顿悟，更是在最终变成救赎和逃生的工具。次要情节还能够展现一对次要人物间的关系，揭示人物前史。《大白鲨》（Jaws，1975年，美国）中主人公三人炫耀彼此的伤疤，通过潜台词展现彼此友情并暗示先前的可怕经历。很多情况下，次要情节是电影中最有趣、最令人难以忘怀的部分。

次要情节关注主线动作之外的人物关系。以次要情节理论来拆解"爱情电影"，将爱情视作一组人物关系而非类型、风格与题材，应当是对"爱情电影"进行分类和归纳的最佳途径。"爱情电影"一直以来都是难以归类的类型。虽然《双重赔偿》（Double Indemnity，1944年，美国）、《一夜风流》（It Happened One Night，1934年，美国）和《雨中曲》（Singing in the Rain，1952年，美国）都指涉爱情，但依照类型电影"叙事程式""风格样式"和"目标受众"的分类标准，他们三者分别是"黑色电影""神经喜剧"与"歌舞电影"。而被视作爱情片杰作的《泰坦尼克号》（Titanic，1997年，美国）根据类型电影的标准实质上是灾难片与动作片的混合。在"互联网+"与VR、AR技术方兴未艾的今日，电影不同类型与亚类型间的融合正经历着前未曾有的复杂情况。"爱情"元素经常与各种类型的电影杂糅，这就为其分类与命名标准带来了更大难度。

从构词法来看，"爱情电影"中的"爱情"既非类型，也非题材与风格。"爱情"指涉及人物关系，而非叙事形态或某个具体的外部事件。从方法论的层面上讲，既然"爱情电影"无法被严整套入某种类型、风格与题材，那么不如将其视作对人物关系进行研究。如此一来，便能够对此类人物关系进行分类与归纳。因此，放弃类型、风格与题材，转而从人物关系研究"爱情电影"才是最佳的切入角度，这样做也兼具实践意义，并为故事营构与叙事研究奠定了共识基础。

爱情故事是电影中最常采用的次要情节（B故事），为主要情节增添了维度与深度。爱情B故事常见于两种形态的电影。其一是以"爱情故事"作为A故事的影片，即纯粹的"爱情电影"；其二是以非爱情故事作为A故事的影片，即其他类型电影。爱情B故事在这两类A故事中的形态、模式与功能均有所不同。

二、"爱情电影"中的爱情B故事

标题二所指的"爱情电影"并不是某种类型电影定名，而是指以爱情关系作为A故事的电影。这些影片的数量在影史中所占比例不大，但不乏一些优秀作品，代表作有美国电影《当哈利遇上萨莉》（When Harry Met Sally，1989年，美国）、《西雅图夜未眠》（Sleepless in Seattle，1993年，美国）、《似是故人来》（Sommersby，1993年，美国）、《二见钟情》（While You Were Sleeping，1995年，美国），中国大陆电影《我爱你》（2003年）、《北京遇上西雅图之不二情书》（2016年）（以下简称《不二情书》）、香港电影《甜蜜蜜》（1996年）、《王家欣》（2015年）等。在这些影片中，爱情是推动故事的主要情节。虽然主人公会从事一些行动，但绝大多数电影的外部事件集中在两人你来我往的"追爱"之中。比如影片《西雅图夜未眠》，女主人公安妮被收音机中男人的故事所打动，试图找寻这个未曾谋面的男人，便是推进故事的主线情节。

人生八苦中的"怨憎会、爱别离、求不得"表达了爱情的折磨、纠结与甜蜜的忧伤，经常作为艺术电影乐于采用的叙事形态，比如迈克尔·哈内克导演的《爱》（Amour，2012年，法国）与莫里斯·皮亚拉导演的《我们不能白头到老》（Nous ne vieillirons pas ensemble，1972年，法国），等等。现代类型电影则更多地表现灰姑娘奇迹/阶级弥合、两性战争/性别平等、第三者插足/真爱至上等故事主题。对中产阶级受众而言，爱情故事是最具消费欲望的故事。因为，本质上所有的爱情故事都是"第三者插足"的三角恋爱故事，这些故事能极大程度地唤起并满足观众的宣泄欲、隐身欲、偷窥欲、逃避主义和英雄崇拜。同时，这种三角恋爱故事又是稳固保守主义道德观念的一剂良药。中产阶级观众既能够在银幕外的安全位置满足欲望，又能在皆大欢喜的结局中接受主流价值的询唤并回归家庭，实现安全而无伤大雅的"精神外遇"。许多好莱坞主流电影以外遇与偷情作为起点，以回归家庭作为终点，证明了婚姻的合法性。日本电影则更多地表现外遇的美好并将其诗化，银幕上的偷情成为释放内心情欲的出口。"日本太平时间太久，儒教文化占了上风，权力关系稳固，日本人的性格被彻底封锁，表达情感的方式只剩两条——通奸和自杀。"[2]随着"自由恋爱"变成社会多元化的标志，电影中的"第三者关系"也一度成为小津安二郎、沟口健二与成濑巳喜男等日本导演钟爱的主题。这些导演将婚外情与第三者插足书写为真爱，为被污名化的第三者形象正名，成为日本电影的一道独特风景。

在爱情关系之中，电影中的男女主角常常会带来三种常见的爱情A故事结构，这三种结构分别为"欢喜冤家、日久生情""一见钟情、曲终人散"与"咫尺天涯"。以"欢喜冤家"结构作为 A 故事的影片可以贯穿影史中大量的"神经喜剧"。如《一夜风流》、《女友礼拜五》（His Girl Friday，1940 年，美国）、《育婴奇谭》（Bringing Up Baby，1938 年，美国）、《街角商店》（The Shop Around the Corner，1940 年，美国）、《当哈利遇上萨莉》、《电子情书》（You've Got Mail，1998 年，美国），等等。此类模式中的人物相爱相杀，经过"一来二回"的误解产生理解，日久生情。两人除了性别差异外，往往还会存在经济、阶级、价值观等层面的巨大差异。但这种差异最终会以强势一方（男性）认同弱势一方（女性）来形成皆大欢喜的结局，宣扬了性别平等的主题。以"一见钟情、曲终人散"作为 A 故事的影片代表作则有《相见恨晚》（Brief Encounter，1945 年，美国）、《瑟堡的雨伞》（Les Parapluies de Cherbourg，1964 年，法国）、《八月照相馆》（1998 年，韩国）等。这些影片多以悲剧收场，通过还原现实获得人生况味。这个模式中的《瑟堡的雨伞》与《似是故人来》等片还娴熟运用"离家丈夫把家还，妻子在家怎么办"的叙事结构，挑起矛盾冲突，扣人心弦。比起前两者，"咫尺天涯"模式的影片数量较少，但在各国电影中都有代表作，如美国电影《西雅图夜未眠》、日本电影《春天情书》（1996 年，日本）、法国电影《柳媚花娇》（Les Demoiselles de Rochefort，1967 年，法国）、韩国电影《触不到的恋人》（2000 年，韩国）与中国电影《不二情书》，等等。这类影片中，心有灵犀的两人处于不同时空而无法相见，两人不断擦肩而过，并在影片结尾产生出"世间所有的相遇都是久别重逢"的奇迹效果。

在"欢喜冤家""一见钟情、曲终人散"与"咫尺天涯"三类爱情 A 故事中，爱情 B 故事主要呈现出两种形态。其一是两个配角人物形成的爱情 B 故事，这组平行的爱情关系是对 A 故事的质疑或补充；其二是爱情 A 故事主人公的另一条爱情线索，这个爱情 B 故事往往是一条错误或"退而求其次"的爱情故事。这两种形态的爱情 B 故事在这三类爱情 A 故事中的比重和效果有所不同。

在"咫尺天涯"作为主线情节（A 故事）的影片中，两种形态的爱情 B 故事都得到了最大限度的强化。这是因为在"咫尺天涯"模式中，尽管男女主角能用电子邮件、穿越时空的邮筒或手写书信传情，但两人却无法处于相同的时空产生直接作用，很难形成戏剧冲突。因此影片唯有最大限度地依靠次要情节增加戏剧性和观赏性，为影片"填空"。在"咫尺天涯"结构中，故事生产者往往将两个配角的爱情 B 故事书写成主题故事，用来讲述爱情的真谛。在薛晓路导演的《不二情书》中，秦沛与吴彦姝饰演的林氏夫妇道出了不离不弃、相濡以沫的"真爱"。这段爱情 B 故事中，教堂补办婚礼的场面形成该片的华彩段落，作为 A 故事的参照，为 A 故事中男主角大牛和女主角姣爷咫尺相望提供了情境。除了配角的爱情 B 故事外，主角的另一条爱情次情节经常在"咫尺天涯"结构中出现，用来展现错误的爱情选择/暧昧关系，来印证爱情 A 故事的正确。在《不二情书》中，汤唯饰演的姣爷与陆毅饰演的郑义、王志文饰演的邓先生和祖峰饰演的诗人分别形成三段爱情次要情节。学霸郑义认为知识等于金钱；土豪邓先生认为金钱能换来一切；诗人放弃理想，依附金钱。正是这三段爱情次要情节让姣爷开始正视自我，勇敢追求真爱。《春天情书》也分别通过男女主角挥别错爱来展现其两人最终相遇的奇迹。

以"一见钟情、曲终人散"作为主线情节（A 故事）的影片结局常会产生"败给生活"的现实况味，意味着每个人都要回到既定的生活轨迹上，因此，这个结构中的爱情 B 故事主要展现主角的另一条爱情线索——"退而求其次"的爱情选择展开。法国影片《瑟堡的雨伞》中，小镇瑟堡雨伞店的姑娘 Geneviève 与在车行工作的男主角 Guy 私定终身，但 Guy 接到征兵通知，两人劳燕分飞。Geneviève 没有等待他，反而嫁给了珠宝商。

Guy 战后归来后，在感恩的情绪中与青梅竹马的女孩结了婚。结尾是大雪纷飞的圣诞前夜，男女主角久别重逢，纵有百感交集，怎奈物是人非，就连两人生命中最后一刻的无声告别也频繁地被加油站工人打断而耗尽。Geneviève 走后，Guy 的妻儿归家，三人在雪中幸福嬉戏，导演用漫天飞舞的雪花和运动镜头抒情，表达了对这种"退而求其次"爱情的肯定态度。纵有遗憾，但生活还要继续下去。影片同时运用主题曲"I will wait for you"形成对爱情 A 故事的反讽。在《相见恨晚》中也有相似的情节设计。王家卫的爱情电影则继承了《小城之春》的风格，常常在时空延宕中通过"曲终人散"的结局展现出浓郁的惆怅与分离的解脱。王家卫影片的爱情 B 故事大量留白，并没有严格依照起承转合的模式铺陈，而是较多采用开放式的结局，如《阿飞正传》（1990 年）中张曼玉饰演的苏丽珍与刘德华饰演的小巡警之间的感情，并没有在影片结尾给出明确的走向。相比之下，中国大陆"爱情电影"较少使用"曲终人散"的影片结局，是因为"曲终人散"往往会引发观众的焦虑情绪，不利于拓展市场和增量票房。只有少数电影采用"曲终人散"的隽永结局，如顾长卫导演的《最爱》（2011 年）等，这些影片体现了导演的艺术直觉与坚持，并对沉重的现实有所触及。

　　"欢喜冤家"的故事虽老套却容易奏效，因而也是爱情 A 故事中所占比例最大者。在此类 A 故事中，两种形态的爱情 B 故事比重都不大，这是因为"欢喜冤家"先天的结构优势使其能够形成完整、统一的叙事线索，引起戏剧冲突与喜剧情境，获得观众认同，过多的次要情节会分散主线情节，形成喧宾夺主的效果。适当的爱情 B 故事能够增强影片的喜剧效果。在《哈里遇上萨莉》中，哈里和萨莉企图将各自的好友介绍给对方，却没想到这两个好友彼此成双入对，一见钟情。随后这对伴侣对待爱情的价值观念同哈里和萨莉形成对照，以喜剧形式呈现出对婚姻关系的反讽。在香港爱情电影《王家欣》中，男主人公在寻找梦中情人王家欣的过程中，也通过次要情节帮助大叔找到失散了半个世纪的初恋情人。在"欢喜冤家"A故事中，主人公的另一条爱情B故事线索往往是他/她一开始并不自知的错误恋情。如台湾电影《我的少女时代》（2015年），男女主角在起初分别追求错误的对象却并不自知，最后发现真爱时又追悔莫及，但免不了有情人终成眷属的结局；在影片《等一个人咖啡》（2014年）里，爱情B故事让女主角成长，并在男主角离去时刻，通过从头顶奇迹般地拿出豆花最终发现自己的真爱，回到A故事线索中找寻男主角。

三、其他类型影片中的爱情B故事

在任何类型的电影中，银幕上的大量时间都由主线情节占据，这是因为主线情节是对叙事方向与叙事动力的主要展现。尤其是在动作、科幻、侦探、恐怖与悬疑类型的影片中，需要花费大量笔墨来铺陈情节、塑造人物，对不同的信息和线索进行处理。但是，如果故事需要更多的曲折和纠葛，就需要从次要情节处谋求布局与发展。

爱情故事在任何类型的电影中都是最重要的次要情节（B故事）。好莱坞的许多经典影片中通过对B故事精心的布局和起承转合的完整结构设置，巧妙地与主线情节勾连在一起。在这些电影中，爱情B故事往往扮演着拯救者的角色，在关键时刻挽救A故事的主角。在《回到未来》（Back to the Future，1985年，美国）中，男主角马丁的女友将爱的宣言和电话号码写在"拯救钟塔"卡片背面，最终启发他利用闪电的能量穿越归来。而在《美丽心灵》（A Beautiful Mind，2001年，美国）中，提出博弈论的天才科学家纳什在中年时期遭遇人格分裂危机，分裂出室友、小女孩与上司三种人格，分别象征着其潜意识中的友谊心、爱心与事业心。在上司的叙事段落中，纳什幻想自己在冷战时期帮助五角大楼破译苏联密码，最终精神几近崩溃。这段情节象征了普遍存在于美国人心中的被迫害妄想狂特质。这个情节序列以纳什凭借毅力和勇气战胜了被迫害妄想症与人格分裂,实现"纳什均衡"作为终结,强化了纳什的人格魅力。而战胜人格分裂的最重要源泉乃是他对妻子的爱和妻子对他的爱。纳什与妻子的爱情次要情节从两人的初遇,心有灵犀,喜结良缘,到妻子对他的怀疑,崩溃到信任瓦解,并最终回到他身边,形成了一条完整的叙事线索,有机地与纳什主动克服幻想和分裂交织在一起。最终以纳什获得诺贝尔奖的领奖台上向妻子致谢作为这段次要情节的终结。

现存最早的中国电影《劳工之爱情》(1922 年,又名《掷果缘》)由于其妙趣横生的场景设计与生动活泼的市民气氛成为影史经典。在这部影片中,男主角水果商与诊所大夫的女儿掷果传情,爱情 B 故事充当了主线情节的动机。早期电影的类型化程度较低,故事讲述的随意性强,而且段落层次与情节分配也无法达到现代类型片的整一性程度。在二十世纪二三十年代,由鸳鸯蝴蝶派小说改编而成的电影继承了小说的精神,展现了中国传统封建伦理向现代性转型时的迷人特质,爱情观念较为现代,可惜影片几乎都失传了。古装片和神怪武侠片多表现被浪漫化的传奇故事,爱情元素并不多见,仅有《西厢记》(1927 年)与《荒江女侠》系列(1930年左右)等片具有爱情元素。而早期家庭情节剧《孤儿救祖记》(1928 年)、《姊妹花》(1933 年)、《渔光曲》(1934 年)等片,则通过传奇手法与"苦儿弱母"的苦情套路设计完成中国传统伦理的讲述。仅有《一江春水向东流》(1947 年)等少量影片指涉爱情。这部影片表现了随着战争的加剧和地域的分化,男主角立场不坚定与对原配妻子的背叛,竟逼得妻子投江而亡。影片恰似茂瑙导演的影片《日出》(Sunrise: A Song of Two Humans, 1927 年,美国)中的主题,将城市书写成堕落的能指。影片通过爱情 B 故事展现出主人公错误的爱情选择与腐朽堕落的异化,最终与 A 故事融合,通过女主角投江的苦情结尾发挥出情节剧的伦理道德批判功能。二十世纪三四十年代的左翼电影吹响抗日救亡的号角。这些电影中的男女情感多是革命友谊。但也有一些出色的喜剧如表现"一板之隔"的《十字街头》（1937年）、《马路天使》（1937年）等片，讲述了苦中作乐的爱情关系。这些影片已经具备"欢喜冤家"的模式的雏形，并呈现出现实批判的色彩，但这些影片中却鲜少有爱情B故事介入其中。到了解放后中国的十七年电影时期，爱情B故事作为隐秘的线索贯穿其中。无论是革命浪漫主义的《柳堡的故事》（1958年）、《红色娘子军》（1961年），还是《野火春风斗古城》（1963年）、《冰山上的来客》（1963年）等反特片，都具有一条隐秘的爱情B故事线索。这个爱情B故事往往讲述了被解放的妇女同志与共产主义战士之间由于革命友谊产生的情愫。编导并不在故事中直接展现这对次要情节爱情关系，而是采用开放式的结局，通过蛛丝马迹让观众们有理由相信，革命胜利后他们是会在一起的。这种开放式的结局处理，体现了独特历史时期的意识形态诉求。这些红色浪漫经典的爱情B故事穿越"十七年"电影，进入新时期主旋律电影中。这些电影中的爱情次要情节往往强化了一心为党、执政为民的党的好干部形象，用来表现人物的高贵品性。

在当代中国电影中，绝大多数爱情关系以次要情节的方式嵌套在各种类型的影片中，如治愈式公路电影《非诚勿扰》（2008年）、《泰囧》（2012年）、《心花路放》（2014年）、《港囧》（2015年）等；悬疑电影与侦探电影，如《搜索》（2012年）、《唐人街探案》（2015年）；黑色电影或动作电影，如《文雀》（2008年）、《毒战》（2012年）、《十二生肖》（2012年）、《一代宗师》（2015年）、《火锅英雄》（2016年）等；恐怖片与惊悚片，如《绣花鞋》（2012年）、《京城81号》（2014年）等；史诗电影，如《霸王别姬》（1993年）、《唐山大地震》（2010年）、《白鹿原》（2012年）、《一九四二》（2012年）等；古装武侠电影，如《英雄》（2002

年)、《十面埋伏》(2004年)、《满城尽带黄金甲》(2006年),等等。在次要情节中,电影中的角色有了展现思考、质疑与展现梦想光辉的机会,而爱情次要情节往往用来展现主人公的人性侧面与心灵世界。如《人在囧途之泰囧》通过爱情的次要情节展现主人公心灵对家庭的依恋与回归;《心花路放》通过"猎艳"的噱头与几段爱情次要情节让主人公获得"阴影也是人生的一部分"的自我认知,并从失败的阴影中走了出来;《唐人街探案》通过爱情塑造出探长的人情味和软弱;《一代宗师》中叶问与宫二的爱情贯穿两人的人生历程,伴着一个时代的落幕而悄声惜别;史诗电影《霸王别姬》与《白鹿原》等则用爱情次要情节表达了大时代对人欲望的碾压。周星驰参演的几乎所有喜剧均以爱情故事作为次要情节,尤其是周星驰本人参与导演的影片,常常利用爱情次要情节让影片充满温情。《喜剧之王》(1999年)中,周星驰饰演的替身演员尹天仇与张柏芝饰演的小姐柳飘飘之间的爱情B故事,表现了两个小人物抱团取暖和互相依偎,强化出A故事"小人物大英雄"的主题。

  绝大多数电影的次要情节集中在三个以内,有的多达六七个。过多的次要情节会令电影显得枝蔓过多、节拍模糊。张元和娄烨导演的早期影片《北京杂种》(1993年)、《周末情人》(1995年)等片是第六代导演非整一性情节和状态化叙事的典范。这些影片由几段故事组成,来表现躁动、颓废与恣意反叛的青春姿态,而爱情在其中次要情节并不具备起承转合的结构,使得电影情节系统变得有头无尾、凌乱不堪。

四、结语

  将爱情视作一组人物关系而非类型电影、风格或题材样式,可以解决"爱情电影"分类的方法论问题。而"次要情节(B故事)"的叙事体系似能为"爱情电影"带来一条更为清晰的研究路径。在不同类型电影中,爱情次要情节的桥段、结构以及功能之间存在复杂微妙的差异性,鉴于篇幅缘故,本文无法对次要情节(B故事)理论体系及其在不同类型电影中的运作与实践逐一展开文本细读,这些内容将留待日后继续梳理与不断完善,欢迎诸位学者赐教讨论。

注释:

1 琳达·西格:《编剧点金术——剧本写作与修改指南》,曹怡平译,北京:北京联合出版公司,2014年版,第49–51页。

2 徐浩峰:《座头市的中国心》,载《北京电影学院学报》2005年第4期,第45页。

(原载于《当代电影》2016年第12期)

扫描与分析：国有电影制片厂产业化改革
——以珠影集团为例

◎ 戴剑平　尹　杭

（广州大学新闻与传播学院副院长、教授；广州大学新闻与传播学院讲师、博士）

摘　要：本研究以广东珠影集团为例，从属性、结构、市场等维度分析国有电影制片厂发展的历史与现状中的优势、困境与挑战；并以此为依据，为中国电影业的发展把脉。基于这些方面的分析，为国有电影制片厂在内容生产、产业结构调整以及产业基地建设等方面的发展提出规划与展望，为实现"电影强国"的目标提供脚踏实地的、建设性的观点。

关键词：珠江电影制片厂；国有企业；电影产业改革

基金项目：广东省理论粤军重点项目 编号：DJP1-2536

中国共产党的十八大报告明确肯定了文化产业成为国民经济支柱性产业的思想。电影产业巨大的产业规模及综合影响力使其成为文化产业的重要代表。近几年，中国经济逐步进入"降增速、调结构、重创新、提品质"的新常态中。在这样的背景下，中国电影整体呈现出健康、稳定、科学发展的良好态势。从政策方面看，电影管理层面在过去的几年中出台了一系列新政，彰显出我国对电影产业发展的大力支持。仅从 2014 年出台的各项政策来看，国家对电影产业促进和支持的力度与广度已经突破了此前以文化产业主管部门为主的格局，联合了财政、税收、住建等多个部委的力量，力求全方位、多角度地为电影产业的快速、持续发展提供各项支持和服务。2014 年 6 月 19 日，财政部、国家发改委、国土资源部、住房和城乡建设部、中国人民银行、国家税务总局、国家新闻出版广电总局七部委联合下发《关于支持电影发展若干经济政策的通知》，其内容涵盖了资金管理与支持、税收优惠政策、支持影院建设用地政策以及完善公共服务与监管体系等众多方面。

在政策面不断向好的大环境下，以北影、长影、珠影等为代表的老牌国有电影制片厂却在发展道路上步履蹒跚；昔日的辉煌过后，现如今的它们在众多电影生产生力军的映衬下显得更为孱弱。本研究以广东省珠影集团为例，通过对其产业化改革进程与现状的分析，深入探究国有制片厂面临的制度、结构困境与市场所带来的禁锢、挑战与机遇，并以此为基础提出建设性的规划与展望。

一、改革的历史轨迹

自新中国成立到 20 世纪 90 年代，电影一直被当作事业来发展，改革开放之前，政府对电影制片厂的支持往往不计成本。珠影等各大电影制片厂在当时均为事业单位性质。1985 年 5 月，经广东省委批准，事业单位性质的珠江电影制片厂改为企业单位性质的珠江电影制片公司。

1993 年是中国电影改革的发轫之年。该年 1 月，原广播电影电视部下发《关于当前深化电影行业机制改革的若干意见》（广发影字 [1993] 5 号），及其《实施细则》（征求意见稿）。自此，40 多年的计划经济下电影的统购统销以及由此形成的制片、发行、放映三者之间经济分配上的不合理的状态开始发生重大变化。国产故事片由中影公司统一发行改为由各制片单位直接与地方发行放映单位见面,放开了电影票价。以此为标志的电影发行放映机制改革和院线制试点,在广东等省市经历了一个艰苦的探索和实践过程。在这一过程中,取得了积极而有益的经验,也有不少值得汲取的教训。

然而,在中国电影行业改革的大背景下,珠江电影制片公司却在1997年被划属广东省广播电视厅,并由企业单位改为自收自支、实行企业化管理的事业单位。这种事业变企业又变回事业单位的做法直接导致了珠影这样的老牌制片厂的属性迷失。其结果就是,珠影在强调电影意识形态功能、追求电影的社会效益同时,对其经济属性、市场效益有所忽视。即便在电影改革开始引入市场机制以后,仍不能确定自己本身的性质,不知道自己该为市场拍电影还是为政府拍电影。体制改革的滞后,直接限制着制片厂经营、管理机制的变革与创新。这在一定程度上使得电影创作与市场脱节、与观众脱节,影响了影片的市场竞争力。曾作为电影改革先锋的珠影,在中国电影面临转型的时候却趋于保守,体制创新力度不够,市场化步伐踟躇不前,严重制约了其影视创作能力和生产经营的发展,一些本来具有的优势,也被大大弱化。

市场化改革的脚步是无法阻挡的。正如珠影前总经理廖曙辉在接受媒体采访时曾经表示的那样:珠影的目标应该是努力探索市场化的路子,按照市场经济规律发展电影事业。从大的方面来看,珠影要从事业法人转制为企业法人,建立现代企业制度;通过资源整合和资产重组,创建电影集团,融合多种经济成分投资电影,提高影视作品的市场占有率。2004年中央将广东确定为文化体制改革综合性试点地区后,广东省决定将珠江电影制片公司转制为企业,珠影新一轮的改革全面启动。2006年4月,经广东省人民政府批准，珠影由经营性文化事业单位转制为公司制企业，更名为珠江电影制片有限公司。2008年6月珠江电影制片有限公司和广东省电影公司重组合并成立了现在的珠江电影集团。

二、电影产业市场化改革评判之一：明确属性

从上述珠影改革历程中，我们不难发现，无法清晰地确定自身属性是导致珠影在发展中时而突飞猛进、时而踌躇不前的根本原因。即使在全面企业化、珠江电影集团已经转制为国有企业的当下，这种属性与结构所带来的困扰仍然桎梏着珠影的发展。作为老牌的国有制片厂，珠影一直无法摆脱事业属性与企业属性的冲突。首先，自身属性的困惑直接影响到电影的创作与生产。作为企业，就要讲求经济效益，创作与投入的资本要得到收回。然而，在自身属性困惑的情况下，电影创作内容可能会与市场运作规则有所冲突。以事业单位的思想出发创作出的对社会、国家、文化发展有积极推动意义的影片并不能保证在市场中获得成功而实现经济效益。其次，在资金方面，自身属性的困惑体现得更为突出。事业单位的属性是以公益性为主的，资金大多来源于国家和政府拨款，而企业的资金基本上要依赖于市场。因此，作为由事业单位转变为国企的珠影在资金来源上会受到限制。一方面，转制意味着不可能再像改革以前那样依赖国家投资进行电影创作；另一方面，在资本市场上，转型的国企也无法与运作灵活的民营机构竞争财源。在电影创作投入资金需求不断增大的背景下，珠影只能以优质的小制作来博票房，其所受到的限制不言而喻。最后，国企结构也对人才的流动性产生影响，导致珠影无法留住优秀的电影人，阻碍其整体发展。经常出现青年人才在珠影的培养下走向成熟之后，便出于经济或个人发展原因而离开的情况。结构问题导致人才流

失也成为了桎梏珠影发展的重要症结。

我们必须认识到，以上所提到的问题大多是历史原因导致，当然也有产业化改造不彻底所带来的新困难。因此，要想合理地解决它们，需要一个上至政府、下至企业自身、横向联通市场的系统工程。单独依靠某一方的政策、理想、愿望和运作，并不能从根本上解决珠影所面临的框架上的问题。

三、电影产业市场化改革评判之二：民营机构与资本

电影产业改革的另一个重要方面是民营机构的发展。民营电影企业的迅速成长和崛起是近十年的事，在国家一系列利好政策的引导下，民营企业开始深度介入电影业并随之占据中国电影的半壁江山。从2002年开始，以新的《电影管理条例》颁发为标志，中国电影业开始了新一轮的体制改革和产业化进程。其中一个重要的环节是制片业的初步放开，一些民营机构也拥有了独立拍摄电影的条件。这进一步促使民营资本注入到电影制片业中来，从而为电影制片业带来新鲜血液。以往，民营机构拍摄电影是比较困难的，因为缺乏"资格"，所以必须与电影制片厂合作，使用厂标。近年来，华谊兄弟、光线传媒、乐视影业、万达影视、博纳影业这五大民营影视制作机构迅速成长。

就广东省而言，除了珠江电影集团有限公司和深圳电影制片厂有限公司两家国企以外，最近几年涌现出几十家主要的民营电影制片单位，如参与出品《全民目击》的深圳二十一世纪威克影视传媒有限公司和美梦人生文化发展有限公司、参与出品《小时代1》的深圳大盛国际传媒有限公司，以及主打动漫作品的原创动力文化传播有限公司和华强数字动漫有限公司等。这些民营公司以其独特的理念和手法成为一支不可忽视的力量。

民营资本的注入使中国电影取得了跨越式发展。根据艺恩咨询公司的

调查数据显示，上文提到的五大民营电影公司发行影片的票房占比在最近五年里的表现非常抢眼。2011年，国产片票房70亿，五大民营机构占比49%；2012年，国产片票房83亿，五大民营机构占比66%；2013年，国产片票房128亿，五大民营机构占比63%；2014年，国产片票房162亿，五大民营机构占比58%。民营影视制作机构以期雄厚的资本、敏锐的市场眼光、灵活的市场化运作给中国电影注入强心剂；它们的成功，在一定程度上为国产电影提供了市场化的范式。在2014—2015年广东出品影片的票房排行榜上，票房过1000万的有24部，而民营机构已经成为其中的绝对主力军。

然而，在激活国有电影产业、推动电影市场发展的同时，民营机构也存在"重商轻艺"的现象。囿于资本的裹挟和对票房的盲目追求，民营机构在电影创作时经常会呈现出前段论述中所提到的泛娱乐化的特征。票房的成功背后被忽略了的正是珠影集团这些老牌制片厂所倡导的情怀、理想与社会责任。

毋庸置疑的是，由民营资本介入的国产电影在未来仍将是中国电影的主流，它强大的发展势头将左右中国电影的生存格局和脉络走向。但正如习近平所强调的，文艺应该把社会效益放在首位。文艺不能在市场经济大潮中迷失方向，文艺不能当市场的奴隶，沾染铜臭气。但好的电影必须实现艺术性和商业性的统一，不应该也不可以用资本的逻辑来取代文化的逻辑。电影作为文化创意产业中最具影响力的文化产品之一，实现文化功能是它的核心目标。因此，要保持广东省电影的健康发展，就必须在商业和艺术上对民营公司给予积极正面的引导。

四、规划与展望

2014年7月，全国电影工作座谈会召开，中宣部部长刘奇葆在会上分析了电影工作面临的挑战和压力，并指出提高电影质量必须坚持"内容为王"、"技术为基"、"人才为本"。要实现电影强国这一目标,首先就要对中国电影发展的历史、特点、困难等问题做出充分的研究。上文以珠影集团和广东电影产业发展为例,对电影产业化改革的发展历程进行了剖析。以此分析为基础,在电影内容、产业发展规划和政策扶持等方面提出建设性的建议是不可或缺的。

(一)内容生产、规划思路与个案实施

在内容生产和选题策划上,发展国有电影制片厂长期以来形成的各自风格是未来国有电影制片厂的发展趋势。以珠影集团为例,弘扬其岭南都市风情电影风格,开发小镇青年电影,倡导创作多元化是其必须坚持的原则。

个案一:岭南都市风情片

国有老牌电影制片厂必须发掘自身的优势。在二十世纪八九十年代广东电影的黄金时期,岭南都市风情电影的风格就已经形成。然而,在《安居》(1997年)之后却鲜有佳作推出。有学者认为,这是因为南国都市电影是改革开放初期的产物,传达了二十世纪八十年代中国大地发生巨变时代的声音脉搏。进入新世纪,中国已经和世界接轨,社会变迁给人们带来的心理变化远没有当年那样巨大。在最近几年珠影的现实题材影片中,表现都市青年情感的影片占据了绝大多数。然而,这些作品流于表面形式,制作水平一般,未见可以和二十世纪八十年代南国都市电影相媲美的佳作。这里除了投资规模限制制作水平之外,更多体现出作品对社会生活缺乏深入思考。广东从来不是缺乏现实生活素材的地方,我们认为,在中国经济发展进入"新常态"的过程里,处于当年改革开放前沿的广东省又面临着新的问题与挑战。因此,应该继续发展岭南都市风情电影,将其与当下的社会景观融为一体,才能够创作出"接地气"、贴近群众生活的优秀作品。

个案二:小镇青年电影

珠影应该开发有广东特色的小镇青年电影。当前，青年群族是中国电影的主要观影群体。而且院线在三、四线城市迅速发展的势头表明，在未来可预见的一段时间内，中小城市的青年将是电影的主要观众。如果可以从这些观众的角度出发创作出迎合他们需要、反映他们生活的电影，则可以使青年小镇电影在观众中产生共鸣，以巧取胜。

在上述提出的规划个案基础上，也要积极鼓励创作多元化。在电影市场化的大潮下，仅以精巧的小制作来博票房远远不够，更要开拓多元创作之路。2011年，广东省人民政府办公厅在《关于促进我省电影产业繁荣发展的若干意见》（粤府办〔2011〕25号）中提出，要繁荣电影创作生产，实施电影精品战略。鼓励原创性作品创作以及题材多样化、风格多样化的创作。换句话说，就是要创作除了注重中国梦、主旋律的题材以外，也要为大众提供娱乐。

归纳上述几点，国有电影制片厂想要重铸辉煌，在内容与选题上要有侧重。既要坚持发展自己电影的特色，又要积极推动多元化创作。

（二）产业结构、资金及"影视产业带"

在产业结构和资金方面，应该进一步深化国企电影集团的改革，同时鼓励并引导民营机构参与电影创作，在适当的情况下，政府可以在电影生产方和社会资本方之间起到桥梁的作用，为珠影这样的国企搭建更好的资金平台。上文分析中曾经提到，珠影集团由于种种历史遗留问题，导致自我属性认识上的困扰，自身结构还不能适应市场的灵活变化。因此，作为广东电影的龙头，珠影要从结构上入手，才能彻底解决所面临的各种矛盾。此外，资金对于珠影来讲也是一个亟待解决的问题。由于目前电影创作对资金的要求越来越高，想要生产出好的作品，就一定要有资金上的支持。这一方面，单靠珠影自身的努力还不够，政府及主管部门应该给予更大的支持。必要的时候，更应该

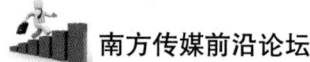

在企业和社会资本之间起到桥梁的作用，通过政策支持，帮助把资金引入珠影，使其摆脱创作中的后顾之忧。对于民营电影机构来说，资金似乎并不是最重要的问题。然而，应该意识到民营机构电影创作不可以一味地听从资本，一味地追求票房。在这之中，政府部门应该起到重要的引导作用，珠影应该起到产业带头作用。可以搭建珠影与民营机构的合作机制，使电影产业既有资金上的保障，又避免成为资本与市场的奴隶。

除了重视内容生产、产业结构与资本，也应该积极建设"影视产业带"（或试验区）。比如珠影，应该利用广东省得天独厚的地理与文化地位，积极与台、港、澳地区电影产业合作。港澳地区的电影文化与广东的岭南文化、潮汕文化、客家文化有着水乳交融的传承关系。粤港澳地区的电影合作有着广阔的发展前景。广东与香港电影的合作由来已久，并有大量优秀作品产生。2013年，广东省广电局与香港特区政府商务与经济发展局签订了《粤港促进电影业深入合作发展协议》，进一步推动了粤港电影相关行业的合作发展。近几年在广东立项的，或是有广东影视机构参与的粤港合拍片不乏佳作，如《逃出生天》《救火英雄》《一代宗师》《风暴》等，不仅有不错的票房收入，其内容上也有较好的社会效益。相比之下，粤澳合作比较鲜见。澳门电影生产基础薄弱，但它具有资金、历史、文化上的优势，而且澳门特区政府对发展电影文化产业也持有十分积极的态度。粤澳合作一旦激活，就有很大的发展空间。关于粤、港、澳、台的合作，长远的规划与展望可以确定为：以电影产业为引领，建立能够在全国乃至全球具有影响力的文化产业带，致力于与台、港、澳共融，充分发挥广东地区作为信息港的职能。

（三）产业基地建设

诚然，横店的模式并非轻易可以模仿。据统计，我国已经有上千座影视基地、影视城，目前立项并通过审批的影视基地已达110多座，可其中能盈利的只有5%，另外15%能够勉强维持温饱，而处于亏损线以下的影视基地多达80%。浙江横店影视城的成功得利于其身处长三角的地理位置，既有自然风景区做依托，又有上海、杭州等大城市的便利。对于广东来讲，位处珠三角，紧邻港澳地区。因此，借鉴横店模式，广东有得天独厚的条件。

目前，广东省有七个影视拍摄基地：中央电视台南海影视城、中山影视城、佛山西樵山国艺影视城、珠海南方影视文化产业基地、珠影（南站）影视制作基地、开平赤坎影视城，以及东莞寮步香市影视城。它们大多是有岭南地域特色的影视基地。其中，位于珠海市斗门区的珠海南方影视文化产业基地占地面积最大，估算总投资最高，虽在建设中，但具有较大的发展潜力。特别是珠海的地理位置，对进一步促进粤港合作，激活粤澳、粤台合作提供了良好的地理优势。可以依托珠海南方影视文化产业基地向周边地区辐射，联合其他几个影视基地，逐步建立起具有岭南特色的，集剧本创作、外景拍摄、后期制作、版权交易、演艺培训、旅游观光等多项功能于一身的"粤港澳影视产业带"。同时，产业带的建立可以进一步促进引入台、港、澳资本，加强广东与台、港、澳地区电影人才的流动互通，扩大同这些地区的电影合作交流，形成产业链条完备的影视文化创意产业。

最后，要实现电影强国的目标，还需要政府各部门的大力支持。以珠影所在的广东省为例，2015年，省财政厅、发改委、国土资源厅、住建厅、中国人民银行广州分行、国税局、地税局，以及新闻出版广电局联合下发了《关于支持广东省电影发展若干经济政策的通知》（粤财教［2015］22号）。《通知》出台28项政策支持广东省电影发展。这种各部门联合行动的做法值得称赞。发展电影产业并非新闻出版广电局、宣传和文化部门自己的事情，而是文化兴国、文化强国的核心环节。因此，应该联合多个政府部门，协调规划电影发展。只有这样，才能提升中国电影的竞争力和影响力，为我国成为电影强国、实现民族复兴的中国梦、实现习近平总书记对广东省提出的"三个定位、两个率先"的发展目标夯实文化基础。

参考文献：

[1]中国电影家协会.2015中国电影产业研究报告[M].北京：世界图书出版公司，2015.

[2]宋其.从市场需求看广东电影创作[N].中国电影报，2006-7-20.

[3]董丹弟.促进广东电影发展之断想[N].中国社会科学报，2010-11-18（20）.

[4]张谨.关于广东文化大省建设的若干思考[J].社科纵横，2004，19（5）：18-19.

[5]温朝霞.广东文化产业的发展特色及其经验[J].广东行政学院学报，2004，16（2）：83-88.

[6]郑大卫.粤映越好睇：2011年全国及广东城市电影概述[J].南方电视学刊，2012（2）：93-95.

[7]刘藩.好莱坞新攻势之下中国电影的宏观战略和创作策略[J].当代电影，2012（5）：8-14.

[8]刘汉文.回望与期待：电影院线制改革十年的思考[J].当代电影，2014（6）：4-10.

[9]尹鸿.中国电影产业：改革的"红利"还能持续多久？[J].传媒，2014（17）：11-13.

（原载于《传媒》2016年第14期）

新时期节目主持人本土化策略和品牌形象管理
——以广东"名嘴"任永全为例

◎ 刘玉萍

（广州大学新闻与传播学院副教授）

摘 要：获"广东省新世纪之星"的著名主持人任永全，在适应社会文化的变化发展过程中，有意识地进行个人品牌形象的塑造与管理，将主持人的复合角色本土化、个性化地发挥出来，为"大众传播窄播化"趋势下的地方节目主持人的"突围"提供了一些参考策略。

关键词：本土化策略；本土与主流；品牌形象管理

一、本土化策略

在大众传播机构中，节目主持人作为媒介的"代言人"，在特定时间和空间里活动，其行为既是个人的，也是社会的。对于地方主持人来说，如果从空间看，他们面向的受众是以本土为主。因此，其角色功能的发挥需要建立在本土文化的基础之上，这也是他们"声名鹊起"的一条重要捷径。

广东著名节目主持人任永全，便是从具有岭南特色风格的《万紫千红》"起家"的，该节目开了内地电视节目本土化、平民化的先河。

（一）整合特色资源，"炮制本土口味"

从"受众本位"角度来看，把握受众，便掌握了传播的主动权。粤区受众往往偏于追求开放多元、具有地域特色的非主流文化风格，希望在一天紧张繁忙的劳作之余，在电视机前得到放松和释放，享受闲适惬意的娱乐生活。八十年代初，广东电视台的《万紫千红》摒弃内地主持人主题重大、严肃，形式拘谨、单一的主流传播态势，兴起清新随意的岭南风格。主持人任永全师承前辈，并糅合内地主持人端庄、大气的主持风格，同时大胆地借鉴港澳主持人轻松诙谐的经验，机智巧妙地把内地中原文化、广东岭南文化和港澳海洋文化熔于一炉。

在他主持的节目中，无不渗透着广东浓厚的地方文化和商业文化特色，如广交会、花市、美食节等话题；语言表达上利用说粤语、唱粤剧、听音乐、说故事等方式；潮汕地区喝功夫茶、客家地区唱客家山歌等特色元素也利用上来了。

其节目主要有三类：① 娱乐类：如在《任讲唔嬲》（嬲：方言词汇，生气的意思），他有幽默、逗笑风格；② 知识情感类：《寻根问底》《粤韵风华》《亲子剧场》，亦庄亦谐，随机应变；③ 综艺晚会类："明日之星影视新星大赛"、各大型综艺晚会，热情、奔放、潇洒。每一类节目既有与栏目风格贴近，又带有鲜明的"个人印记"，大处"企稳"，小处"爆肚"，带给了受众不一样的惊喜。

任永全的主打栏目、全广东第一个"栋笃笑"（脱口秀、TALK SHOW）节目《任讲唔嬲》，自2003年首播至今已经播出一千八百多期，荣获广东电视台收视贡献大奖。节目信息取自广大城乡百姓关注的新闻事件和民生话题。既有信息告知，又有信息整合；立意上不求高度和深度，只求热度和趣味，将娱乐元素融入话题之中；使用地道的粤语，杂以民间的方言、俚语，谐谑调侃地用10分钟"指点"天下事；能够从受众角度出发，敢说敢评，妙语连珠，收放自如。既有恰当的点评，又能给予不着痕迹的引导，留下一些"空白"。这些符合了"休闲、娱乐、解气"的本地受众期待。正所谓"妙口生花论天下，嬉笑怒骂皆文章"，该节目开创了广东自成一体的"栋笃笑"（"脱口秀"）节目风格。

（二）兼顾主流，"以小见大"

"地方文化"要在祖国强势的主流文化影响下生存并被观众接纳，必须作出调整适应策略。因此，地方节目本土化过程中一定要在保持国家主流文化的大方向下进行，只有这样才能避免因"孤芳自赏"而最终被"边缘化"的命运。

由于民族和地区的迁徙和交融，许多的地方受众群体已经是一个混合体。如果能够在本土文化的基础上添加一些主流社会的时尚元素，不仅能够为表现"本土风情"增加"姿色"，同时会更加符合广大观众的接受心理和习惯。

任永全在保持个人娱乐风格的前提下，主持《寻根问底》《粤韵风华》，传播了中华文明和粤文化；《明日之星影视新星大赛》挖掘了众多有演艺潜力的选手，并注重社会实践活动和社会公益活动。也许，这些节目不能跟央视的《幸运52》《全国青年歌手电视大赛》相提并论，但这正是"小"与"大"的区别，"小"有巧的特色。以中国历史文化为大方向的《寻根问底》栏目导演和制片人曾经说过："从节目诉求点来讲，如果《百万富翁》说'知识就是金钱'，《幸运52》说'知识还要靠点运气'，《开心词典》说'有知识就能开心'，《寻根问底》会说'知识就是知识，你应该知道得多一点、深一点'。"地方台通过自己的"小巧"去体现主流文化的社会价值，不失为一种有益的尝试和探索。

二、成功的品牌形象管理

"形象管理",又称"印象管理",是指"行为主体有意识地去控制别人对自己印象的行为"。美国传播学学者威尔伯·施拉姆在《传播学》中引用霍夫兰的一段话强调传播者的影响力:"最可能改变一次传播效果的方法之一,是改变传播对象对传播者的印象。"主持人的形象管理应当引起主持人和主持人管理部门的足够重视。

任永全和广东电视台是较早开始有意识、自觉地进行品牌形象管理的主持人和机构,虽然还未形成系统,但在一系列战略性实践中不断调整和完善,逐渐得到了受众的认可。

(一)个人角色:建立品牌识别系统

1. 外功:用心塑造良好的"表象"

"电视是一种苛刻的镜头艺术。节目主持人的形象作为率先进入观众感受的第一刺激信号,人们通过知觉的观形、察神、闻声等审美观照会立即做出认可与否的反应。"[1]任永全有英俊潇洒的外形,搭配典雅时尚的服饰;有响亮悦耳的嗓音,加上机智幽默的语言和自然流畅的举止,基本满足了受众对主持人外在美的审美追求。重要的是,他能够随着节目场合、内容等变化进行"外形"的调整,又不失本有的风格特征,如此既满足了观众新鲜感,又能使自己的外化标识得到强化。

2. 内功:加强品格修养,巩固品牌形象

白岩松说:"对于一个主持人来说,只有成为一个大写而丰满的人,才能派生出一个被观众认可的主持人形象。如果不巧把这种关系搞反,也许会有一时之利,但路遥知马力,水无法最后包装成酒。"[2]作为"大众情人"的任永全台前幕后坚守着原则,体现出良好的人文关怀。受众评价他真诚、友善!

入行 19 年以来,他钟爱着电视事业,孜孜不倦地追求,努力超越自我。他说:"在我心中,有一个很清晰的概念,我在广东电视台所付出的劳动和激情,不单是为了我的工作,也不单是为了我的兴趣,更多的是因为那是我的事业。'活出人生真正的价值'是我的座右铭,我为此而奋斗着。"他有着谦虚好学、不断进取的精神。长期的积淀和历练,使年近不惑的他在阳光潇洒的外表下面更增添了一份睿智沉稳与从容谦和的大气。从幕后到台前,他全面参与节目,使自己"底气"充足,"节目中有他的出现就是放心的品牌"。

3. 适度的"自我暴露",缩短"传受"距离

社会心理学研究表明:"自我暴露"会增加别人对自己的喜欢,人们喜欢那些"自我暴露"且诚实的人。节目主持人在主持节目时适当地表露一些原本属于后台的内容、一些属于个人的真实信息,是一种有效的形象管理策略。这为大众提供了主持人最鲜活的生活常态,达到与受众拉近距离的效果。

从任的幽默和机智可以看到这种策略的运用。例如:他经常将自己在公开场合下出现而又不为人知的尴尬以幽默的方式公之于众,诸如报完幕后找不着挂幕的入口、把美女打赌讲的一句"索吻"话当真,等等。

(二)社会角色:通过社会活动的渗透提升公众形象

主持人是社会公众人物,有着一定的影响力,积极主动服务于社会、大众是一种责任的承担,同时也是扩大影响、提升个人品牌形象的机会。主要途径可以依靠扩大社会活动的渗透来实现,最直接的方法就是热心公益事业。

任永全是广州市青年联合会常委以及广州市青少年发展基金会理事,

凭借自身的知名度和影响力,他积极组织、参与各种慈善活动。比如通过开展"任讲唔嬲爱心广东行"等一系列大型慈善公益活动,他呼吁社会各界为切实解决贫困青少年读书问题和开展青少年专项教育活动提供更多的资助。他个人至今直接或间接帮助了300多名失学儿童重返校园,被广州市人民政府授予"广州十佳杰出青年""广州青年爱心大使"的称号。亚运会期间,为做好亚运东道主,任永全不但成为亚运火炬手、亚运志愿者、亚运名人堂成员,更在广州亚运志愿者艺术团出任常务副团长,利用现有的明星资源和社会影响力,为广州亚运摇旗呐喊、擂鼓助威,这些都充分体现了当代传媒人的品格和时代精神。

此外,他积极拓展节目外更广泛的领域,比如在多部电视剧中担任角色,如《外地媳妇本地郎》《美丽冤家》;在《羊城晚报》知名栏目中担任《任真自得》《任讲唔嬲》专栏作者;出版《任讲唔嬲》,并在签名售书仪式上与观众见面交流。这一系列与自己品牌形象一致的活动,在观众心目中树立了健康良好的公众形象。

(三)媒介角色:做好主持形象的反馈与评价工作

在节目中,主持人缺乏与观众进行充分交流和互动的机会,因此主持人应当定期主动地收集各方反馈的意见,尽可能通过观众这面镜子及时调整印象管理策略。

作为广东省电视艺术家协会播音主持专业委员会副主任的任永全,更为注重这一点。早在7年前,在任广东电视台节目中心主持人科科长时,他定期邀请许多专家学者对中心的节目主持人进行点评,督促自己和其他主持人及时作出调整。

如今成了广东主持人品牌的任永全,不忘对来之不易的"品牌"呵护,他通过新浪个人博客与网友真诚交流,收集节目反馈信息。在主打节目《任讲唔嘣》中，还通过问卷调查、网络调查、随机访问等方式获取受众的反馈意见，包括满意度、创新期待、收视变化率、市场占有变化率、人气指数点变化率、受众忠诚度点数、专心度等。

三、结语

从任永全的成功例子中我们得到一些启示：随着媒体竞争的日益激烈，同质化节目日益增多，主持人队伍不断庞大，科学规范地进行主持人品牌形象管理，有计划地培养高素质的、"本土化"的节目主持人，并不断强化"品牌"特色，更有利于媒介争取和稳定受众群，提升核心竞争力。

注释：

1　应天常：《节目主持人通论》，武汉：武汉大学出版社，2007年版，第225页。

2　白岩松：《我们能走多远——关于主持人话题的胡思乱想》，载《现代传播》1996年第1期，第40页。

参考文献：

［1］应天常.节目主持人通论［M］.武汉：武汉大学出版社，2007.

［2］高贵武.解析主持传播［M］.北京：北京广播学院出版社，2004.

［3］高贵武.节目主持人的媒介形象审视［J］.国际新闻界，2008(9)：55-59.

［4］孟旭舒.主持人的品牌价值对栏目的影响［J］.现代视听，2007

（5）：56-57.

［5］肖晓琳.电视节目主持人的品牌打造［J］.现代传播，2002（3）：130-131.

［6］龙晓松.论电视节目主持人立体形象塑造［J］.怀化学院学报，2006，5（1）：138-139.

（原载于《南方电视学刊》2010年第4期）

媒介融合背景下节目主持人传播力生成机制

◎ 苏凡博

（广州大学新闻与传播学院副教授、博士）

摘　要： 媒介融合背景下，节目主持人领域出现了很多新的现象和新的变化，传统的播音主持未能对这些新的现象和变化作出解释和回应。本文提出了节目主持人传播力的概念，描述了节目主持人传播力的生成机制模型，深入阐释了这一理论模型因应媒介融合现实所作出的理论突破，并总结了这一理论的现实意义和启示。

关键词： 媒介融合；节目主持人；传播力；生成机制

项目资助： 国家社科基金艺术学青年项目（15CC131）；广东省哲学社会科学"十二五"规划项目（GD13XYS20）；广东省高校优秀青年教师培养计划（YQ2015130）

近年来，媒介环境发生的深刻变革。新媒体的兴起使得传统媒体的节目主持人的传播途径和传播模式更为多元，并呈现相互融合的态势。越来越多的节目主持人进行着跨界（跨越不同专业领域进行传播）和跨介（跨越不同媒介进行传播）的尝试。当前热播的真人秀节目中节目主持人呈现出边缘化的趋势，使得很多人对节目主持人的传播力心存疑虑。在媒介融合的背景下，原有的节目主持人传播研究的相关理论越来越难应对以上种种现实变化。因此，必须突破传统的播音主持理论研究范式，建立一套适应新媒介环境的相关概念和理论框架。

一、研究缘起

广播电视媒体在诞生以来就以其强大的传播力对社会产生着深远的影响。节目主持人既是媒介组织中的普通一员，又因其传播中介和媒介符号的特殊身份对社会大众产生着较大的影响。有的研究者甚至直接将广播电视媒体称为主持人媒体，"广播电视强大的传播效益可以使一个新闻人物一夜之间功成名就，轰动一时。但与其他媒体不同的是，广播电视在使别人成名的同时，也在制造自己的名流和明星，这就是节目主持人。主持人就是影响，就是收听率和收视率，广播电视就是主持人媒体"。[1]

近年来，媒介技术的发展使得媒介环境发生了深刻变革。一方面，视频网站、微博、微信等各种新兴的媒介传播渠道对传统媒体产生了巨大冲击。另一方面，不同媒介之间在传播主体、传播内容、传播手段、受众互动等各方面都呈现出相互融合的态势。在这样的背景之下，节目主持人这一群体呈现出各种"乱象"，如中央电视台主持人的离职潮、主持人柴静制作的纪录片在新媒体平台的传播、主持人毕福剑的"视频事件"等。之所以将这些现象称之为"乱象"，其实是因为这些现象都是围绕着节目主持人的，并对主持人的节目主持传播产生了重大影响，但传统的节目主持人理论对这些现象却不能做出合理解释，也不能阐释这些现象与节目主持传播之间的关联。

在以往对主持人传播的研究中，往往将节目主持人在广播电视节目中的传播活动作为研究对象。有学者将主持人传播界定为："节目主持人传播是指节目主持人以大众传播媒介作为载体,融入人际传播优势,用人格化、个性化的传播方式,最大限度地调动受众参与层次的双向传播过程"[2]。绝大部分的研究者会将主持人传播限定为"只有当广播电视媒介中的传播主体实际上是以个体身份出现进行平等传播,在传播中真正起到组织和驾驭传播的作用,符合主持人条件,体现主持人特征,反映主持人实质,这样的传播才称得上是主持人传播"[3]。在媒介实践中,节目主持人和广播电视传媒机构也倾向于认为主持人传播也主要指的是节目主持人在节目中所进行的传播行为。在这种观念的支配下,主持人传播力主要是指"主持人以大众媒体为平台,以团队协作为基础,以人格化传播为手段,通过有效、恰当地调控节目进程而实施的影响电视观众认知、情感、行为的能力"[4]。

在传统的传播学研究当中,通常将传播类型分为人际传播、组织传播、大众传播。有些学者认为,广播电视中节目主持人的出现,使得大众传播带有了人际传播的某些优势,是大众传播的人际化,但仍然是一种大众传播。然而在新媒介环境下,场域之间的融合使得这三种传播类型不再泾渭分明,而是经常会融合在一起。在主持人节目中,主持人可以通过微信与受众直接点对点交流,也可以将与受众交流的内容通过广播电视传播给更多的受众,还可以在微信公众号中将自己的节目发布给订阅了公众号的粉丝,这三种传播模式可分别对应人际传播、大众传播与组织传播。不仅如此,不同的传播模式相互融合在一起,产生了更多的亚传播类型,如果主持人仍然将自己的传播行为严格定位为大众传播,恐怕难以适应新媒介环境的变化。在节目主持之外,主持人可以通过贴吧、QQ群、微信群、朋友圈、微博等发布自己的观点、照片或节目,也可能会写书、参加商演、参加或主持各种活动,而这些也都是主持人的传播行为,对节目主持人传播力同样会产生影响。同时,在各种媒介平台上,还会有各种关于主持人的相关报道,有正面的、有负面的、有被动曝光的、有主动炒作的,这些同样会对节目主持人传播力产生影响。在当前与主持人有关的热点事件的传播中,除了传播类型相互融合,往往在一轮传播之后还会有二轮、三轮的传播,其实这也是新媒介环境下新闻传播的特征,在新媒介环境下,新闻热点往往先在社交媒体引发关注,然后主流媒体跟进报道,接着社交媒体进一步讨论,最后形成多渠道、多层次、立体化的传播态势。

因此,在新媒介环境下,媒介之间、场域之间的融合使得我们不能再依据传统的传播类型来思考主持人传播,节目主持人传播力不再局限于节目中的主持人传播,而应该建立大传播的理念,将节目主持人所有的传播行为都纳入到节目主持人传播力的考量之中去。如果说,在新媒体刚开始兴起的时候,节目主持人在节目主持以外的传播行为是节目主持人传播力的延伸和扩展,那么在媒介环境发生了复杂变化的今天,主持人在节目主持以外的传播行为对节目主持人传播力的影响甚至已经超过了节目主持本身的影响。

在这样的背景之下,我们将新媒介环境中的节目主持人传播力界定为:节目主持人在各种传播资源的支撑下,在以节目主持传播为核心的多元化的传播实践中,达成预定的传播效果的能力。

二、理论模型

在以上关于节目主持人传播力的定义中可以看出,节目主持人传播力包含了实体范畴的节目主持人传播能力与关系范畴的节目主持人传播效力两个方面。在实体范畴,节目主持人传播力指的是节目主持人的传播能力,是主持人在各种传播资源的支撑下以多元化的传播实践为依托、以节目主持传播为核心、以人格化传播为主要手段进行传播的能力。在关系范畴,节目主持人传播力指的是节目主持人的传播效力,是节目主持人通过多元化的传播实践对受众产生的传播效果。这两个方面相互依存、不可分割，节目主持人传播能力是节目主持人传播效力的基础和前提，节目主持人传播效力是节目主持人传播能力的表征和目的，它们统一于节目主持人传播力之中。

媒介融合背景下，节目主持人传播力形成过程是指具备传播能力的传播主体通过以节目主持传播为核心的多元化的传播实践，作用于接受主体，从而产生传播效力的过程。节目主持人传播力既是节目主持人在各种媒介的传播实践中所积累的传播能力的总和，也是其在各种媒介的传播实践中所达成的传播效力的总和。其传播能力和传播效力在节目主持人不断的传播实践中形成一种动态互动的机制，因此，节目主持人传播力也随着节目主持人的传播行为处在历时的动态变化中。为了更直观地了解节目主持人传播力的生成机制，我们可以将其用以下的模型来描述：

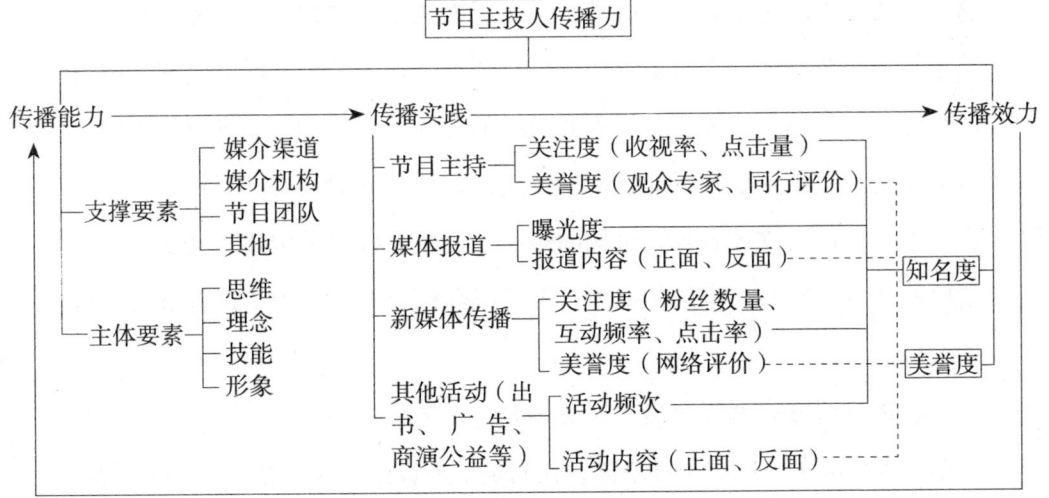

图1 节目主持人传播力生成机制

上文提到，在媒介融合的背景下，很多与主持人相关的现象原有理论体系并不能对其进行阐释。但运用这一模型，就能对上文提到的种种"乱象"进行解释了。相对于传统的理论体系，这一模型在以下几个方面有所突破，使得其更适合当前的新媒介环境：

首先，在传统理论体系中，研究对象主要是节目主持人这一传播主体，关注的是节目主持人的传播能力，对与节目主持人息息相关的其他支撑要素并未给予同等的关注。但在当前的媒介背景下，原有的广播电视格局被打破，广播电视行业的内部竞争加剧，不同广播电视集团之间、不同频道之间、不同节目之间都呈现出两极分化的现象。以互联网技术为依托的新的媒介平台的崛起，看似使得媒介渠道变得多元，但其实受众也主要是被几大强势的音视频网站所瓜分。这些变化使得在主持人传播过程中，节目团队、媒介组织、媒介渠道等要素变得越来越重要。

因此，我们在媒介融合背景下分析节目主持人传播能力时，应该有两条分析脉络：

一条脉络是将节目主持人看作是中观或宏观结构中的一个构成要素，这个构成要素的传播力大小必然与更高层次的整体结构相依存和制约。节目主持人是节目的一个重要组成部分，节目主持人的传播能力受制于节目的传播力，节目的传播力又受媒介组织的传播力的影响，而媒介组织的传播力又受到更高一层的媒介技术所决定的传播媒介的制约。反过来说，媒介渠道的传播力支撑着媒介机构的传播力，媒介机构的传播力又支撑着广播电视节目等媒介内容的传播力，最后媒介内容的传播力支撑着节目主持人的传播力。

这种分析方式就好像是一层层剥笋，先把最外围的剥开了，一层一层逐渐看到里面了。在这条脉络里，我们是把节目主持人看做一个最小的点，从小往大看，从微观往宏观看。在本文中，将节目主持人所依托的节目团队、媒介组织、媒介渠道等要素称为节目主持人传播力支撑要素。

另一条分析脉络则是把节目主持人看做一个最大的点，从节目主持人这个主体出发，从大往小看，一步一步解析主体传播能力的构成，那么我们会发现,节目主持人的传播能力蕴含在节目主持人的思维习惯、传播理念、主持技能、主持人形象等要素之中,我们将这些要素称为节目主持人传播力主体要素。

其次,虽然节目主持人的传播实践是以节目主持传播为核心,但在媒介融合背景下,大众传播媒体报道、新媒体传播以及包括出书、广告、商演、公益在内的其他传播活动在节目主持人传播实践中占据了越来越重要的位置,对节目主持人传播力产生了越来越大的影响。

2015年2月28日,节目主持人柴静重回公众视野,在新媒体平台上发布了以关注雾霾为题材的纪录片《穹顶之下》,该视频在24小时之内获得了突破亿次的点击量。在之后的数天,社交媒体上围绕这个片子的方方面面展开激烈的讨论甚至争论。这次传播行为所爆发出来的传播力却是不可置疑的,但这次柴静引爆的传播事件也带给我们很多困惑。《穹顶之下》是一部调查性纪录片,片中她既是一位讲述者,也是一位采访者,在各种讨论之中,人们更多的是看到了她作为记者从事的这次传播行为,显然,这的确不是一期主持人节目。站在节目主持人研究的角度,我们可以这么陈述这一传播事件:这是节目主持人在节目之外,在新媒体平台上所从事的一次非主持的大众传播活动,而且取得了远远大于传统媒介平台中主持类节目所达到的传播效果。

柴静的这一传播事件只是这类事件的一个典型代表,在这一年中,我们目睹了太多的节目主持人从事的非节目主持的传播活动,有的电台节目主持人登上了剧场的舞台讲段子,有的民生新闻节目主持人在万人体育场开起了演唱会,有的电视节目主持人发起了"爱心衣橱"的公益活动。同时,很多节目主持人也跟随着技术变革的脚步开通了自己的微博,建立了自己的微信粉丝群和公众号。

在媒介融合的背景下,越来越多的主持人扩展了自己的传播实践,这

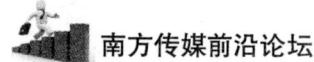

些传播实践是节目主持传播的延伸，又会对其节目主持传播产生影响。这些传播实践对节目主持人传播力的影响如此之大，以至于它们成为了新媒介环境下节目主持人传播力生成机制中的重要一环。

再次，在传统的节目主持人传播效力的评估中，主要是依据节目的收视率和受众对于其节目主持的评价。在媒介融合背景下，一方面广播电视节目往往会在新媒体平台进行二次传播，另一方面主持人本身的传播实践也变得更加多元。这些都使得我们在评估节目主持人的传播效力时不能仅仅依据广播电视播出节目的传播效力。通过视频网站和新媒体平台进行二次传播的节目的点击量和美誉度应纳入节目主持人传播效力的评估之中，节目主持人在网络平台所主持的节目的传播也应纳入对其传播效力的评估之中。

在传统媒体时代，节目主持人只是将媒体场域的表现公之于众，节目主持人的传播行为也主要在大众传播媒体上进行，只要大众传播媒体不去报道，节目主持人在日常生活中的表现既不是民众关注的热点，也不是媒体曝光的对象。而在媒介融合背景下，节目主持人既是传播者，也越来越多地成为了被传播的对象。节目主持人在节目主持以外的行为也经常被民众关注，被媒体报道。有时节目主持人也会主动出击，利用出书、发微博、参加真人秀节目、制造话题等来引起民众关注。这些传播活动都对节目主持人传播效力产生了影响，对这些传播实践活动的传播效果都应该从知名度和美誉度两个维度进行合理的评估。

最后，节目主持人传播力是节目主持人在多元化的传播实践中所积累的传播能力和传播效力的总和，其形成是一个动态的积累过程。传播能力决定传播效力，传播效力又会提升或者减损传播能力，传播能力与传播效力构成一种辩证互动的关系。

在以往的主持传播研究中，总倾向于研究单次的节目主持传播。一方面，在新媒介环境下，直播的常态化使得即兴的内容大量增加，对于节目主持人来说，在单次的传播活动中的表现往往不能反映和代表其传播能力。只有当我们将节目主持人传播力生成机制看成是一个历时发展的动态变化机制，才能更好地理解节目主持人传播力在多元化的传播实践中的生成和变化过程。另一方面，媒介融合背景下节目主持人多元的传播实践又往往会相互影响。只有当我们的研究视野从单次的节目主持传播扩展到节目主持人所有的传播实践活动，并考察和分析它们之间的互动关系，才能更好地解释现实中不断出现的新现象和新问题。

三、意义与启示

媒介融合背景下节目主持人传播力生成机制在多个方面呈现出不同于传统媒介环境下节目主持人传播的新特征，这对节目主持人管理、节目主持人培养和节目主持人能力素养都提出了新的要求，给我们带来了多方面的启示。

我国对于节目主持人的管理模式经历了从一元模式到多元模式的转变。随着传媒领域市场化程度的进一步提高，不同媒介组织采取了不同的管理模式。这些管理模式各有利弊，本文由于篇幅所限不能展开论述，但从本文所阐述的媒介融合背景下节目主持人传播力生成机制的角度来看，大部分的节目主持人管理模式都会存在以下几点疏漏之处：其一，现有管理模式都难以处理好节目主持人传播能力的支撑要素与主体要素之间的关系；其二，未能看到媒介融合背景下多元传播实践对节目主持人传播力的影响及多元传播实践之间相互的影响，对节目主持人在节目主持传播以外的传播实践，要么放任自流，要么一禁了之；最后，对节目主持人的评价注重节目的收听率和收视率，美誉度并未纳入评价体系，其他传播实践的传播效果也未能纳入评价体系。正是这些问题的存在使得近年与节目主持人有关的"乱象"频频出现。

在节目主持人培养方面，节目主持人培养分为高校培养和媒体培养两个途径。目前来看，从这两个方面对节目主持人的培养在媒介融合背景下都显得较为被动，并且难以适应现实需要。大部分高校的主持人培养模式仍然沿用了中国传媒大学原有的播音员培养模式，部分院校进行了一些改进和创新，但仍未能建立科学合理的节目主持人培养模式。在媒介融合背景下，节目主持人应该具有大传播理念、互联网思维和新媒体技能，这对尚在探索中的节目主持人培养又提出了更高的要求。而媒介组织在市场化的浪潮中，容易滋生急功近利的心理，注重对节目主持人的选拔，忽视对节目主持人的培养。主持人培养在高校和媒体培养两个方面都未能适应新媒介环境的需要，导致一方面媒介组织招不到好的节目主持人，另一方面原有的节目主持人面对媒介融合难以适应，人才流失严重。

在主持人的能力素养方面，媒介融合使得节目主持人需要多方面的技能和素养。媒介融合其实也引发了社会各个场域之间的融合，在这样的背景下，节目主持人的跨界（跨越不同专业领域进行传播）和跨介（跨越不同媒介进行传播）都会经常发生。从节目主持人传播力生成机制我们可以看出，在媒介融合背景下，节目主持人要具有更强的平台意识、团队意识、多元传播意识和受众互动意识，应在不断地推进多元传播实践中实现自身能力素养的培养，以适应新媒介环境的需要。

注释：

1　孙玉胜：《十年——从改变电视的语态开始》，北京：生活·读书·新知三联书店，2003年版，第360页。

2　陈虹：《节目主持人传播》，上海：复旦大学出版社，2007年版，第5页。

3　高贵武：《主持传播学概论》，北京：中国传媒大学出版社，2007年版，第4页。

4　熊征宇：《节目主持人传播能力概念的提出与思考》，载《现代传播》2010年第9期。

（原载于《当代传播》2016年第3期）

新技术与华语电影美学
——以华语 3D 大片《龙门飞甲》为例

◎ 邹鹃薇

(广州大学新闻与传播学院副教授、博士)

摘 要: 纵观今日的电影界,新技术已然无处不在,从影片的创意构思、拍摄手法、内容表达到影片的播放渠道、影评的互动方式等,都必须考量到新技术所提供的美学上的可能性,因此,学术界出现了从商业层面、文化层面以及美学层面三个方向的批评与思考。以华语电影世界第一部 3D 作品《龙门飞甲》为案例,3D 技术带来了迥异于 2D 技术的受众审美体验以及由技术主义导致的电影文本美学上的缺陷,从而提出回归文学性的必要。

关键词: 新技术;3D;奇观美学;触觉美学;体验美学

电影技术与电影美学既互为形式又互为内容,电影之所以能成为二十世纪最为迷人的艺术之一,与其集合人类多种感观为一体的声画综合技术密不可分。借用麦克卢汉"媒介即讯息"的理念,"媒介即美学"表达了不同的媒介手段对于传递内容的美学影响,甚至媒介本身就已经成为一种艺术美学形态,技术与美学是如此统一,以至于我们无法分离出它们之间的差异。就技术本身而言,所谓的"新"与"旧"也不过是时间上的概念,对于昨天而言,今天是新的,对于明天而言,今天又只能成为旧,因此,这里的新技术是指在当代日益成熟的数字技术和网络技术。纵观今日之电影界,新技术已然无处不在,从影片的创意构思、拍摄手法、内容表达,到影片播放渠道、影评的互动方式等,都必须考量新技术所提供的可能性。笔者将其归纳为以下三个方面:首先是电影的拍摄技术,主要体现在数字技术观照下的写实性特技和脱离真人的数字人物以及杜比环绕声音响技术等;其次是电影的播放途径,即各种新媒体的崛起,如网络、手机、户外媒介等各种分众传媒手段;第三是电影的批评渠道,网络、微博的互动性、及时性、草根性、个人性、随意性等特征在某种程度上降低了专业影评的神圣感,在推动电影大众化的同时解构了文字的深度法则。

一、批评界的声音

在学术界,新技术的出现促使学者们必须对其做出相应性地反思,由此出现了商业层面、文化层面以及美学层面三个方向的批评态度。在商业层面,以好莱坞为代表的商业电影坚信技术代表美学,这种看法被李一鸣称之为"技术主义",它不仅是"好莱坞笃信不疑的一种电影美学",而且创造了"最真实的美学谎言"。[1] 学者们继续从经济学角度实践了商业主义的电影原则,认为由新技术开创的数媒经济时代将呈现新的发行、放映与营销景观;[2] 在文化层面上,批评家提出了"技术人性论""后人类主义电影"等新的概念。其中"技术人性论"认为数字技术时代将重新获得古典美学时代的"光韵",原因在于技术不仅"重新建立艺术作品的偶像化地位",而且使"观众极容易进入到仪式化的状态"。[3] "后人类主义电影"则通过科幻手段总结出"数字技术带来了胶片电影所不能达到的'强化写实主义'效果",这种效果因建立了"异乎寻常的时空连贯性"而具有"'后人类主义'色彩"。⁴事实上,数字技术与后人类主义式的科幻电影之间存在着价值观的悖论,当电影试图反思人类技术化和技术人格化时,其本身又彰显了一场炫目的数字技术盛宴,简而言之,电影所反思的对象必须建立在其反思之物上。

第三个美学层面的观点可以分为肯定论、否定论以及辩证论三种倾向。其中,知识分子与生俱来的忧患意识使持有技术否定论的学者往往带着深刻的人文主义精神以及人本意识。例如,金丹元认为"倚仗高技术支撑的科学主义与人类想象风暴肆虐下的超现实主义正在'合谋'一场场非同寻常的成人'游戏'",这不仅导致了一定的社会问题,而且损耗甚至消解"人的承受能力、勇气、良知、责任心",从而发出"技术进步的结果换来的可能是人自身的退步"的警告。⁵尹鸿则以《古墓丽影》为例,批评其"人物关系被高度简化","情感的含量越来越低","故事的叙事本身的精巧度也越来越小,而变得越来越程序化"的问题。⁶胡克以巴赞的真实观为尺度,认为数字特技人为地干预了电影的真实力量,使得它离巴赞的真实观念越来越远。同时,其文化寓意功能也显然有悖于巴赞真实电影美学中电影的意义源于观众的解读而不是作者的给予的观点。⁷另一方面,关于技术与电影美学关系的辩证论可喜地出现在年轻的研究者们身上,在他们的文字中,我们看到了习惯并享受新技术所带来的审美体验的新一代学人思想中所体现出的面面俱到的精英情怀。2007年2月,《当代电影》刊登了一次以"新传媒时代的电影美学"为主题的"博士论坛",其内容主要分为新传媒工业与电影数字技术两大部分。在这批长期浸淫于数字视觉文化的年轻的学术力量身上,我们可喜地发现了温和中立的改革立场与温情脉脉的人文主义精神,如"数字技术……在促进艺术想象及帮助它得以实现的同时……缩减了技术成本",然而电影又不幸因此"变得单调和庸俗起来"。⁸他们积极地肯定技术发展的未来,一方面新媒体带来了"电影形态向边缘性延展"，"电影语言向多元化演变"，他们呼吁电影创作者应该"站在兼容并包的角度和现实文化情境的高度来消化新的媒体艺术"；[9]另一方面，那些完全利用数字技术生成的虚拟影像不仅拓展了电影的创作空间，有利于表现"富有想象力的作品"，更重要的是，它带来了"电影在美学上的'真实性'变革"，即提高了感官层面上的"真实感"。[10]在处理技术与美学理论的渐进关系的时候，他们保守地认为这些新现象绝不会冲垮当代电影理论，相反，这些新现象必须借用传统理论根基将其自身理论化，他们在论述中反复地运用着柏拉图、巴赞等人的理论观点，意图在于加强传统理论在新技术时代的新的阐释意义。[11]正如丁亚平在导师点评中所说，"主体性原则及其内在自我意识的结构作为确定电影研究的转向的源泉，开始彰显其特殊的意义与价值"，而该原则正是建立"多维度、多角度的互动式"交流与对话的前提条件。[12]

二、奇观美学、触觉美学与体验美学

鉴于新技术的复杂性与多样性，本文将探讨的范围缩小至3D技术，并以华语电影世界第一部3D作品《龙门飞甲》为案例，分析3D技术所带来的迥异于2D技术的受众审美体验以及由技术主义导致的电影文本美学上的缺陷，试图以其一斑而窥全豹。

事实上，3D技术由来已久，李相认为自"上世纪50年代"，在"一批恐怖、探险类型的立体电影"中早就出现了"用立体感来营造惊吓观众的恐怖气氛"的技术手段，由于长时间没有"建立起自己的语言口号，从而沦为一种奇技淫巧"。随着80年代电脑CG技术的成熟，"三维动画"的出现给电脑制作影片带来了一片曙光，于是，类似于真人般呼之欲出的电脑人物成为了动画电影的主角，并直接催生了90年代的3D电影。从技术的角度而言，3D电影的成像原理仍然是建立在传统2D的屏幕技术之上，因此它的技术追求似乎并没有颠覆2D时代的美学问题，既使在平面2D时代，电影也一直追求第三空间维度的存在，比如2D影片利用各种拍摄手法，如景深镜头或者场面调度中的人物出场方式等达到视觉纵深的三维效果，而3D电影看似不过是将以上的传统电影理论加以技术化的实现，同时，当我们戴上3D眼镜，发现一把剑从远方直接向我刺来之时，便会惊讶于它的逼真效果，这样的感受无异于二十世纪初我们的先人们在一张幕布上看到一辆火车驶来。不同的是，今天的我们已经不断地通过视觉化的刺激对平面上的假象产生了心理上的预认同，而3D似乎令我们又重新体味了祖先的观看奇观。然而，时代是进步的，祖先式观看奇观的重新体认绝不是一种简单的历史重复，它将给观众带来新的视觉冲击与观影革命，从美学的角度而言，主要体现在以下三个方面，即奇观美学、触觉美学以及体验美学。

奇观是电影与生俱来的美学特点，在电影产生之初，奇观甚至是电影的另一种称呼，因此电影技术革命事实上是一个不断推进奇观的过程。到了今天，我们把奇观电影与传统电影区分开来，认为那些融合了数字技术拍摄的具有视觉效果冲击力的电影即为奇观电影。也有学者把奇观电影与叙事电影对立起来，认为奇观电影的崛起使得电影"从话语中心范式向图像中心范式"转变、"从时间深度模式向空间平面模式"转变、"从理性文化向快感文化"转变，总而言之，"奇观电影是当代消费社会快感文化的产物"[13]，而陆晶璟对以上的分类法持反对态度，声称奇观并不是叙事的对立面，"奇观本身也是电影的一种重要的叙事手段，它不仅补充了电影叙事方法，而且从电影的制作方式上改变了电影的叙事方法"，电脑数字技术不过是让电影以一种新的方式讲述故事而已。[14] 实际上，人们对于华语奇观电影的诟病并不在于技术，而在于文本叙事，以《龙门飞甲》为

影视艺术

例，观众所津津乐道的正是它的技术而非它的故事，同时，影片的故事也成为了一群忠实于"龙门客栈"系列的观众最为不满的地方。就奇观的观影效果而言，如果说2D时代的四种奇观类型，即"动作奇观""身体奇观""速度奇观""场面奇观"只是发生了影片之中，3D奇观则外化出全方位立体化的延展模式，也就是说，奇观已经不仅仅存在于影片内容的本身，它将触伸到观众的身体与意识之中。麦克卢汉曾经预言媒介是人的延伸，比如汽车"已经成为城里人和城郊人的甲壳"，"衣服是皮肤的延伸"，"城市则是适应庞大群体需要的、人体器官的进一步延伸"。[15]3D电影正是人体各种感官的幻变，观众的眼睛、耳朵、手脚积极地构建了整部电影。2D时代的观影训练使得我们完全抛弃了祖先们的受惊心理，反而气定神闲地接受了3D电影所提供的天马行空的想象与混乱的时空逻辑，并且理所当然地接受了不合情理的奇观设置，比如赵怀安与雨化田龙卷风里的那一场打斗，虽然完全违背于物理自然现象，却未被观影者所察觉，在某种程度上，我们已经在3D的奇幻效果之下产生了身份上的代入感，换句话说，赵怀安即是我，我即是赵怀安，赵怀安或者雨化田的眼睛、耳朵、手脚是观众身体上相应部分的延伸，这种感觉就好像是进行一场人机摸拟一体化的游戏，主体的动作将直接影响对象动作的准确度与可行度。

在立体奇幻效果的冲击之下，电影不再是听觉与视觉的混合，而是一种被延展了的触觉行动。拉潘姆把麦克卢汉荷马式理论语言简化为一套两两相对的反义词，其中他把麦氏论述的电子媒介的第一个特征表述为触觉的（tactile）。[16]Tactile意为"the sense of touch"，而"touch"的两个原始意义一为"be or come together with sth else so that there is no space between"，二为"press or strike sth / sb slightly, esp with the hand."[17]以上的英文解释暗示了触感所具备着两个特点，一是距离上的无缝性，二是身体上的轻触性。无独有偶，许慎的《说文解字》将"触"释为"抵也，从角蜀声"[18]。这不仅与英文中的"come together with sth else"（sth 在此处等同于动物的"角"）相对应，更重要的是，"抵"强调了行动性，就电影而言，即是观影主体参与到客体世界中的动作感，这种感觉必须借助身体才能够实现，并直接由观众的脑电波与神经系统所操控。于是，身体与影片的距离被无限缩小，甚至与主角融为一体，巧妙地对应着"no space between"的无缝特征。同时，电影院也不再是柏拉图故事中的洞穴，相比于那些习惯了黑暗的囚徒将投射在洞壁上的影子作为真实世界而言，我们已将所谓的主体与客体消失在触觉积极的无缝的行动之中，可以说，我们从来没有忘记过背后的放映机，却从不主动地去察觉它的存在，我们清楚地知道电影拍摄、播放以及有关于工业化、商业化的过程，却依然不遗余力地花费金钱与时间去感受数字技术的魅力，3D版《龙门飞甲》将我们抛入了一个用手脚去实践沙漠、龙卷风、西夏国都的武侠世界，影迷们的身体甚至灵魂将依附在他们的偶像身上，去进行一场时空的穿越，每个人都清楚地知道自己所需要扮演的对象。新技术的触觉美学似乎并没有在3D技术上终止，随着技术的不断发展，它的美学功能将进一步提高至触感层面。据说新闻宣称飞利浦公司的科学家已设计了一种触觉夹克，它能让观众通过触觉感受电影情节甚至体验到电影角色所体验的情感状态，比如"李小龙对于如何活着走出去的那种担忧"。[19]不久的将来，触觉已经不仅仅停留在观众的身体之中，而是深入到人类的情感世界，影片中人物的微妙心理情感，例如失恋的痛苦、怀才不遇的落魄、危机到来的恐惧等，都将与我们的触感系统合二为一。

在普遍的电影理论中，当2D影院中的黑暗像蝙蝠一般袭来之时，人们的观影快感来自于主体对他者世界的窥淫癖。然而，拉康的进一步哲学演绎却通过凝视的概念取代了所谓的窥淫式观看，并严格区分了两者之间的含义。这一切源自于梅洛·庞蒂在《可见的与不可见的》一书中谈到了主体背后的一种不可见的凝视："在这些目光后面的某处，在这些动作后面的某处，或毋宁在它们面前的某处，或者更是在其周围，不知从什么样的空间双重背景开始，另一个私人世界透过我的世界之薄纱而隐约可见。"[20] 拉康将这"另一个私人世界"称之为"凝视的前存在"，它就仿佛是全能的他者，主宰着观影者的想象世界。"我只能从某一点去看，但在我的存在中，我却在四面八方被看"，[21] 在这句话中，那个来自"四面八方"的目光正是隐藏在影片背后的凝视力量，也就是说，表面上虽然是我们观看影片，实际上我们却被影片所观看。当电影通过窄窄的镜头将世界切割成一块长方形的屏幕之时，我们的眼睛被固定在它所设置的某个切面或者某块碎片，影片中的世界是不完整与不充分的，它如同上帝的命令一般，将视觉符号强行注入到观众的头脑中，在这个意义上，2D电影依赖的是时间的流转，进而加速观众的接受过程。然而，3D诉诸的是空间格式的感观体验，此时，强大的他者世界必须借助主体的身体体验方能展现，窥淫的快感已被主体体验所取代。人们被抛入了一个没有真实也没有虚假的世界里，他者凝视自此消失，体验虚假同时想象真实，真即是假，假即是真，3D突破了2D时代试图将虚假还原成真实的尝试，追求的不过是一种比现实经验感受更加真实立体的体验效果。这也将导致观众对于影片"前预设"的熟视无睹，例如影片预设中的赵怀安是一位侠义之士，同时也是影片真正的主角，然而，观众似乎对他并没有产生多少好感，相反，作为影片最大反派的雨化田却成为不折不扣的亮点，并被网络戏称为"西厂厂花"，他最后的莫名死亡不仅让人惋惜不已，而且成为了观众诟病该片虎头蛇尾的重要原因之一。

三、重提戏剧与文学的必要性

尽管3D版《龙门飞甲》成功地开创了奇观美学、触觉美学以及体验

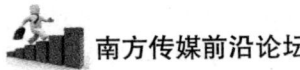

美学三种新的观影美学模式,但对于华语电影的文本内在构造而言却毫无建树。如果我们细读它的人物性格、情节设置、语言对白等电影基本元素时,就不难理解为什么当前的理论家们对于数字技术的出现表现得顾虑重重,以《龙门飞甲》为代表的华语电影只关注于它的技术奇观和观影体验,却没能讲述一个完整的故事或者塑造一段感人的爱情,甚至没有处理好传统电影美学中关于人物性格的基本问题。龙卷风中的打斗、西夏故宫里的寻宝对于电影的叙事毫无意义,生硬地置入其中不过是为了表现出3D效果的震撼,一方面是严谨的历史考据,比如万贵妃的死亡时间、西夏国的发展历史等,另一方面是无厘头的武侠奇观,比如龙卷风里打斗后的毫发无损,使得电影难以形成统一的美学基调。其次,影片对于人物情感以及人物性格方面的塑造欠缺力度。由于导演过分注重影片的技术展示,忽略了赵怀安与凌雁秋之间的情感沟通,相比起1992年《新龙门客栈》中周淮安与金镶玉从色诱到真心相爱的变化过程,赵与凌之间的前世今生简直令人一头雾水,不知所云,这直接成为了影片人物关系处理上的硬伤。再者,与前两部"龙门客栈"系列相比,《龙门飞甲》的情节速度加快,故事也变得复杂,影片不断地通过设置新的情节营造出紧张变幻的叙事效果。1963年胡金铨版《龙门客栈》只花费了短短的10分钟就完成背景情节的介绍,中段70分钟在龙门客栈内完成了东厂爪牙与英雄们的斗智斗勇,尾段的30分钟厮杀场景被安排在野外,众人合力铲除反角曹少钦。该片情节上的简洁让胡导有足够的时间将细节处理得尽善尽美,萧少兹智斗东厂、有勇有谋,吴掌柜性格温和却处变不惊,朱家兄妹一个心直口快、行事莽撞,一个聪颖机敏、身手不凡,即使身为反角如皮绍棠毛宗宪之流,性格也各不相同,可圈可点。《龙门飞甲》恰与其相反,在进入"龙门客栈"之前,就已经设置入"赵怀安杀万喻楼""雨化田下格杀令""假赵怀安搭救宫女"以及"赵怀安暗杀雨化田"四大情节,直到30多分钟后才出现"龙门客栈"，原《龙门客栈》中以护卫忠良之后作为唯一目的，却在新片中分裂成两个，一是雨化田对赵怀安的追捕，二是顾少棠、风里刀、常小文等人的寻宝计划。同时，客栈斗智因加入了风里刀与雨化田因长相一致而引发系列冲突，使得情节更加杂乱，这些都导致影片无暇延展人物之间的情感纠葛。最后，故事的结尾虽然通过侠士们联合对抗雨化田而宣扬了正义的存在，却没能合理地处理雨化田的死因，尤其是凌雁秋身负多处刀伤依然能打败雨化田，更被网友戏称为"头顶主角光环"。如果说原《龙门客栈》中曹少钦的死是由于众人合力及其本身患有哮喘所致，那么雨化田的死则无法自圆其说，甚至与一开始对其武功出神入化的铺垫自相矛盾。

电影从诞生开始便与戏剧文学纠缠不清，华语早期导演如郑正秋、夏衍、田汉、蔡楚生等人都是以剧作家、文学家的身份进入影坛。20世纪50年代以来，对于电影文学的存在以及如何存在展开了长达几十年的争议，1979年，白景晟发表《丢掉戏剧的拐棍》，向传统戏剧电影观念提出了挑战，同年，张暖忻和李陀发表《谈电影语言的现代化》，提出电影语言的现代化问题，1980年，钟惦棐提出电影和戏剧离婚的理论，提出电影应回归电影本体，即回归视觉文化。毫无疑问，活跃于华语影坛的徐克总是开创新的视觉奇观的先锋者，1983年拍摄的《新蜀山剑侠》开启了香港视觉特效的新时代，2001年《蜀山传》中电脑CG的运用意义远远地超过其美学意义，2011年的《龙门飞甲》被称为第一部华语3D大片。然而，在充斥着各种电脑特技和数字技术的今天，我们是否应该再次借鉴电影与戏剧文学相互扶持的经验，当年我们所否定的电影文学理论是否应该在这个诗意极度匮乏的时代背景下重新拾起？至少文学性能够让《龙门飞甲》在展示3D的同时讲述一个完整的传奇故事和一群栩栩如生的饮食男女。技术的进步无法取代人类心灵深处的精神渴求，我们希望华语电影在追随技术发展的同时，也能给一代又一代的观众带去人文关怀与灵魂启迪。

注释：

1　李一鸣：《武侠的盗梦空间——一种技术主义的诚信》，载《半月谈》2011年第16期。

2　刘军：《数字电影：中国电影产业在数媒经济时代的机会》，载《北京电影学院学报》2003年第1期。

3　陈越红、裴磊：《数字技术电影声音沉浸性审美接受与人类身体感知系统的自然性》，载《当代电影》2011年第9期。

4　孙绍谊：《当代西方后人类主义思潮与电影》，载《文艺研究》2011年第9期。

5　金丹元、文斌：《科学主义与超现实主义"合谋"下的"游戏"——对"影像时代"中艺术与技术相糅合的反思》，载《东南大学学报》2011年第5期。

6　刘莉：《数字电影到底给我们带来什么？》，载《科技日报》，2006年7月25日，第4版。

7　胡克：《中国电影真实美学观念与巴赞影响》，载《当代电影》2008年第4期。

8　赵斌：《"保守主义"视野中的新媒体与电影美学》，载《当代电影》2007年第2期。

9　王丽君：《新媒体艺术对当代电影创作的影响》，载《当代电影》2007年第2期。

10　王乃华：《当下技术革新对电影美学特性的开拓》，载《当代电影》2007年第2期。

11　郝延斌：《对于宏大理论及其有效性的思考》，载《当代电影》

2007 年第 2 期。

12　丁亚平：《导师点评》，载《当代电影》2007 年第 2 期。

13　周宪：《论奇观电影与视觉文化》，载《文艺研究》2005 第 3 期。

14　陆晶璟：《电影的奇观叙事》，载《社会科学》2007 年第 8 期。

15　马歇尔·麦克卢汉：《理解媒介》，北京：商务印书馆 2000 年版，第 161、163、280 页。

16　路易斯·H.拉潘姆：《永恒的现在》，载《理解媒介》，北京：商务印书馆 2000 年版，第 5 页。

17　A. S. Hornby：《牛津高阶英汉双解词典》（第四版），1997 年，第 1554、1611 页。

18　许慎：《说文解字》，北京：中华书局 1963 年版，第 94 页。

19　参见《融入电影——模拟触觉的夹克衫》，http：//news.mydrivers.com/1/130/130622.htm。

20　莫里斯·梅洛·庞蒂：《可见的与不可见的》，罗国祥译，北京：商务印书馆 2008 年版，第 20–21 页。

21　Jacques Lacan: The Seminar of Jacques Lacan, Book XI: The Four Fundamental Concepts of Psycho-analysis, trans. Alan Sheridan, London: Hogarth Press and the Institute of Psychoanalysis, 1977, p.72.

（原载于《新闻界》2013 年第 1 期）

网络时代背景下对电视媒体价值的再认识
——以《中国汉字听写大会》为例

◎ 陈智勇　戴剑平

（广州大学新闻传播学院讲师、在读博士；

广州大学新闻传播学院教授）

摘　要： 在网络、移动等新兴媒体的冲击下，电视媒体应该如何正确认识自身价值并将其合理地转化为竞争的优势？结合《中国汉字听写大会》的具体经验，以下三点是特别值得注意的：一，节目内容生产上的制作优势；二，主流、正统文化代言人的身份；三，通过场域产生的强大集结力与支配力。在这里，我们不妨将这样的价值称为传统媒体的"阶段性价值"，即在某些特定阶段中能够保证传统媒体在竞争中胜出的价值。在未来的竞争中，对电视媒体而言，在顺应媒介融合大趋势的前提下，如何正确认识自身价值，进而合理、有效地结合时代加以把握，转化成能够形成竞争优势的"阶段性价值"，将会是电视工作者们要面对的重要命题。

一、网络时代中电视媒体遭遇的困境

随着新世纪翩然而至的网际网络时代给现代人的文化生活带来了前所

影视艺术

未有的冲击。在传媒方面更是如此，由互联网的成熟应运而生的所谓自媒体与移动媒体早已深深地介入到人们的日常生活之中。城市的主流人群几乎是在无法抵抗的情况下于一夕间变成了"低头族"，听、说、读、写等基本认知行为都被牢牢锁定在小小的电子屏幕上。相较于网络媒体、移动媒体等新兴媒体，曾独领风骚30余年的电视媒体遭遇了前所未有的挑战。在由技术革命引发的传播手段与接收方式的改变中，电视媒体曾经的资源垄断优势被不断地消解。观众，尤其是年轻观众大量流失，广告商的投资重点也开始转移到新兴媒体上。沦为"传统媒体"的电视早已不再是人们生活中的"必需品"，在2014年甚至有了北京地区的开机率跌至30%以下的调查结果，虽然很多专家纷纷对这样的结果表示存疑，但从对用户的争夺、广告的分流乃至话语权的解构来讲，新媒体对电视媒体带来残酷的冲击却是不争的现实。

在这样的大环境之下，电视媒体在传播领域"龙头老大"的地位不断受到挑战，其自身的价值也开始遭受质疑。人们在享受网络及移动媒体带来的互动、便捷、及时等便利时，在感叹时代发展的迅速之余，也往往会作出电视媒体已经难以适应网络时代的简单判断。

早在2007年，当时微软（Microsoft）公司的董事长比尔·盖茨就曾在达沃斯世界经济论坛上明确表示，互联网将在5年内彻底改变传统电视产业。之后8年的媒体现实的演变虽然尚未出现盖茨先生所说的"彻底改变"，但在某种程度上也印证了这位前世界首富的"预言"。随着网络提速、无线普及和终端多样化三管齐下局面的不断展开，新媒体俨然已形成了对传统媒体强劲的竞争优势。其中最具代表性的当属视频网站。近年来，不论是谷歌（Google）下属的YouTube、苹果公司旗下的iTunes，还是本土的优酷土豆、爱奇艺、乐视、酷6等视频网站都受到了不少受众的追捧。几乎所有的电视节目都可以在视频网站上一睹芳容，海量的资源储备、多元化

个性化的设置及可自由选择的互动接收方式在为这些网站赚取了数以亿计的点击量之余,也对以线性传送、被动接收为主要传播模式的电视媒体构成了强有力的威胁。

在这一片危言耸听的喧哗声中,从技术水准到传播模式全面落于下风的传统媒体正在渐渐失去自信。一个很好的例证便是在谈到对新媒体的应对措施时,无论专家还是从业者都表达了对未来媒介融合的希望与期待,认为利用和新媒体的融合才是应对当下传统媒体危机的最好办法,有些学者甚至认为通过以新兴媒体的标准来改造电视媒体才能达到媒介融合的目的。总之,多数人都对未来电视媒体的价值表现出并不乐观的态度。这里需要指出的是,媒介融合的趋势当然是无可非议的,但在这样的趋势中,电视媒体应该如何表现,是否需要以牺牲自己的传播价值为代价来面对,都是值得商榷的。而最近一段时间,《中国汉字听写大会》节目的热播正为我们提供了对以上问题进行思考的空间。

二、《中国汉字听写大会》的热播与电视媒体价值的再认识

2013年暑期(8月2日),在应对新兴媒体的挑战中首当其冲的中央电视台推出了一档颇具创新意义的节目——《中国汉字听写大会》。在电视市场开始萎缩,荧屏几乎被社会新闻、娱乐节目完全占据的当下,《中国汉字听写大会》在收视率方面创造了超越《中国好声音》《快乐男声》等王牌娱乐节目的骄人战绩。

这是一档以检验中学生汉字书写能力为主题的竞赛类节目,以传统的节目划分方式来看,基本属于不温不火的社教类,在目的与诉求上也尽显弘扬民族文化、传递正能量的主流文化导向,在前期推广上更是无法与湖

南卫视、浙江卫视等强势省级卫视的一掷千金、全方位、地毯式的轰炸宣传策略相比。但就是这样一档看似平淡无奇、没有太多收视野心的节目却引发了全民关注、参与并热议的火爆局面，甚至在首期节目推出时就登顶网络媒体新浪微博的"热门榜"，引领了传统媒体对网络新媒体的"逆袭"。在引发收视热潮之后，随即而来的便是对该节目价值的广泛讨论，因节目弘扬了传统文化而喝彩者有之，为在一片娱乐节目包打天下的环境中为社教节目打开了新思路而欢欣者也有之。但在我看来，《中国汉字听写大会》最为突出的价值还在于为传统媒体在网络时代的竞争中如何清醒、理性地认识并把握电视媒体自身的价值起到了良好的示范作用。

这也引发了我们对电视媒体价值的反思：在网络、移动等新兴媒体的冲击下，电视媒体应该如何正确认识自身价值并将其合理地转化为竞争的优势，结合《中国汉字听写大会》的具体经验，以下三点是特别值得注意的：

（一）节目内容生产上的制作优势

相较于以网络媒体、移动媒体为代表的新兴媒体，电视最大的优势还是其强大的节目生产、制作能力。虽然从2014年以来新媒体在节目创作与经营上颇费了一番心思，也有像搜狐公司推出的网络剧《匆匆那年》《屌丝男士》，爱奇艺打造的网络达人秀节目《奇葩说》等赢得了一定口碑的自制节目。但在视频网站上获得最多点击率、关注度最高的依然是由电视台制作的经典剧集与名牌综艺节目。所谓的新媒体更多的还是担负着传播渠道的作用，它更像一个分拣工，通过便捷、灵活的通道将海量的节目内容定向地传递到最需要它们的受众的眼前。而内容的生产还是要仰赖资金雄厚、经验丰富、兵强马壮的电视媒体来供应、输送。即便是在网络媒体或自媒体节目的制作中已小有名气的黄健翔、马东、柴静等人也无一例外地有着在电视媒体从业的经历，更不要说以克隆电视台为主的制作方式与

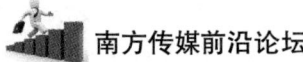

设备了。依靠这样的制作条件与电视媒体做节目内容生产上的竞争，新媒体的火候还有所欠缺。

这样的形势在《中国汉字听写大会》节目中也有所体现，虽然在制作成本上比起挥金如土的大型娱乐节目堪称简朴，但由高端、大气、有品位的大型演播厅，阵容齐整的国家级主持队伍，正襟危坐的世界级国学大师，严阵以待的参赛中学生共同营造出的神圣、肃穆的中国风格与中国气派，是任何网络媒体的自制节目都难以望其项背的，也当得起《中国汉字听写大会》这极有分量的名称。同时，在节目内容设置、赛程控制与赛制安排上也都做了细致、周到的安排。在2014年推出的第二届比赛中，一共有36支参赛队伍从1200万参加初赛的中学生中脱颖而出，进入决赛阶段的比赛，参赛队伍来自包括了含港澳台地区在内的我国所有省市，还包括来自英、美、德等国的外籍学生代表队。在经历了初赛、复赛、半决赛、附加赛与总决赛的重重比拼后，最后决出一名年度总冠军。而比赛中出现的题目则全部来自由国家语委及社科院语言应用研究所的专家精心打造的题库，在保证比赛的科学、严谨、规范的同时，还以我国古典与现代名家的经典例句为这一个个优美、婉约的汉字提供恰切的语境与精准的理解。另外，在场景设置方面，更是别出心裁地设置了答题现场、同步讲解、成人体验团与亲友团四个演播现场，在节目进程中，这四大现场调度有致、交相辉映、相映成趣，将场上选手、专家学者、助威的亲友和场外观众有机地结合为一体，在呈现出不凡的节目品味与质量的同时，将电视媒体在节目制作上的软硬件优势发挥到淋漓尽致。正是这巧妙、精致、高水准的节目制作能力保证了节目的审美性，这样的能力也正是电视媒体无可取代的第一价值。

（二）主流、正统文化代言人的身份

在网络时代来临之前，作为最为强势的主流媒体，电视构成了人类社

会文化身份的重要组成部分,维系着人类社会多样化的文化样态。[1]而细究当时电视媒体所代表的文化,可以说是由主流文化、大众文化、精英文化三者有机结合而形成的:电视媒体不仅发挥着传递信息、提供娱乐等社会功能,还不断改变着人们的价值观念和生活方式,塑造着社会公共生活,它为整个社会的发展和进步不断提供一系列具有导向性的社会公共价值观念,并创造了极具大众色彩的电视话语系统。[2]

不过,这样的话语系统在网络时代到来之后正在悄然地发生着变化。首先,网络媒体因其快捷、迅速、监管相对宽松、多元化程度高、个人选择性强等便利条件在大众文化的层面上取得了先机。极端的、边缘性的观念与话题都是在网络媒体中率先试水,而那些草根色彩浓重、甚至难登大雅之堂的文化形式也都是把网络媒体视为最重要的阵地。大众文化,尤其是其中的草根文化就这样被网络媒体分去了一杯羹。而自媒体兴起之后,其突出的个性化色彩与唾手可得的话语权更是得到了绝大多数精英人士的青睐,于是乎,文化、时尚、精英政治等话题在以微博、微信为代表的自媒体中开始经久不衰,精英文化似乎也在开始进行主战场的转移。

分众化是媒介发展的必然趋势,对电视媒体而言,在感受到大众文化与精英文化对网络媒体和自媒体的离心力的同时,最需要固守的自然是代表着国家、民族观念的主流文化。作为享受国家资源、代表国家形象的国家电视台,对主流文化、主流价值观的传承与弘扬是中央电视台责无旁贷的义务与责任,也是电视媒体相较于新兴媒体在文化层面上最为稳固的优势。而《中国汉字听写大会》节目恰恰是在最为恰当的时机将这样的优势做了最为完美的发挥。

首先,主流文化代言人的身份更有条件集合最为优质的社会资源,《中国汉字听写大会》节目是由中央电视台与国家语言文字工作委员会联合主办的,并得到教育部语言应用管理司、中国辞书学会、北京大学、中国人民大学、中国传媒大学等多家机构及难以计数的语言文字专家的鼎力支持。也正是这样的优质资源,才能在短短两年的时间里,为这档节目营造出既受到全民喜爱、口碑与收视率俱佳的品牌栏目,同时又具有相当国际影响的国家级著名赛事的良好局面。

再者,主创者善于发现网络时代中传统文化遭遇的危机,并合理地利用文化传承者的身份积极应对,凸显出与网络媒体错位竞争的优势。电脑的过度使用,造成了网络时代的种种异化想象,年轻人视力水平的急速下降,低头族的迅速蔓延都是在物质层面的表现。而在文化层面上最突出的现象便是中华文化圈中青少年文字书写能力的迅速下降,这固然与电脑使用的普及有关,但更深层次的原因则源自外来语的输入法与本土表意文字之间的文化差异。而这样的文化差异对以智能化电子产品为主要载体的新兴媒体而言,几乎是无法逾越的鸿沟。在这样的情况下,针对普遍化的"提笔忘字"现象,从文化的高度对文字做最直接的解读,并以极富悬念的竞赛形式加以呈现,《中国汉字听写大会》节目在合适的时机用合适的方式完成了弘扬民族文化的使命。

最后,节目以主流文化为依托,用群众最喜闻乐见的方式吸引了最广泛的受众,有效地整合了大众文化与精英文化。收视率的一路飘红显示出传统主流文化强大的生命力,一方面,紧张、激烈、悬念迭出的比赛过程与通过"冰封词汇"等互动环节营造出的身临其境的参与感吸引了相当数量的普通观众,而另一方面,高雅、精致的制作水准与意境深远、水准不俗的节目品味也极大地影响到了精英受众的收视行为。这才使得各年龄段、各社会阶层的观众都在节目播出的时段一起守候在电视机前,再度为博大精深的中华传统文化所折服。

在某种程度上,代表着主流文化发展方向的电视媒体依然占据着文化制高点,如果将这样的位置合理使用,不难通过对大众文化与精英文化的吸纳而保有对新兴媒体的竞争优势。

（三）通过场域产生的强大集结力与支配力

相较于网络时代的新兴媒体，单向传播、缺乏互动等传播方式上的劣势是多数人对电视媒体不抱乐观态度的主要原因。尽管在媒介融合的大趋势中，数字电视 IPTV 的普及已在某种程度上为单向性的传播模式添加了互动的色彩。但在目前的情况下，对传统的电视节目而言，线性单向的传播模式并未得到根本上的改变，我播你看的接收方式也依然是传统电视台的主流。

虽然灵活、互动的传播并非电视媒体所擅长，但电视媒体在营造独特的传播场域时所具有的对观众的集结力与支配力方面的影响却是不可忽略的。法国著名社会学家布尔迪厄将场域定义为一个受到结构的社会空间，一个力场，其中存在着宰制者与被宰制者，有持续的、恒常的不平等关系在其内部运作。[3]而在围绕着电视媒体形成的场域中，由于其传统的传播模式，电视媒体在形式上依然担当着布尔迪厄所说的"宰制者"的角色，它是信息的唯一发出端，它拥有着至高无上的话语权。虽然今天的传播环境与布氏在 20 年前所处的环境相比已发生了很大的改变，此类场域的形成也遇到了前所未有的困难。但凭借着 30 多年来积累的收视经验，电视媒体依然保有相当强的号召力。在成功的营销策略下，依然能够发挥极大的集结力，吸引到最为广泛的受众，并对他们的行为作出不同程度的影响。近年来，各地方卫视不断推出的娱乐、真人秀等节目都是鲜明的例证。

这一次中央电视台通过《中国汉字听写大会》作出的尝试则是从对文化生产场域营造的角度进行的。数以亿计的观众因这一场听写大会聚集在电视机前，多数人是以家庭的组合方式进行收看的，在节目进行的过程中，一方面关注着参赛选手的表现，一方面用考题检验着自己的文化水准。这种身临其境、间接互动的形式是电视媒体的场域中所独有的。而形成这一场域的关键因素，也是这场域中的真正"宰制者"——灿烂辉煌的中华传统文化。值得坚守的优秀文化在最合适的平台上得到完美的展现，更将弘扬传统的观念有效地渗入社会的细胞——家庭之中。这样的通过营造独特的场域对受众产生潜移默化的影响的传播优势也是电视媒体在面对新兴媒体的竞争中不应轻视的重要价值。

三、后记

纵观通过《中国汉字听写大会》表现出的电视媒体在网络时代的独特价值，无论是节目制作能力、文化代言人身份还是对传播场域的控制力，其实都是在天时、地利、人和等偶然因素的作用下得以体现的，即30多年强势媒体积累下的经验优势在网络新时代几乎处于隐形的状态。若没有过度使用网络造成的青少年书写能力退化的现象，没有因这样的现象而引发的对汉字、对传统文化的关注，《中国汉字听写大会》就不会横空出世，而这些价值何时能被我们注意到就更是未定之数了。

但这并不代表这样的价值会永远被忽视，因为任何时代在发展过程中都会出现因新、旧观念碰撞而产生的问题，而这些问题往往会令与新时代联系的过于紧密的新兴媒体束手无策。能够顺利应对的往往还是传统媒体，传统媒体在新时期的价值也于此得以体现。在这里，我们不妨将这样的价值称为传统媒体的"阶段性价值"，即在某些特定阶段中能够保证传统媒体在竞争中胜出的价值。

在未来的竞争中，对电视媒体而言，在顺应媒介融合大趋势的前提下，如何正确认识自身价值，进而合理、有效地结合时代加以把握，转化成能够形成竞争优势的"阶段性价值"，将会是电视工作者们要面对的重要命题。

注释:

1　布尔迪厄:《论电视》,台湾:麦田出版社,2012年6月版,第60页。

2　欧阳宏生:《认知与认同:中国电视的文化身份》,载《国际新闻界》,2007年第6期。

3　李卫红:《以语言文字为载体,传承弘扬中华优秀文化——在〈中国汉字听写大会〉研讨会上的讲话》,载《电视研究》,2014年第12期。

参考文献:

［1］哈琴.浅析教育类节目《中国汉字听写大会》的创新路径［J］.当代电视,2015（1）:47-48.

（原载于《传媒》2015年第16期）

论《琅琊榜》文化品格的艺术呈现

◎ 许莹冰

（广州大学新闻与传播学院讲师）

摘 要：《琅琊榜》秉承严谨的制作态度，以扣人心弦的情节设计、细腻传神的演员表演、精彩凝练的台词对白以及精致讲究的画面呈现，成为一部精品历史古装剧。本文主要从文化内涵的呈现、编剧构思的特点、角色设计及演员表演、拍摄手法与影片风格四个方面来分析《琅琊榜》的艺术特色及蕴含的文化思想与价值理念，探究中国传统文化品格如何在电视剧中艺术化地呈现。以此为电视剧如何传承与传播中国传统文化价值观、发挥隐性教化功能提供参考与借鉴。

关键词：古装剧；《琅琊榜》；艺术特色；文化品格

回顾2015年，屏幕上古装剧大热，在百度2015年电视剧排行榜单中，前十名里共有五部古装剧，分别是《琅琊榜》《芈月传》《花千骨》《秦时明月》以及穿越题材的《太子妃升职记》。在古装剧中，人物身着古代服饰，在古代的处所场景里展示生活。无论是何种类型的古装剧，借古喻今都应是其最终目的，也是古装剧最大的价值所在，透过或沉稳大气，或轻松搞笑的影视风格，传递的是中国传统文化以及价值观，"借古人表达现代人的思想感情，服从于现代社会的审美趣味，不一定有历史根据，可以自由地虚构，趋于娱乐化、商业化"[1]。反观近几年，各种雷剧层出不穷，或内容空泛，制作粗糙，或情节狗血，拖沓无聊，对于观众是一种不负责任的忽悠。《琅琊榜》正是在这种现状下精心打造，不落俗套而大热，深受观众喜欢。

一、文化内涵深藏浅露

《琅琊榜》讲述一个以平反复仇为主线的故事，其中穿插家仇国恨、儿女情长、兄弟情义、权力争夺等情感复线，情节跌宕起伏。该剧由业界颇负盛名的孔笙、李雪联合执导，胡歌、王凯、刘涛、黄维德、陈龙等当红小生及花旦主演，是山东影视传媒集团出品的古装历史电视剧，改编自海晏的同名小说。由于小说在网络上已积累了大批粉丝和人气，制作团队又秉承严谨创作、打造精品的理念，启用大批新生代演员为屏幕带来一股清新气息，与众多资深老演员相互映衬，每个人物都有鲜明丰满的个性，令人印象深刻。全剧节奏紧凑，环环相扣，画面精致，实属近年来不可多得的一部佳作。

《琅琊榜》制作手法严谨精良，导演组提前半年开始打造主要场景，剧中风格雅致的苏宅、阴森威严的天牢、机关精巧的琅琊阁等均为实景布置。因为剧中涉及大量君臣、妃嫔之礼，剧组特意请来"张晓龙工作室"的李斌老师全程跟组指导，对包括群众演员在内的所有演员进行礼仪训练。导演组和李斌老师表示希望凭借此剧唤起人们关注逐渐被遗忘的礼仪传统。

作揖是《琅琊榜》里最常见的礼仪，"揖礼"主要用于日常行礼：双手齐握，举至胸前，向前推出低头鞠躬。书童对琅琊阁少阁主蔺晨行揖礼；

谋臣参见誉王殿下时，行的是跪拜礼；蒙挚见誉王时却没有行此大礼，而仅仅行揖礼，并且只是低头而无躬身，显示出他作为禁军统领的地位，同时透露出他不喜欢誉王与谢玉的态度；静嫔首次出场时，对四位荣尊有别地位不同的人行了四种礼：对太皇太后行的是稽首礼，向皇后行顿首礼，给妃子行空首礼，给长公主行的是万福之礼。² 太皇太后去世时，国丧的拜祭庄严肃穆，朝臣们行的是丧礼中最隆重的跪拜礼节，即"振董"。除了行礼之礼仪，《琅琊榜》中人物的立姿和坐姿也相当讲究，举手投足或气宇轩昂，或肃穆端庄，可谓坐立皆有章法。

除了传统礼仪，《琅琊榜》以传统价值观贯穿全剧——情义、忠善、正直、报国，该剧宣导的价值取向不以展现人性丑恶为目的，而是走向包容与宽恕。萧景睿视梅长苏为兄长和挚友，喜爱敬重，当皇后娘娘欲见梅长苏时，景睿为其阻挡，斥责胞弟："无端陷朋友于两难之境，绝非道义所为。"可是梅长苏为扳倒谢玉，不得不利用萧景睿，景睿重情重义，此次却成为无辜的受害者，心灵受到巨大的伤害。梅长苏等候在他前往南楚途经的亭子，面对景睿，轻道一声对不起。景睿却表示梅长苏只是揭开了真相，而真正让他痛心的是真相本身。他曾经因为梅长苏没有顾及他们的友情，用残酷的手段揭开了真相而难过，但他最后明白他不能强求梅长苏将这段友情看得同他一样重，这里呈现出对友情的坚守、大度与包容。当知道夏江入狱，被其抛弃的结发妻子携已成年的儿子到狱中探视，他不卑不亢地表达了宽恕："濯儿，跪下给他磕头，算是谢他一点血脉。持身不正，持心不纯，则权势富贵皆如云烟，今生你当以他为戒，无论何情何境，勿忘本心之善念。"

二、编剧匠心独到剑走偏锋

将宏大题材浓缩化，以个人命运的跌宕起伏反映时代风云的剧烈变化，是这部剧的特点。《琅琊榜》虽然以历史剧的面目呈现，实则是一部原创新剧，并不以哪一历史事件为依托，所以作者的创作可以更加灵活。

故事梗概：皇族少年将军林殊与父帅林燮率七万将士浴血奋战，却受奸佞陷害全军覆灭，林殊经过地狱之火的历练，拖着孱弱的病体以江湖谋士的身份重回京城，运用过人的智慧，扫除奸佞，辅佐明君登上太子之位，终于为祁王、父亲和七万赤焰军将士平反。全剧围绕林殊如何以江左盟主梅长苏的身份周旋于权贵之中，逐步使碌碌无为的太子被废、心术不正的誉王被弃、陷害忠良的谢玉被逐、老谋深算的夏江入狱，看似一个人的平反复仇之路，里面却穿插了大梁与滑族的灭国之恨、大梁与南楚的边境之争等宏大历史背景。这些宏大事件，《琅琊榜》并不以实景和战争场面来呈现，而是取巧地用小场景和人物对话来呈现。例如在剧末，林殊、萧景睿、言豫津等为国披褂上战场，只是用众人与将士出城的画面来呈现，而后便是宫羽为霓凰带来林殊的绝笔，景琰成为皇上在城楼上看着庭生等人嬉戏，以云淡风轻的手法表现恶战之后国兴邦安的局面。再如皇上与太监高湛对话时提及："霓凰在云南十年，边陲安定，十万铁骑对她是忠心不二啊，只怕时间再久了，南京大军，只知穆王，不知梁王，这南境嘛，怕就变成南国了。"既将霓凰的身份地位介绍清楚，也将皇上的忌惮之意表露出来。

视角独特，以"智"取胜。不粗浅地展示宫廷斗争的残酷，而着重笔墨在"用计"上，这种以斗智为主的情节设计，环环紧扣，让人欲罢不能。与《甄嬛传》《金枝欲孽》等宫斗戏不同，《琅琊榜》是一部男人之间的权谋戏，主线是斗智斗勇的平反之路，宫廷之争的内容仅为依托。林殊卧薪尝胆，要为祁王、父帅、自己和七万将士平反冤案，就必须重回金陵，重新回到政治权利斗争的中心去。他不惜以最痛苦折寿的治疗方法解毒，以孱弱之躯为刚毅正直的景琰扫除障碍，助其登上太子之位，并最终迫使梁王重审冤案，还赤焰军英魂以清名。在这条艰险之路上，有觊觎皇位的誉王和太子，有阴险毒辣的一品军候谢玉，有凶残狡诈的悬镜司首尊夏江，有意图乱权复国的滑族女子秦般弱，劲敌无数，而林殊凭借聪明才智，步步设计，虽不乏阴诡之术，却也是以其人之道还治其人之身，所除之人，皆是不忠不义之臣。

这是一个既有晦暗阴谋，也有明亮友情的故事，编剧把江湖道义、兄弟情义、保家卫国、仁厚宽恕等中国传统文化价值观渗透其中，潜移默化地传递出来。剧中三段可歌可泣的爱情表现均是点到即止。林殊鉴于自己病体年寿不长，对霓凰虽深爱却始终保持距离；夏冬深爱丈夫，从一而终；四娘与童路患难见真情，最终为道义而牺牲。三段感情都没有卿卿我我的亲热镜头，可是其中对于爱情的执着与念想，通过动作细节或言语对话一一呈现，蕴含着点到即止的审美韵味。

三、角色设计饱满，演员演技精湛

《琅琊榜》可以说是从主角到配角，每一个人的性格与行为方式都得到充分的展示，丰富饱满。林殊因为经历过灭门之灾和炼狱之痛，身心的创伤无以复加，成就了极其坚毅的性格，处事波澜不惊，藏而不露；霓凰与夏冬同为女中豪杰，霓凰因郡主身份平添几分贵气与大气，又有雅致的诗书之气，而身为悬镜司的掌镜使夏冬，浑身上下散发的是刚柔并济的女侠之气；心思缜密的秦般弱，因为背负着滑族复仇复国的责任，全心辅佐誉王，不惜出卖姐妹，同为璇玑公主的传人，其蛇蝎美人的形象气质就与意图归隐渴求平淡的四姐不同；所有的反派，也都有其行事的原因与无奈，夏江和谢玉，虽然都是阴险狡诈，不择手段之人，却也各有各的缘由，夏江卖国求荣原是为情，谢玉为谋名利，不惜陷害忠良，杀人灭口，甚至连子女和亲家也都被他视为棋子加以利用，可他对莅阳长公主却是真爱。

该剧在选角上颇费心思，剧中的年轻演员不但外形靓丽，演技也都细腻精湛，而作为配角的中老年演员，演技更是炉火纯青。梁王薄情寡义，生性多疑且刚愎自用，因为轻信佞臣铸成大错，这本是个极不讨好的角色，但丁勇岱的精湛表演和剧本对这个角色的完整诠释，使梁王性格丰满，令人恨其冷酷的同时又怜其孤独。梁王嬉笑怒骂皆生动的表现，体现出丁勇岱精湛的演技。言候扮演者王劲松，表演张弛有度，捏拿得体，神情漫不经心却又老练凝干。该剧的执行导演、选角导演也在剧中出演分量不轻的配角，表现不俗，如忠贞不二的甄平和憨厚老实的童路，身兼执行导演的王永泉饰演夏江，将其外表沉稳实则城府极深、阴险狡诈冷酷无情的嘴脸刻画得入木三分。

四、镜头运用舒展灵动

《琅琊榜》的海报多以水墨画风格做设计，画面干净素雅，凸显出创作团队对该剧影像风格的定位。而全剧人物着装的色调和布景的整体色调，都呈现出素雅之色。尽管根据角色需要，皇后和贵妃的着装华贵隆重，但是片中整体格调依然是简朴素雅的，包括雅致的苏宅、布衣装扮的梅庄主、喜穿素色的静妃等。

影片开端就以一场阴森恐怖的血战开局，伴随着噩梦的惊醒，披头散发的林殊望向门外，却是水墨画般晕开的虚景，为影片定下诗书之气的基调。仙境般的琅琊阁里，书童如道童，整个场景雅致怡然，超凡脱俗，尤其是仿造《哈利波特》精灵阁设计的归档机关，精妙动人，诠释出琅琊阁的权威性与江湖气。

剧中多用中景和特写，突出人物，主要以人物表情和动作的特写来呈现其复杂纠结的思绪、细腻的情感波动和情绪变化。林殊以梅长苏身份进宫见太奶奶，面目全非的他却被太奶奶一眼认出，其惊诧及内心对亲人的依恋渴求遭受巨大的冲击，尤其当太奶奶将他与霓凰的手放在一起时，面对深爱自己和自己深爱的人却无法表明身份而要故作不识，胡歌将那份悲怆与隐忍的痛苦用颤动的眼角刻画得细腻动人。这时镜头用手部特写诠释梅长苏的痛苦，他紧紧握起太奶奶递给他的点心，是要把内心想要冲口而出的呼唤压制下去，当太奶奶把两人的手搭在一起时，这一刻，他不再是梅长苏，他是林殊，当不知情的霓凰想抽回手时，林殊一下抓紧了她的手，那一刻，他多么希望让她知道他是谁。当景睿呼唤他才幡然觉醒，意识到自己失态了，松开手迅速起身，镜头马上特写霓凰似有察觉的神情。

让人物仅用眼神和细微的动作来表现心理活动和推动情节发展，展现矛盾冲突。梅长苏在思考难题时，手指会习惯性地揉搓，这一小动作被靖王看在眼里，想起林殊的习惯，起了疑心，这时对手部动作的特写和梅长苏惊觉而轻轻把手藏进袖子的细节，短短三个镜头，通过画面传达的信息却非常丰富，既表现出林殊与景琰之间深厚的兄弟情谊，又推进了情节发展，让身处明处的观众既希望景琰认出林殊，又为林殊苦心隐瞒捏一把汗，可剧中人却依然被蒙在鼓里，虽怀疑而不可知，这种强烈的反差形成戏剧冲突，能引起观众心理情绪的波动，达到引人入胜、扣人心弦的效果。导演孔笙表示："我们希望用画面讲故事，而不仅仅是用台词讲故事。"

《琅琊榜》从台词对白到服装道具，皆用心为之，包含着浓厚的中国传统文化情怀。"影视剧作为影视传播领域中极具影响力和渗透力的文化样式，对受众的文化导向和文化认同有着举足轻重的作用"[3]，作为中华文化的载体，电视剧应该发挥其宣扬教化的隐性功能，为舒缓观众情绪，娱乐身心，提高审美品位而做出应有的贡献。

注释：

1　吕霖枫.《20世纪90年代以来古代历史题材电视剧美学特征及创作转变》，重庆大学硕士学位论文。

2　《琅琊榜》：一部中国国产剧缘何俘获"90后"的心.http://news.21cn.com/caiji/roll1/a/2015/1016/16/30158867.shtml.

3　郭顺峰.《浅论"古装剧"的独立文化品格》.载《影视评论》，2008年第2期。